Johannes Hagen

Fast unglaublich, aber wahr

Johannes Hagen

Fast unglaublich, aber wahr

erlebt in vier Erdteilen

Fromm Verlag

Impressum/Imprint (nur für Deutschland/ only for Germany)
Bibliografische Information der Deutschen Nationalbibliothek: Die Deutsche Nationalbibliothek verzeichnet diese Publikation in der Deutschen Nationalbibliografie; detaillierte bibliografische Daten sind im Internet über http://dnb.d-nb.de abrufbar.
Alle in diesem Buch genannten Marken und Produktnamen unterliegen warenzeichen-, marken- oder patentrechtlichem Schutz bzw. sind Warenzeichen oder eingetragene Warenzeichen der jeweiligen Inhaber. Die Wiedergabe von Marken, Produktnamen, Gebrauchsnamen, Handelsnamen, Warenbezeichnungen u.s.w. in diesem Werk berechtigt auch ohne besondere Kennzeichnung nicht zu der Annahme, dass solche Namen im Sinne der Warenzeichen- und Markenschutzgesetzgebung als frei zu betrachten wären und daher von jedermann benutzt werden dürften.

Contact:
International Book Market Service Ltd., 17 Rue Meldrum, Beau Bassin, 1713-01 Mauritius
Website: www.bookmarketservice.com
Email: info@bookmarketservice.com

Gedruckt in: USA, UK, Deutschland. Dieses Buch wurde nicht in Mauritius produziert.

Imprint (only for USA, GB)
Bibliographic information published by the Deutsche Nationalbibliothek: The Deutsche Nationalbibliothek lists this publication in the Deutsche Nationalbibliografie; detailed bibliographic data are available in the Internet at http://dnb.d-nb.de.
Any brand names and product names mentioned in this book are subject to trademark, brand or patent protection and are trademarks or registered trademarks of their respective holders. The use of brand names, product names, common names, trade names, product descriptions etc. even without a particular marking in this works is in no way to be construed to mean that such names may be regarded as unrestricted in respect of trademark and brand protection legislation and could thus be used by anyone.

Contact:
International Book Market Service Ltd., 17 Rue Meldrum, Beau Bassin, 1713-01 Mauritius
Website: www.bookmarketservice.com
Email: info@bookmarketservice.com

Copyright © 2011 by the author and Fromm Verlag and licensors
All rights reserved. Beau-Bassin 2011

Printed in: U.S.A., U.K., Germany. This book was not produced in Mauritius.

ISBN: 978-3-8416-0216-9

Fast unglaublich aber wahr

Was ich in vier Kontinenten mit Gott erlebte

berichtet von Hans Hagen

Inhaltsverzeichnis

Vorwort

Die hunderte von erstaunlichen und oft unglaublichen Erlebnisse in den vielen Jahren unseres sehr bewegten Lebens als Zufälle zu bezeichnen, wäre sicher unreal und unwahrhaftig. Immer wieder wurden wir von Jugend an durch das Handeln Gottes überrascht und erstaunt. Die berichteten Erlebnisse sind alles Tatsachen, von denen zum Teil noch Dokumente und viele Bilder vorhanden sind. Das, was ich während des letzten Weltkrieges in den 3 ½ Jahren als Soldat in Russland und meine Frau Brigitte während ihrer Flucht aus dem Osten erlebt haben, hat unseren Glauben besonders stark geprägt und unsere Erfahrungen während der Zeit in der DDR haben ihn noch verstärkt. Das, was wir dann erlebten, nachdem wir einen klaren Ruf in den Missionsdienst bekamen, ich meinen Job als Leiter der größten Technischen Betriebsschule Berlins aufgab, und wir unser schuldenfreies, gerade fertig gestelltes, Haus einfach stehen ließen und mit unseren drei Buben in die Mission nach Äthiopien gingen, erleben wohl nur wenige. Auch das, was wir in den nachfolgenden Jahren bis zu unserem 90. beziehungsweise 83. Lebensjahr In 4 Erdteilen und besonders in Äthiopien erlebten, ließ uns immer wieder die Treue Gottes erfahren. Das Berichtete soll nicht uns ehren, sondern Gott und ich hoffe, dass es vielen Lesern den Glauben stärkt.

Unmögliches wird möglich, erlebt in Russland

In Europa tobte der 2. Weltkrieg und auch mein Jahrgang wurde bald nach Beginn zum Kriegsdienst eingezogen. Noch heute bin ich Gott dankbar, dass ein Offizier bei der Musterung meine Ausbildung zum Infanteriedienst in eine im Nachrichtendienst änderte. Im Oktober 1941 wurden wir dann als Nachrichtensoldaten mit 50 % kriegserfahrener älterer Soldaten nach Russland gesandt.

Unser erster Einsatz begann in Shitomir, einer fast völlig zerstörten Stadt in der Ukraine. Nach wenigen Tagen dort wurde ich mit vierzehn, der mit mir ausgebildeten und drei der älteren Soldaten, sowie einem Offizier, wieder Richtung Deutschland gesandt, wo wir in der etwa 200 km westlicher liegenden Stadt Rowno eine große Telefonzentrale für die Armeeführung aufbauen sollten. Dort hatte ich eines meiner klarsten Erlebnisse, wie Gott Gebete erhört und Gedanken anderer lenkt, so dass mein Leben entscheidend beeinflusst wurde.

In Rowno erhielt ich anfangs Dezember einen Brief von einer älteren Dame unserer Gemeinde, die sich zur Aufgabe gemacht hatte, besonders für uns Soldaten zu beten und durch Grüße aus der Heimat zu erfreuen. In diesem Brief schrieb sie unter anderem: „Lieber Hans, ich habe gestern Deine liebe Mutter getroffen. Wir haben natürlich über Dich gesprochen und sind uns einig geworden, dass wir beide beten wollen, dass Du Weihnachten bei uns sein kannst." Als ich diesen Brief las, habe ich lächelnd den Kopf geschüttelt. Was für unmögliche Vorstellungen hatten doch diese beiden Frauen. Oh, wie gerne wäre ich Weihnachten bei meiner Familie daheim gewesen, aber dafür gab es keine Möglichkeit. Erstens war wegen der starken Kämpfe absolute Urlaubssperre. Zweitens war klar, dass, wenn die Urlaubssperre aufgehoben würde, die älteren Soldaten, die schon in Polen gekämpft hatten, vor uns jüngeren ein Recht auf Urlaub hatten. Eine reale Möglichkeit für mich, Urlaub zu bekommen, bestand frühestens im nächsten Jahr.

Wenige Tage später wurde dann plötzlich in einer Nacht die Urlaubssperre aufgehoben, und als ich am Morgen von der Nachtschicht kam, wurde ich in das Büro der Einheit gerufen, bei der wir 19 Mann einquartiert waren. Dort teilte man mir mit, dass ich mich sofort fertig machen sollte, um mit den drei älteren Soldaten in Lemberg 4 Platzkarten für einen Urlauberzug abzuholen. Meine Überraschung war kaum zu beschreiben und mir fiel das Gebet meiner Mutter und der anderen Frau wieder ein. Nach einer abenteuerlichen Fahrt erreichten wir nachts den Bahnhof in Lemberg, von wo wir am frühen Vormittag des nächsten Tages mit einem der ersten Urlauberzüge nach Deutschland fahren konnten. Am späten Abend war ich daheim und am 17. Dezember stand ich bei einer Weihnachtsfeier unserer Gemeinde der Frau gegenüber, die mit meiner Mutter für mich um das Unmögliche gebetet hatte, und schämte mich, dass ich dem Gebet der beiden Frauen und Gott so wenig zugetraut hatte.

Als ich nach Rowno zurückkam, erfuhr ich, dass unsere Kompanie, die nun noch weiter östlich in Russland verlegt worden war, damals innerhalb von 24 Stunden vier Platzkarten für einen der ersten Urlaubszüge im 450 km entfernten Lemberg abholen durfte. Nun bestand aber keine Möglichkeit mehr Leute rechtzeitig von Shitomir nach Lemberg zu bringen, weil die Züge in Russland meist nur 200 km pro Tag schafften. So war entschieden worden, dass die drei älteren und ein jüngerer Soldat unseres Trupps fahren sollten, weil wir von Rowno aus noch die Möglichkeit hatten, Lemberg rechtzeitig zu erreichen und dort die zugeteilten Platzkarten zu erhalten. Dass gerade ich aus den 15 jüngeren in Rowno ausgesucht wurde, als erster in Heimaturlaub zu fahren, war für mich kein Zufall, sondern wieder ein Zeichen, dass Gott Gebete erhört und die Gedanken und Herzen der Menschen lenkt. Ich zweifle daran, dass für einen der anderen vierzehn jüngeren Soldaten in gleicher Weise gebetet wurde. Übrigens wurde damals nach vier Tagen wegen erneuter schwerer

Kämpfe der Urlaub wieder gesperrt, und ich war tatsächlich der einzige jüngere Soldat unserer Kompanie, der damals in Urlaub kam.
Für mich hatte dieser Urlaub noch eine sehr entscheidende positive Folge. Kurz vor meiner Rückkehr nach Rowno war die Telefonzentrale fertiggestellt, und unsere Gruppe zur Kompanie für neue Aufgaben weiter nach Osten gesandt worden. Ich durfte mit vier von ihnen in Rowno bleiben, um die Telefonzentrale mit ihren 165 Nachrichtenhelferinnen technisch zu betreuen. Was mir damit erspart blieb, weiß allein Gott, der nicht nur so wunderbar die Gebete meiner Mutter und der anderen Frau erhörte, sondern mich auch vor den Kämpfen in Frontnähe bewahrt hatte.

Noch vor meinem Urlaub hatte ich an einem Zaun eine Einladung in Deutsch zu einem evangelischen Gottesdienst entdeckt, den ich dann besuchte. Ich traf dort zu meiner Überraschung aber nur einheimische Leute. Als man am Schluss erfuhr, dass ich Baptist sei, wurde ich herzlich begrüßt und wir stellten fest, dass ich den Ukrainischen Pastor bereits in Deutschland in Eberswalde in einer Baptistengemeinde getroffen hatte. Ich bekam dadurch sehr schnell Verbindung mit ukrainischen und polnischen Baptisten und Evangeliumschristen. Die Jugendgruppe der Baptistengemeinde nahm mich mehrfach mit zu Gottesdiensten in die umliegenden Dörfer, wo ich auch meist ein Grußwort sagen musste. Mein Entfernen von der Truppe war natürlich verboten, aber unser damaliger Chef, ein Hauptmann aus Österreich, war darin sehr großzügig und ich fühlte mich in der Gemeinschaft mit den jungen Ukrainern und Russen absolut sicher.

Einmal war ich nur mit dem Sohn des Pastors mit dem Fahrrad zum etwa 20 km entfernten Alexandrowka unterwegs. Wir kamen dabei in ein Dorf, das ganz menschenleer erschien. Da es keine Wegweiser gab, war sich Wladimir, mein Begleiter, nicht sicher über den weiteren Weg. Plötzlich traten aus einer großen Scheune in der Mitte des Dorfes zwei junge Männer, die bei unserem Anblick erschreckt schienen und sofort wieder in die Scheune zurück wollten. Sicher hatten sie mit dem Erscheinen eines deutschen Soldaten nicht gerechnet, denn ich hatte ja meine Uniform an. Wladimir aber sprach sie sofort an und fragte nach dem Weg. Zu den zwei jungen Männern traten dann zwei weitere aus der Scheune. Zu meiner Verwunderung entstand eine längere Diskussion, von der ich leider nichts verstand, weil sie russisch sprachen. Nach etwa 12 Minuten wies man uns den Weg und wir konnten weiterfahren. Als wir uns einige 100 m vom Dorf entfernt hatten, sagte Wladimir plötzlich: „Lass uns anhalten und Gott danken für die Bewahrung." Er erklärte mir dann, welcher Gefahr wir gerade entronnen waren, denn die Scheune war voller Partisanen, die sich dort versteckt hielten. Es war ein Wunder, dass sie uns weiterfahren ließen, auf die Gefahr hin, dass wir ihren Aufenthalt verrieten. Gott hatte Gnade geschenkt, dass sie Wladimir glaubten, dass ich ein Freund ihres Volkes sei und in Alexandrowka zum Predigen erwartet würde, und dass ich ihnen schon mehrfach geholfen habe mit Lebensmitteln und Kleidung. Wladimir musste ihnen dann Versprechen, dass wir niemand etwas über ihren Aufenthalt in der Scheune sagen würden. Andernfalls würden sie uns finden und töten."

Von Rowno konnte ich auch ein zweites mal in Urlaub fahren, um in Berlin Nachrichtengerät zu besorgen und nach Rowno zu begleiten, wofür ich Gott wieder dankte. Während des Urlaubs erzählte mir der Präsident der Deutschen Baptistengemeinden, den ich besuchte, dass man von den Nazis die Erlaubnis erhalten hatte 10000 Bibeln für die Ukraine zu drucken, was man aus Propagandagründen groß im Radio verkündete. Als die Bibeln dann verladen werden sollten, wurden sie aber beschlagnahmt. 200 von ihnen waren aber noch vorhanden, und da bat er mich, diese mit dem Nachrichtengerät nach Rowno zu bringen und dort dem für die Gemeinden in der Ukraine Zuständigen zu übergeben. Nachdem das geschehen war, ging die bis dahin kaum mögliche Postverbindung zwischen den beiden Leitern über meine Feldpostnummer, auch ein Geschenk Gottes für beide.

Nach 1 ¾ Jahren fand die Zeit in Rowno für mich ein Ende. Ich sollte mit dem älteren Soldaten unserer Gruppe zu einer Infanterieeinheit 40 km südlich von Orel zur Betreuung ihres

Nachrichtengerätes eingesetzt werden. Über eine Woche dauerte die Fahrt dorthin. Wir erreichten die neue Kompanie am Nachmittag, aber bereits am Abend kam ein Befehl vom OKH in Berlin, mich sofort zurück zu senden, zu einer Spezialeinheit für Telefonzentralen in Saporosche, weit hinter der Front nahe der Krim. Gott hatte wieder in erstaunlicher Weise die Gedanken eines Menschen gelenkt.

Der Chef der neuen Infanteriekompanie versuchte mit allen Mitteln, wie Versprechen schneller Beförderung und baldigen Heimaturlaub mich zu einem freiwilligen Einsatz dort zu bewegen. Aber ich lehnte dies ab. Nach 4 Tagen wurde ich endlich wieder in Marsch gesetzt. Auf der Bahnfahrt nach Orel am späten Nachmittag warnte mich plötzlich eine innere Stimme gegen alle menschliche Vernunft davor, in Orel zu übernachten, sondern zu versuchen noch am Abend einen Zug Richtung Westen zu finden. Auf dem offenen Güterwagen, auf dem wir fuhren, waren auch zwei Eisenbahner, die mir bei einem Gespräch Hoffnung machten, dass wir vielleicht noch einen allabendlichen leeren Güterzug nach Brjansk als einzige Möglichkeit erreichen könnten. Als wir in Orel einfuhren machten sie mich plötzlich darauf aufmerksam, dass auf dem Nebengleis gerade der Leerzug nach Brijansk in entgegengesetzter Richtung fahre. Da die beiden Züge nur sehr langsam fuhren, ergriff ich mein Gepäck, sprang vom Zug und erreicht noch den vorletzten Wagen des Gegenzuges. In der Nacht konnte ich mich dann zum vorn befindlichen Begleitwagen vorarbeiten. In Gomel erfuhr ich 2 Tage später, dass die Russen am frühen Morgen des Vortages Orel angegriffen und am Vormittag bereits eingekesselt und am Mittag besetzt hatten. Wieder war mir klar geworden, wovor mich Gott bewahrt hatte.

Nach abermals einer Woche Reise erreichte ich endlich Saporoshe, direkt am Fluss Djepper, 150 km nördlich der Krim. Dort lag ein Teil meiner neuen Kompanie, einer Nachrichteneinheit, mit ihrem Büro in einer ehemaligen Gaststätte, während der größte Teil Telefonvermittlungen in anderen Städten betreute. Ich wurde dort sehr freundlich empfangen. Der Schreibstubenchef Georg Gerle, stellte sich mir bald als gläubiger Katholik vor, weil er in meinen Papieren gesehen hatte, dass ich Baptist bin. Wir wurden enge Freunde. In der neuen Kompanie musste ich zunächst den Verantwortlichen für das Nachrichtenmaterial während seines Heimaturlaubs vertreten, und kurz nach dessen Rückkunft hatte ich es auch für den Verpflegungsunteroffizier zu tun.

Der Chef der Kompanie hatte von meinem Freund im Büro erfahren, dass ich nach dem Krieg eventuell Medizin studieren wollte. Da er sehr an einem Sanitäter für die Kompanie interessiert war, uns aber als ortsfester Einheit offiziell keiner zustand, bot er mir diese Aufgabe an. Er sandte mich nach Absprache mit einigen Militärärzten zur Ausbildung in einen Sanitätskurs und in ein Feldlazarett. Ich galt danach offiziell als Sanitäter unserer Kompanie, konnte mir die notwendige Ausrüstung anschaffen und bekam immer, so weit möglich, einen eigenen Raum zur Behandlung unserer Leute.

Der Kompaniechef der neuen Kompanie war ein erstaunlicher Mann. Er legte großen Wert darauf, dass seine Soldaten ein gutes Quartier hatten, gut verpflegt wurden und so oft wie möglich Urlaub bekamen, oft auf illegale Weise. Als ich einige Zeit bei der neuen Kompanie war, wurde ich ende Oktober wieder dienstlich nach Berlin geschickt, um dort diesmal den Transport von zwei Waggons Nachrichtengerät zu organisieren, die dann zwei andere Soldaten von Berlin nach Russland begleiten sollten. Ich bekam einen Urlaubsschein mit, der nach Erledigung meines Auftrages durch eine Militärbehörde gültig gemacht werden sollte. Der Urlaub wurde ja sonst durch die, den Kompanien zugeteilten Platzkarten für die Urlauberzüge geregelt. Um die Platzkarte für mich zu umgehen, hatte unser Kompaniechef, der überall hin Beziehungen hatte, für mich einen Flug als blinden Passagier in einer Ju 52, die schwer verwundete Soldaten nach Deutschland flog, organisiert. Das war ein recht unangenehmer Flug, denn das überlastete Flugzeug flog in nur 200 m Höhe und sehr unruhig. Die meist kopfverletzten Verwundeten erbrachen sich teilweise und auch ich blieb davon nicht verschont. Nach einer Zwischenlandung in Lemberg und Breslau, wo die

Verwundeten ausgeladen wurden, erreichten wir nach einem Gesamtflug von 14 Stunden den Flughafen Tempelhof in Berlin.

Drei Tage vor dem Ende meines Urlaubs erkrankte ich und suchte am 3. Dezember, einen Tag vor dem Rückreisetermin nach Russland, auf Anraten meiner Mutter eine Krankenstation auf. Der Militärarzt dort stellte Gelbsucht fest und wies mich in ein Lazarett ein, das nur 15 Minuten Straßenbahnfahrt von meinem Elternhaus entfernt war. Hatte Gott seine Gedanken gelenkt ? Ich hatte die Gelbsucht nur sehr leicht und konnte nach 6 Tagen schon wieder aufstehen. Da mein Bruder Siegfried am 13. Dezember Geburtstag hatte, bat ich den Arzt um Erlaubnis, ihn besuchen zu dürfen. Er erlaubte dies, nachdem ich versprach weder zu rauchen noch Alkohol zu trinken. Am nächsten Tag wurde ich in die Schreibstube gerufen und gefragt, ob ich als einer, der Berlin kennt, bereit wäre während der restlichen Tage bis zu meiner Entlassung aus dem Lazarett jeden Tag die Post von einer bestimmten Stelle in Berlin abzuholen und zum Lazarett zu bringen. Ich war natürlich gern bereit und bekam einen Dauerurlaubsschein, mit dem ich täglich nach dem Mittagessen bis 22 Uhr das Lazarett verlassen durfte und so mit der abgeholten Post jeden Tag wieder für Stunden zu Hause sein konnte. Auch dafür dankte ich Gott. Am 19. Dezember, zwei Tage vor meiner geplanten Entlassung aus dem Lazarett, kam eine Entlassungssperre bis zum 6. Januar für alle Lazarette in der Heimat, so dass ich bis dahin weiter täglich und natürlich auch Weihnachten zu Hause sein konnte. Weil ich nun mehr als 4 Wochen im Lazarett gewesen war, stand mir ein zweiwöchiger Genesungsurlaub zu, den ich wieder zu Hause verbringen konnte. War das alles Zufall oder Geschenk meines Vaters im Himmel?

Während meiner Lazarettzeit hatte meine Kompanie schriftlich angefordert, mich zu ihr bei der Entlassung zurück zu senden. Der Schreibstubenchef ließ mich wieder kommen und fragte mich, ob ich zu meiner Kompanie zurück wolle, was ich von Herzen bejahte. Dann fragte er, ob ich schon einmal in Wien gewesen sei, weil die Ersatzstelle meiner jetzigen Kompanie in Wien lag. Als ich das verneinte, sagte er, dass er mich nach Wien entlassen werde mit dem Schreiben von meiner Kompanie und ich dann, nachdem ich Wien gesehen hätte, von dort zu meiner bisherigen Kompanie zurückkehren könne. So fuhr ich dann am 22. Januar nach Wien und Anfang Februar zu meiner Kompanie in Russland. Ich dankte Gott dafür, wie Er die Herzen der einzelnen gelenkt hatte und für die leichte Gelbsucht, durch die ich über ¼ Jahr in der Zeit, wo sich die Stalingradtragödige abspielte, in Deutschland sein durfte.

Da die russischen Partisanen immer wieder die Telefonleitungen und Kabel zerstörten und die Reparaturgruppen überfielen, wurde als Schutz für diese eine Sicherungskompanie mit Leuten aus mehreren Nachrichteneinheiten zusammen gestellt. Auch unsere Kompanie musste dazu beitragen und so wurde ich als 2. Sanitäter zu dieser neuen Sicherungskompanie gesandt. In der Ukraine wurden wir dann zur Bekämpfung der Partisanen eingesetzt. Wir zwei Sanitäter wechselten uns bei Teileinsätzen ab. Eines Abends lag ich schon im Bett, während der andere Sanitäter noch an seine Mutter einen Brief schrieb. Da kam gegen 22 Uhr der Befehl, dass sofort einer von uns beiden einen Teil unserer Einheit beim Einsatz gegen eine gemeldete Partisanengruppe begleiten müsse und ich war diesmal an der Reihe. Der andere Sanitäter bot mir aber an, dass er mitgehen wolle und ich im Bett bleiben sollte und dafür die zwei folgenden Einsätzen übernehmen könnte. Ich war dafür dankbar.

Am frühen Morgen konnte die eingesetzte Gruppe die Partisanen überraschen, geriet dann aber am Abend in eine Falle und hatte mehrere Tote, unter ihnen auch den Sanitäter. Ich musste ihn dann am nächsten Tag mit vielen Einschüssen aus einem Straßengraben bergen. Auch ein anderer Sanitäter unserer Sicherungskompanie fiel, doch ich selbst bin nie in ein Gefecht gekommen. Ich erinnerte mich deshalb oft daran, dass, als ich mich von meiner Mutter vor meinem Einsatz in Russland verabschiedete, sie zu mir sagte: „Hans, lass uns von Gott noch ein Wort für Dich erbitten.“ Sie schlug nach dem Gebet die Bibel wahllos auf und unser Blick fiel auf den 91. Psalm, den sie mir dann vorlas. Ich nahm diese Verse, und ganz besonders den Vers 7, als persönliche Zusage Gottes für mich. Es heißt ja darin: „Wenn auch tausend fallen an deiner Seite und zehntausend zu deiner Rechten, so wird es doch dich nicht treffen.“ Gott hat Seine Zusage an mich durch Sein Bibelwort wunderbar erfüllt. Unsere Sicherungskompanie wurde wegen der immer näher kommenden Russen bald danach aufgelöst, sodass die einzelnen Soldaten wieder zu ihrer alten Kompanie zurück kehren konnten.

Bewahrungen am Kriegsende

Da die deutschen Soldaten gegen Ende des Krieges immer weiter nach Deutschland zurück getrieben wurden, und große Verluste hatten, brauchte man nicht mehr so viele Nachrichtensoldaten, aber dringend Infanteristen. Unsere Nachrichtenkompanie, die damals an der deutschen Grenze in Schlesien stationiert war, musste deshalb 10 % ihrer Leute abgeben. Diese sollten in Deutschland kurz zum Einsatz als Infanteriefunker umgeschult werden. Da mich ja mit unserem gläubigen Schreibstubenunteroffizier, eine enge Freundschaft verband, informierte er mich heimlich darüber, dass ich auf der Liste dieser Leute sei, und dass er sich beim Kompaniechef dafür einsetzen könnte, dass ich nicht kurz vor dem zu erwartenden Kriegsende noch dieser größeren Gefahr bei der Infanterie ausgesetzt würde. Ich riet davon, einer inneren Stimme folgend, ab. Ich hatte auch aus vielen Erlebnissen die Gewissheit, dass mein Leben in Gottes Hand liegt und ich nicht in Seine Führung eingreifen sollte, obwohl es menschlich gesehen, weise gewesen wäre.

Mit 23 anderen Soldaten wurde ich in den nächsten Tagen nach Augsburg zur Umschulung für die Infanterie gesandt. Bei unserer Ankunft in der neuen Dienststelle trafen wir auf der Treppe den Kommandeur dieser Kaserne. Er sprach uns an und fragte nach unserer Ausbildung und unseren bisherigen Einsätzen. Einem anderen Soldaten und mir befahl er daraufhin, nicht an der Umschulung teilzunehmen, sondern uns in der zu dieser Kaserne gehörenden Werkstatt für die Reparatur von dringend benötigtem Nachrichtengerät zu melden. Traf uns der Kommandeur zufällig. Oder hatte Gott mich dadurch wieder einmal vor einem Fronteinsatz mit der Infanterie bewahrt?

Vor dem neuen Einsatz in der Werkstatt erhielten wir beide noch unseren seit langem fälligen Urlaub. Während dieses Urlaubs kam der überall berüchtigte und gefürchtete General Unruh, der den Spitznamen „Heldenklau“ hatte, und ein Sonderbevollmächtigter Adolf Hitlers war, in diese Kaserne. Er schickte alle Soldaten der Kaserne die noch laufen konnten, einschließlich der mit mir gekommenen, an die Front, um die auch jetzt schon in Schlesien anstürmenden Russen aufzuhalten. Wieder hatte mich Gott durch meine Abwesenheit bewahrt und ich trat bei meiner Rückkehr mit dankbarem Herzen den Dienst in der Nachrichtenwerkstatt der fast leeren Kaserne an.

Nach kurzer Zeit traf ich einen Kameraden meiner ehemaligen Kompanie, der gerade aus dem Lazarett entlassen worden war und nun für einen neuen Einsatz in seine Ersatzeinheit gekommen war. Er teilte mir mit, dass meine vorige Kompanie kurz nachdem ich sie verlassen hatte, auch von General Unruh in einen Kessel bei Legnica geschickt worden war, um gegen die anstürmenden Russen eingesetzt zu werden. Sie verlor dabei zwei Drittel ihrer Leute. Der Rest geriet auf dem Weg nach Berlin in einen zweiten Kessel, in dem er etwa weitere drei Viertel der übrig gebliebenen Leute verlor, so dass fast 90% der nicht mit mir versetzten Soldaten tot oder in russischer Gefangenschaft waren. Der Schreibstubenunteroffizier war menschlich gesehen auf mein Wohl bedacht gewesen, hatte aber keine Ahnung von den kommenden Ereignissen und Möglichkeiten. Er war vielleicht selbst mit umgekommen, aber Gott hatte gelenkt und mich auf wunderbarer Weise vor mehreren Lebensgefahren bewahrt.

Mitte April setzte sich unser jetziger Kommandeur mit einigen Offizieren Richtung Westen ab, wo sich seine Familie befand. Sein Nachfolger erklärte uns in einem Appell, dass Augsburg eine offene

Stadt sei und deshalb auf keinen Fall verteidigt werden dürfte. Er verbot ohne seinen ausdrücklichen Befehl zu schießen. Wenige Tage danach verließ unsere Kompanie Augsburg Richtung Ostseite Starnberger See. Nachdem die Amerikaner die Westseite des Sees erreichten, sah ich wie sich unsere Offiziere in Zivilkleidung davon machten. Ich änderte deshalb meine Militärjacke in eine bayrische Trachtenjacke um, zog mir eine Lederhose an und erbat mir den Zivilausweis des vor zwei Tagen auf der anderen Seite des Starnberger Sees gefallenen Sohn meiner Quartierleute.

So ausgerüstet machte ich mich am 2. Mai, eine Woche vor Kriegsende, zu Fuß auf den Weg nach Augsburg, wo ich gute Bekannte hatte. Gegen Mittag passierte ich Starnberg und erreichte kurz vor Abend ein von Amerikanern besetztes Dorf. Ich hätte es ja umgehen können, verließ mich aber auf den Ausweis des toten Sohnes meiner letzten Quartierleute. Ich wurde angehalten und in ein Büro zum Überprüfen gebracht. Leider hatte ich mir den Geburtstag des jungen Mannes nicht eingeprägt und musste zugeben, dass es nicht meine Papiere waren. Dann befanden sich in meinem Tornister die letzten Briefe meiner Mutter mit meinem richtigen Namen und meiner Militäranschrift. Als man eine kleine Pistole, die ich seit Jahren zu meinem Schutz mit mir führte, in meiner rechten Brusttasche entdeckte, drohte man mir als bewaffneten Zivilisten, mit Erschießen. Als man dann aber in meiner linken Brusttasche ein schwedisches Neues Testament mit einer Widmung meines schwedischen Freundes an mich fand, und ich die Herkunft beider erklärte, steckte der vernehmende Offizier die Pistole kurz in seine Tasche und der Fall war erledigt. Dass Gott durch die Gefangennahme Entscheidendes für mein zukünftiges Leben erwirkte, wurde mir erst viel später klar.

Ich wurde dann nach Pfaffenhofen in eine Sammelstelle für Gefangene Soldaten gebracht und noch einmal verhört. Nach dem Verhör erhielt ich eine Wolldecke und man brachte mich in ein Nachtquartier wo sich bereits mehrere hundert andere Gefangene befanden. Von dort wurden wir mit Lastwagen nach Böckingen nahe dem fast völlig zerstörten Heilbronn gebracht. Dort hatte man ein riesiges Feld mit Stacheldraht umzäunt und jeweils für 10 000 Gefangene aufgeteilt. Im Ganzen gab es dann später dort 240 000 Gefangene, deren Versorgung mit Wasser und Lebensmittel zu anfangs Probleme machte. Dort habe ich in den ersten Tagen gelernt, was Durst und Hunger ist. Es gab auch weder Zelte, noch irgend einen anderen Schutz. Mitte Mai suchte man nahe dem Verwaltungszelt, wie es hieß, freiwillige Sanitäter für die Infektionsabteilung des neuen Lagerhospitals. Da ich an diesem Tage „zufällig“ dort war und als Student wenig Aussicht auf baldige Entlassung hatte, meldete ich mich im Vertrauen darauf, dass Gott mich vor Ansteckung bewahren wird. Damit änderte sich meine Lage grundlegend. Wir bekamen im Lazarettgelände jeder unser Feldbett in einem großen Zelt und die beste und reichhaltigste Verpflegung, die ich bis dahin jemals hatte. Ich wurde zur ständigen Nachtschicht eingeteilt, weil die Schichten nicht gewechselt wurden, und hatte mit einem 2. Sanitäter eins der etwa 20 großen Zelte mit je 26 Betten zu betreuen. Unser Zelt stand direkt neben der Hospitalsküche, in der auch nachts die Nachtschicht der das große Gefangenenlager bewachenden Amerikaner verpflegt wurde. Wir konnten das, was sie übrig ließen, zusätzlich für uns und unsere Patienten holen.

Im September suchte man Freiwillige für den Ausbau einer leicht zerstörten Kaserne in Karlsruhe in ein Interniertenhospital. Die Freiwilligen sollten neben fünfundvierzig Cent pro Tag zusätzlich Kleidung und notwendige Gebrauchsgegenstände erhalten und auch alle 10 Tage einen halben Tag Ausgang haben. Wieder meldete ich mich und am 19. September 1945 ging es nach Karlsruhe. Dort wurde ich nach dem Ausbau der demolierten Kaserne in der Apotheke eingesetzt. Durch die Vermittlung des sonntäglich kommenden Pfarrers erhielt ich zusätzlich zum zehntägigen Ausgang jeden Mittwoch Nachmittag Ausgang zum Aufbau einer Jungschargruppe in der Stadt. Am 25.1.46 brachte man eine Reihe von uns ins Entlassungslager nach Göppingen, und am 16.2.46 wurde ich aus der Gefangenschaft entlassen. Ich dankte Gott, dass ich bei den Ersten sein durfte.

Da ich nicht in die russische Besatzungszone wollte, fuhr ich mit der Bahn nach Karlsruhe zu einer gläubigen Familie, zu der mich Gott in den ersten Tagen in Karlsruhe geführt hatte. Ich hatte zu ihr während meiner Zeit dort engen Kontakt bekommen. Sie stellten mir ein Zimmer im Dachgeschoss ihres Hauses zur Verfügung. Ich hatte inzwischen Briefkontakt mit meiner Mutter erhalten. Sie war nach ihrer Evakuierung wegen der vielen Bombenangriffe auf Berlin, wieder nach dort zurückgekehrt. Von ihr erfuhr ich, dass die Russen zwei meiner Schwestern verschleppt und meinen 65 jährigen Vater so misshandelt hatten, dass er im Krankenhaus lag, wo er auch einige Zeit später verstarb. Sie war nun mit meinem 13 Jahre alten Bruder und der 6 Jahre alten Schwester allein. Deshalb entschied ich mich, trotz der Warnung anderer, und obwohl ich schon kurz nach meiner Entlassung aus der Gefangenschaft eine Anstellung bei der großen Elektrofirma Siemens in Karlsruhe erhalten hatte, nach Berlin in den russisch besetzten Teil zu gehen, um meiner Mutter und meinen Geschwistern zu helfen.

Auf dem Weg dorthin wurde ich im Zug von Mitfahrenden auch wieder gewarnt, dass die Russen alle, aus amerikanischer Gefangenschaft entlassenen Soldaten, an der Grenze erneut in ihre Gefangenenlager brächten. Ich wollte deshalb wieder umkehren. Weil es aber wegen eines zerschlagenen Fensters in unserem Abteil stark zog, wechselte ich in ein anderes Zugabteil in dem sich ein Ehepaar befand. Ich kam ins Gespräch mit ihnen und erfuhr, dass es auf der Rückreise nach Berlin sei, und einen gültigen Passierschein für einen Grenzübertritt besaß. Es bot mir an, mich auch auf ihrem Passierschein einzutragen, weil da noch für mehrere Personen Platz war. Wir stellten dabei fest, dass die Frau den gleichen Geburtsnamen hatte wie ich. So kam ich mit ihnen, ohne meinen Entlassungsschein zeigen zu müssen, gut über die Grenze und brauchte nicht in das russische Auffanglager für ehemalige Soldaten. Wieder hatte Gott mich wunderbar geführt und bewahrt.

Leider wurde ich kurz nach meiner Ankunft in Berlin von den Russen dienstverpflichtet, obwohl mir der Mann des getroffenen Ehepaars schon eine Anstellung bei der Bahn zugesichert hatte. Ich musste als Elektriker auf einer ihrer Demontagebasen arbeiten. Dort wurden die von ihnen in Berlin demontierten Maschinen, wenn notwendig, repariert und dann nach Russland transportiert. Bald nach meiner Ankunft in Berlin verstarb dann mein 65 jähriger Vater als Folge der Misshandlung durch die russischen Soldaten. Als im Herbst 1946 die Ingenieurschule Gauß in Westberlin, in der ich vor dem Krieg mein Studium angefangen hatte, wieder eröffnet wurde, konnte ich nach längeren Verhandlungen mit den Russen mein Studium wieder aufnehmen, unter der Bedingung dass ich fortan die Nachtschicht übernahm, um die probelaufenden Maschinen zu überwachen und in Notfällen zur Verfügung zu stehen. In einer Hängematte, die ich zwischen Maschinen spannte, konnte ich nachts oft schlafen.

Als die meisten geraubten Maschinen nach Russland verfrachtet waren, kam ich frei und konnte mich intensiver um mein Studium kümmern und durch ein Stipendium und Nebenarbeiten meiner Mutter und meinen zwei Geschwistern weiterhin helfen. Ich war inzwischen sehr aktive in unserer kleinen Gemeinde und verantwortlich für die baptistische Jugendarbeit in Ostberlin und die Jungschararbeit von Berlin, Brandenburg und Mecklenburg.

Erfahrungen in der DDR-Zeit

Während meiner Studentenzeit war mir das Wort Jesu aus Matthäus 6 Vers 33 wichtig geworden.: „Trachtet zuerst nach dem Reich Gottes und seiner Gerechtigkeit, so wird euch alles andere gegeben werden,“ Ich benutzte deshalb viel meiner Zeit für die Mitarbeit in der christlichen Jugendarbeit und mein Studium kam dadurch oft etwas zu kurz. 1948 musste ich meine Ingenieurprüfung ablegen, bei der ich mehrfach Gottes Hilfe und die Wahrheit der erwähnten Bibelstelle erfuhr.

Im Fach Fernmeldetechnik, einem der Hauptfächer, hatten wir zwei schriftliche Prüfungen und das bei einem gefürchteten Dozenten. Dieses Fach war sehr umfassend, mit Feuermelder, Telefonanlagen und Funkverkehr. Ich sah den beiden Prüfungen trotz meines Gottvertrauens mit einigem Bangen entgegen. Zu meiner Überraschung war das Thema der ersten schriftlichen Prüfung genau das, was ich während des Aufbaus und der Betreuung der Großvermittlung in Rowno in der Ukraine während meiner Soldatenzeit getan hatte. Ich erhielt eine der besten Noten, die ich gewiss auf keinem anderen Gebiet der Fernmeldetechnik erreicht hätte. Weil das Ergebnis der Prüfung allgemein sehr schlecht ausgefallen war, riet uns der Dozent vor der zweiten Prüfung, unsere Wissenslücken auf diesem Gebiet zu beseitigen. Für die zweite schriftliche Prüfung wählte er dann noch einmal das gleiche Gebiet, nur für eine andere Art und Größenordnung der Wählanlage. Wieder war es für mich kein Problem eine gute Note zu bekommen. Was hatte den Dozenten veranlasst, gerade dieses Thema zu wählen ?

Ähnliches erlebte ich in den Fächern Elektrotechnik, Physik und Messtechnik. Im letzteren Fach hatten wir neben dem theoretischen Unterricht einmal pro Woche nachmittags vier Stunden praktisch im Messlabor zu arbeiten. Wir mussten mit den verschiedenen Messgeräten Messungen durchführen, die sich meist über mehrere Wochen erstreckten. Am Nachmittag vor dem letzten Messlabortag hatte ich eine Messreihe abgeschlossen und ausgewertet und war mir nicht schlüssig, was ich am letzten Nachmittag anfangen sollte, da es sich kaum lohnte etwas Neues anzufangen. Ich ging deshalb zum Dozenten und bat ihn, mir eine neue Aufgabe zu geben, die ich weitgehendst in 4 Stunden abschließen könnte. Erstaunt sah er mich an und fragte, ob ich denn wirklich am letzten Tag noch etwas Neues anfangen wolle. Als ich ihm erklärte, dass ich die Zeit gern nutzen möchte, schaute er mich noch einmal länger an und fragte dann, ob ich schon einmal am Gewindemessmikroskop gearbeitet hätte. Als ich es verneinte, riet er mir dringend, dies nachzuholen. Da ich annahm, dass er die Prüfungsfragen bei der Prüfungsbehörde eingereicht hatte, war mir sofort bewusst, dass sein Rat mit dem Examen zusammenhängen musste, und er mir hier einen hilfreichen Hinweis gegeben hatte. Ich habe mich dann gründlich mit diesem Gerät und den damit verbundenen Meßmethoden beschäftigt und eine Note erhalten, die wohl bei keiner anderen Prüfungsfrage so gut ausgefallen wäre. Was hatte den Dozenten veranlasst, mir in dieser Weise zu helfen. Es barg sicher die Gefahr, dass ich meine Vermutung an die anderen Studenten weitergeben könnte und er durch ungewöhnlich gute Ergebnisse des Examens in Probleme gekommen wäre. Für mich war das wieder ein Beweis, dass Gott oft die Gedanken der Menschen lenkt. Auch für diese Hilfe war ich meinem Vater im Himmel wieder von Herzen dankbar."

Die Traumfrau und was sie mit Gott erlebte

Während meiner Ausbildung bei Siemens vor dem Krieg hatte auch ich eine Freundin. Eines Tages fand ich jedoch heraus, dass sie mich mit einem 26-Jährigen aus dem Geschäft, in dem sie arbeitete, hinterging. Mich traf das tief. Kurz danach besuchte ich eine Jugendveranstaltung in einer unserer Nachbargemeinden. In der Abschlusspredigt machte uns der Redner klar, dass es in unserem Leben drei entscheidende Dinge gibt; unser Verhältnis zu Gott, die Wahl des Ehepartners und die des Berufs. Er sagte dabei: „Gott allein weiß, welcher Partner zu uns passt, weil wir uns zu leicht täuschen lassen. Wir sollten deshalb bewusst um seine Führung bei dieser Wahl bitten". Bevor ich mich an jenem Abend ins Bett legte, tat ich genau das und bat Gott um klare Führung bei der Wahl eines Ehepartners und Bewahrung vor falschen Entschlüssen".

In derselben Nacht hatte ich einen Traum, den einzigen, an den ich mich jemals wieder klar erinnern konnte. Ich stand im Kreis mit einer Gruppe junger Leute. Wir hielten uns alle an den Händen und sangen ein Lied. Plötzlich verschwanden die anderen Jugendlichen bis auf das Mädchen zu meiner Rechten, das ich immer noch an der Hand hielt. Auf einmal saßen wir beide in einem Boot – ich ruderte und das Mädchen hielt das Steuer. Dann wachte ich auf. Weil dieser Traum mir am Morgen noch ganz klar vor Augen stand, und mich im Zusammenhang mit meinem

Gebet stark bewegte, erzählte ich ihn meiner Mutter. Sie meinte dann, dass Gott mir dadurch wahrscheinlich einen Hinweis auf meine zukünftige Frau gegeben hat, den ich nicht unbeachtet lassen sollte. Ich entschloss mich daher, darauf zu warten, dass ich in einem christlichen Jugendkreis auf diese oder ähnliche Weise ein Mädchen kennen lernen würde, das Gott für mich bestimmt hat.

Während meiner Soldatenzeit in Rowno waren unter den 165 Mädchen der großen Telefonvermittlung auch einige liebenswerte gläubige, aber nichts entsprach meinem Traum. Nach dem Krieg während meines Ingenieurstudiums traf ich nun bei einer musikalischen Veranstaltung in einer Nachbargemeinde ein junges Mädchen, das die Frau aus dem Traum zu sein schien, obwohl manches anders war als im Traum. Mit ihr verlobte ich mich dann. Leider offenbarten sich nach der Verlobung erschütternde Dinge, die man mir vorher verborgen hatte, und ich sah mich gezwungen, auf Anraten unserer Gemeindeleitung und meiner Mutter, die Verlobung aufzulösen. Wieder war ich bitter enttäuscht und mein Entschluss stand nun fest: Ich wollte auf die Erfüllung meines Traums und die Führung Gottes warten.

Ein ¼ Jahr später nahm ich dann als Leiter unserer Jugendgruppe mit dieser an der Freizeit einer Nachbargemeinde teil. Zum Programms gehörte ein bunter Abend, für den uns ein schöner Saal mit Oberlicht zur Verfügung stand. Die Stühle waren alle in einem großen Kreis aufgestellt. Da ich wegen einiger organisatorischer Aufgaben als Letzter in den Saal kam, war nur noch ein Stuhl zwischen zwei Mädchen frei. Gegen Ende des Abends forderte uns der andere Jugendleiter auf aufzustehen, uns gegenseitig die Hände zu geben und das Lied, „Gesegnet sei das Band, das uns im Herrn vereint“ zu singen. Plötzlich stand jetzt nach etwa sieben Jahren der Traum wieder klar vor meinen Augen. Überrascht schaute ich mir das Mädchen rechts von mir etwas genauer an. Es war mir schon mehrfach aufgefallen durch seine positive Mitarbeit und seinen musikalischen Beitrag am Abend und gefiel mir auch rein äußerlich. Aber andere Mädchen taten das auch. Sollte sie ganz unerwartet wirklich die Antwort auf meine Bitte an Gott sein? Ich wollte doch vor Beendigung meines Studiums keine Mädchenbekanntschaft mehr beginnen.

Am nächsten Tag ging ich nach der Bibelarbeit noch etwas auf der Halbinsel, auf der sich das Freizeitheim befand, am Ufer spazieren. Da sah ich meinen besten Freund mit seiner Schwester und dem Mädchen von gestern Abend mit ihrer Freundin in einem Leihboot auf dem Wasser. Sobald mein Freund mich entdeckte, lud er mich ein mitzufahren. Er kam ans Ufer und ich stieg ein und half gleich rudern. Als ich mich einmal umdrehte, sah ich zu meiner Überraschung, dass das Mädchen von gestern Abend jetzt das Boot steuerte. Das war ja wieder wie in meinem Traum. War sie tatsächlich die Frau, die Gott für mich bestimmt hatte?

Am Nachmittag war ich auf dem Weg zur etwa 150 Meter von unserer Unterkunft entfernten Buchhandlung. Da kam mir das erwähnte Mädchen allein entgegen. Zu meiner Überraschung kam sie direkt auf mich zu und bat mich, ihr 20 Pfennige zu leihen, da sie sich gern ein bestimmtes Buch kaufen wollte. Gemeinsam gingen wir zur Buchhandlung. Dabei bot ich ihr einen Briefwechsel an, denn ich erfuhr, dass sie in Stendal wohnte. Wir verabredeten uns dann zu einem Spaziergang, bei dem wir Gelegenheit hatten, uns etwas mehr zu unterhalten. Sie ließ mich dann aber wissen, dass sie schon ihre Anmeldung als Diakonisse in der Tasche habe. Diese wurde aber nie abgeschickt, da wir noch einige gemeinsame Tage in Berlin verbrachten, uns besser kennen lernten, und am darauf folgenden Weihnachtsfest verlobte ich mich mit Brigitte.

Brigitte erzählte mir eines Tages folgendes: "Im Januar 1945 hatten die Russen bereits unserer Stadt Küstrin umzingelt und meine Mutter zog mit mir und meiner Schwester Edelgard zum Schutz vor den Granaten der Russen in die Schutzräume der Artilleriekaserne im anderen Stadtteil. Dort lebten wir etwa 2 Wochen. Am 25.2.45 kam dann der Befehl zur Evakuierung der Stadt, weil die deutschen Soldaten einen Fluchtkorridor nach Westen freigekämpft hatten. Das hieß wieder Packen und unter Begleitung von Soldaten zogen wir gegen Abend, einer hinter dem anderen. los. Wir wurden über gefrorene Feldwege und Äcker geführt, die durch die Hunderte von Flüchtlingen mit ihren Handkarren und Kinderwagen recht aufgewühlt waren. Zum Glück war es eine sternklare Nacht. Mitten auf dem etwa 5 km langen Fluchtkorridor brach plötzlich die eine Achse unseres Handwagens, doch kein Mensch hielt an, um uns zu helfen. Als all die anderen Flüchtlinge vorübergezogen waren und wir allein auf weiter Flur mit unserem fahrunfähigen Wagen standen, dachten wir wirklich, dass dies unser Ende sei. Meine Mutter weinte und ich überlegte, was wir als Allernötigstes zusammenpacken sollten, um ohne Wagen zu versuchen weiter zu kommen. Die nächtliche Stille wurde nur von den Geschossen der Russen unterbrochen.

Mir war die Situation voll bewusst; unsere Hilflosigkeit und die Gefahr des Todes oder der Gefangenschaft. Gab es hier irgendeine Hilfe? Mir wurde klar, dass es nur Gott unser Vater im Himmel sein kann, den ich zwar kannte, aber noch nicht als meinen Herrn und Heiland gesucht oder angenommen hatte. Dies war nun die Gelegenheit zu erfahren, ob beten wirklich helfen kann. So bat ich Gott um Hilfe und versprach, ihm zu folgen, wenn Er uns aus dieser Situation retten würde. Nach dem Gebet hatte ich plötzlich Frieden und Zuversicht und auch einen klaren Kopf.

Plötzlich sahen wir im Sternenlicht eine Gestalt auf uns zukommen, die in Richtung Küstrin ging. Es war ein deutscher Soldat, der dann stehen blieb und sich unseren Schaden ansah. Er versuchte uns zu trösten, musste aber weiter nach Küstrin. Nach einer ganzen Weile hörten wir Motorengeräusch. Waren das jetzt die Russen? Nein, denn von Küstrin kam ein Lastwagen und auf dem Trittbrett stand der Soldat von vorhin. Er ließ den Lastwagen neben uns halten und half uns all unsere Sachen aufzuladen. Wie er erzählte, war dies der letzte Lastwagen, der mit einigen Alten und Kranken Küstrin verlassen konnte und nun auch uns mitnahm. Mit dem Lastwagen erreichten wir bald den Ort Manschnow, wo schon die anderen Flüchtlinge waren. Von dort wurden wir mit einem Güterzug Richtung Berlin gefahren. Gott hatte mein Gebet auf wunderbare Weise erhört.“

Da meine Eltern verabredet hatten sich für den Fall einer Flucht bei Bekannten in Tangermünde an der Elbe eine Nachricht ihres Aufenthalts zu hinterlassen, entschied meine Mutter mit uns mit der Bahn nach Tangermünde zu fahren. Leider hatten die Bekannten dort mit ihren zwei Kindern nur eine Zweizimmerwohnung. Deshalb zogen wir bald in ein Mansardenstübchen mit zwei Betten, zwei Stühlen, einem Tisch und einem Petroleumkocher unter dem Dach eines Wohnhauses, in dem unten eine große Gaststätte war. Nur gut dass wir unsere Federbetten nicht auf der Flucht verloren hatten. Das Stübchen hatte eine leichte Holztür, die beim Durchsuchen leerer Wohnungen nach Soldaten, durch die Amerikaner aufgebrochen und beschädigt worden war. Andere Hausbewohner halfen uns sie wieder mit einem Riegel verschließbar zu machen. Anfang Mai wurden alle jungen Mädchen von den Amerikanern aufgerufen, sich zur Arbeit zu melden. Weil es um Tangermünde viele Spargelfelder gab, wurde ich zum Spargelstechen eingeteilt. Mit etwa 20 anderen Mädchen oder Frauen wurden wir auf Lastwagen von den Amerikanern auf die umliegenden Felder und wieder heim gefahren. Das war wieder ein Gottesgeschenk, denn jeden Abend durften wir uns ein Bündel Spargel mit nach Hause nehmen, das mit ein paar Kartoffeln und einem Ei, oder was wir sonst zugeteilt bekamen, ein gutes Essen ergab.

Nach einigen Wochen erlebten wir eine schreckliche Überraschung. Als wir aus dem Fenster schauten trauten wir unseren Augen nicht, denn was wir sahen war der größte Schock unseres Lebens. Die Russen marschierten ein ! Die Alliierten hatten beschlossen, dass die Russen auch noch einen Landstreifen auf unserer Elbseite besetzen konnten, und die Amerikaner waren über Nacht abgezogen. Nun waren auch wir unter russischer Besatzung und hatten große Angst wegen dem, was wir alles bisher über die Russen gehört hatten. Aber zu unserem Erstaunen benahmen sich die Russen hier anders, denn der Krieg war beendet. Es gab keine Vergewaltigungen und Plünderungen mehr. Aber noch einmal wurden wir schockiert, als wir mitbekamen, dass die Gaststätte unten in dem Haus, in dem wir wohnten, zur zentralen Küche für die Russen in Tangermünde wurde. Das bedeutete, dass ein ganzer Stab Verpflegungsunteroffiziere, Köche, etc. im gleichen Haus einquartiert wurden. Ein Major, ein älterer Herr, nahm sich das Zimmer neben uns. Dadurch waren wir und zwei junge Mädchen die im dritten Dachzimmer wohnten und ihre Angehörigen suchten, vor sexuellen Angriffen geschützt. Auch dafür dankten wir Gott.

Eines Tages kam ein Brief von meinem Vater. Eine Krankenschwester die in Berlin gearbeitet hatte, brachte ihn. Er enthielt die Nachricht, dass mein Vater in Berlin bei seiner Schwägerin sei. Er schrieb, dass er schwer verwundet und nicht reisefähig, aber wegen seiner Verwundung nicht mehr in Gefangenschaft sei. Das veranlasste meine Mutter nach Berlin zu fahren und ihn zu holen. Sie machte sich mit viel Gebet auf den Weg. Meine Schwester und ich blieben somit allein.

Edelgard und ich hatten uns, nachdem wir Abendbrot gegessen und gebetet hatten, auf den Schutz Gottes vertrauend zu Bett gelegt und schliefen tief und fest bis zum Morgen. Nun hatten sich die beiden Mädchen im dritten Dachzimmer mit einigen Russen befreundet, sehr wahrscheinlich aus der Not an Lebensmitteln. Diese Russen wollten nun die Mädchen auch nachts besuchen. Wie uns das nette Ehepaar, das unter uns wohnte, am nächsten Tag erzählte, waren zwei Russen nachts gekommen und hatten versucht, zuerst unsere Tür, nachdem auf ihr Klopfen niemand antwortete, gewaltsam zu öffnen. Aber unbegreiflicher Weise hielten die Tür, deren Füllung nur mit viel zu kleinen Nägeln wieder angeheftet war und der schwache kleine Riegel stand. Den Lärm hörten dann die Mädchen im 3. Zimmer und holten sie zu sich. Die Bewahrung, dass die Russen die Tür nicht aufbrechen konnten, war für mich nach der Rettung mit der zerbrochenen Handwagenachse ein weiteres großes Erlebnis von der Treue und Hilfe Gottes.

Nach einigen Tagen kehrte Mutter mit unserem Vater aus Berlin zurück. Da er im 1. Weltkrieg mit seiner Mutter und seinen Geschwistern von den Russen nach Sibirien interniert worden war, konnte er fast perfekt Russisch sprechen. Das kam ihm jetzt zugute. Er freundete sich mit dem Major, der neben uns wohnte, an und der befahl dann, dass wir täglich eine gute Portion Essen bekamen. Auf diese Weise versorgte uns Gott wieder.

Da meine Eltern weitläufige Verwandte in Berlin hatten, die wir lange nicht gesehen hatten, entschieden sie diese zu besuchen. Dabei lernte ich die dortige Gemeindeschwester Elfriede kennen und diese lud mich zur ersten Jugendfreizeit dieser Gemeinde nach dem Krieg ein. Ich fuhr mit meiner Freundin Anneliese hin, und es war das schönste Erlebnis meines Lebens. Für mich war danach entscheidend, ob du der Mann bist, mit dem ich mein Leben in der Zukunft verbringen möchte, und ob du auch wirklich gläubig bist."

Wir hatten ja bald heraus gefunden, dass wir für einander von Gott bestimmt waren und verlobten uns Weihnachten 1947. Nachdem in mein Ingenieurstudium und Brigitte ihre Lehre beendet hatte, und ich bei Siemens eine Anstellung als Entwicklungsingenieur im Zentrallabor erhalten hatte, heirateten wir am 7.August 1948.

Die ersten Ehejahre und Erlebnisse in der Zeit als Lehrer

Brigitte und ich fuhren am zweiten Tag nach unserer Hochzeit auf eine Jungscharleiterfreizeit nach Templin, die ich leitete und der anschließend eine Freizeit mit 72 Jungen folgte, in der Brigitte kochte. Die meisten der 35 Teilnehmer der ersten Freizeit wurden mir später bei unserem Missionseinsatz eine große Hilfe. Da Wohnraum in Berlin noch immer sehr knapp war, mussten wir zunächst mit meiner Schwester Gretel, ihrem Mann, und meiner Mutter mit den beiden jüngsten Geschwistern, also drei Familien, in der 2 ½ Zimmerwohnung meiner Mutter wohnen. Nach einem ¼ Jahr konnten wir aber ein Zimmer mit Küchenbenutzung bei einem älteren Ehepaar mieten. Leider verlegte man bei Siemens das Labor für Elektroakustik, in dem ich arbeitete, im Frühjahr 1949 nach Karlsruhe. Mein Schwager Kurt machte mich deshalb darauf aufmerksam, dass die

Schulbehörde Leute mit Berufserfahrung sucht, um sie an der Pädagogischen Hochschule zu Diplomgewerbelehrern auszubilden. Man bot vom Anfang des Studiums ein Gehalt an, forderte aber, da der Bedarf an Lehrer sehr groß war, dass man dafür vom 2. Semester an 11 Stunden Unterricht pro Woche halten müsse. Ich kündigte deshalb bei Siemens und bewarb mich bei der Schulbehörde. Am 1.4.1949 begann mein Studium an der P.H. in Ostberlin. Nach einem ½ Jahr am 1.9.49.wurde ich zunächst für ein Jahr in einer Schule für sozial gefährdete Jungen eingesetzt.

Weil im Januar 1950 unser Wolfgang geboren wurde, und wir trotz vieler Versuche keine Wohnung bekommen hatten, denn Parteigenossen die meist aus Sachsen zuzogen, hatten immer Vorrang, entschlossen wir uns zu bauen. Gott zeigte uns bald ein günstiges Grundstück bei einer gläubigen Bauersfrau. Es lag in der DDR, nahe dem 7 Km entfernten Schildow, 200 m von der Grenze zum westberliner Lübars, und dem Punkt, wo sich Ostberlin und Westberlin mit der DDR treffen. Wegen der kritischen Lage des Grundstücks brauchten wir nur einen sehr geringen Mietspreis von 14 Ostmark pro Monat zahlen und erhielten einem Vertrag für 99 Jahre, in dem stand, dass uns jede Wertvermehrung bei Kündigung voll erstattet würde. Wir pachteten das etwa 600 m² große unbenutzte Grundstück. Auf ihm befand sich nicht nur teilweise ausgezeichneter Bausand, sondern auch ein leerer Schuppen, den ich abriss und mit dessen Steinen begann ich ein Haus zu bauen.

Da ich neben dem Studium wöchentlich nur 11 Stunden in den Fächern Mathematik, Physik, und Berufskunde zu unterrichten hatte, brauchte ich wenig Unterrichtsvorbereitungszeit. Die Vorlesungen auf diesem Gebiet besuchte ich kaum, da ich den Stoff durch mein Ingenieurstudium weitgehendst beherrschte. Dadurch hatte ich viel Zeit zum Bauen unseres Hauses, was ich alles allein tat. Leider gab es in jenen Jahren kaum Baumaterial und selbst die Steine aus den Trümmern der zerbombten Häuser bekam man nur auf Zuweisung der Ortsbehörden, dafür aber kostenlos. Da es für Privatbauten kaum Baumaterial wie Zement oder Kalk gab, besorgte ich mir vom Reichbahnausbesserungswerk im 10 km entfernten Heinersdorf kostenlosen Karbidschlamm, damals noch ein Abfallprodukt aus den Lampen der Züge. Ich mischte diesen mit dem sehr guten Sand auf meinem Grundstück zu einem guten Mörtel. Als Bauholz bekam ich von einem befreundeten gläubigen Besitzer eines nahe gelegenen Furnierwerkes die beim Herstellen der Furniere übrigbleibenden Kerne der Baumstämme. Sie wurden nicht von den Behörden erfasst und ein befreundeter Tischler machte daraus, sowie aus ersetzten Leitungsmasten, die für den Bau erforderlichen Balken und Bretter, sowie die Fußböden. Es war für mich immer wieder ein Wunder, auf welche Weise uns Gott zu dem notwendigen Material verhalf.

Nach einem halben Jahr war der Rohbau der ersten Haushälfte mit Wohnzimmer, Schlafzimmer, Küche und kleinem Bad so weit fertig, dass wir im Oktober 1950 einziehen konnten. Die Zimmerdecken waren allerdings noch aus starker Pappe, über die ich Stroh angebracht hatte. Da wir einen recht milden Winter hatten, konnten wir ihn gut überstehen. Im Frühjahr überraschte mich eines Tages mein Schwager Fritz, der ja Rektor in einer 4 km entfernten Dorfschule war, mit der Mitteilung, dass dort die Decken der einstöckigen Gebäude erneuert wurden. Er hatte nun die Arbeiter gebeten, die alten Deckenplatten möglichst sorgfältig abzubauen, damit ich sie jetzt abholen könnte. Mit Hilfe eines Westberlin Freundes, der Bauingenieur war, und eine Erlaubnis zum Besuch für ein Wochenende bekam, konnten wir mit den Platten und viel Gips stabile Zimmerdecken einbauen. Das war wieder ein Geschenk unseres Vaters im Himmel.

Ein Problem war allerdings, dass wir nur wenig Heizmaterial bekamen, welches man damals nur auf Bezugscheine von der Behörde zugewiesen bekam. Im ersten Winter hatten wir noch die Vorräte aus der Zeit, in der wir in dem einen Zimmer gewohnt hatten. Was würde es also im kommenden Winter werden, zumal wir unseren zweiten Sohn Matthias Friedemann bekommen hatten. Der Leiter unserer Gemeinde in Berlin, in der wir immer noch sehr aktiv waren, besorgte mir das Material und die Pläne zum Bau eines Späneofens, der mit einer Ladung gestampfter Sägespäne etwa 12–14 Stunden heizt. Den baute ich uns dann. Jetzt ging es darum genügend

Sägespäne für den kommenden Winter zu bekommen und diese zu speichern. Mit dem Rest der Deckenplatten und einer Rolle Dachpappe konnte ich einen Schuppen dafür an unser Haus dort anbauen, wo im kommenden Jahr die zweite Hälfte mit dem Kinderzimmer und einem größeren Schlafzimmer entstehen sollte. Ein Baustoffhändler aus einem Nachbarort versprach mir im Sommer die Sägespäne zu besorgen. Leider waren sie bis ende November immer noch nicht eingetroffen trotz mehrfacher Zusagen. Als ich ende November den Baustoffhändler aufsuchte, bedauerte er sehr, dass er so wenig Zeit habe und fragte mich, ob ich einen vertrauenswürdigen Besitzer eines größeren Lastwagens hätte, der die Späne holen könnte. Als ich das bejahte, gab er mir ein Schreiben und eine Adresse in der Schorfheide unter der Bedingung, dass das alles unter uns bleiben müsse. Der Lastwagenbesitzer, zu dem ich ein gutes Verhältnis hatte, war bereit die Späne für einen geringen Fuhrlohn zu holen.

Anfang Dezember fuhren wir also in die Schorfheide zu einem stillgelegten Sägewerk auf einem russischen Übungsgelände. Ich gab das Schreiben dem Mann dort, der uns empfing und der wohl der Wächter war. Als er erfuhr, wofür ich die Späne brauche und dass ich im kommenden Sommer die zweite Hälfte meines Hauses bauen wolle, führte uns zu einer großen Halle, wo viele Kubikmeter Sägespäne lagen und wies uns auf besonders gute Hartholzspäne hin. Dann führte er mich zu einem größeren Stapel von Balken und Brettern einer abgerissenen Baracke und bot mir diese zum Kauf an. Der genannte Preis dafür überstieg weit meine finanziellen Möglichkeiten, was ich ihm erklärte. Wir einigten uns dann, dass ich ihm alles Geld gab, was ich mit mir führte und was zum Teil das Geld für die Weihnachtsgeschenke meiner Kinder und den Fuhrlohn umfasste, den ich dann später bezahlte. Wir verstauten die Balken und Bretter unter den Sägespänen. Ohne Probleme kamen wir durch die beiden Kontrollstellen der Russen. Als ich dann die Späne und das Holz zu Hause abgeladen hatte und diese mit meinen Plänen für die zweite Haushälfte verglich, stellte ich zu meinem großen Erstaunen fest, dass es genau die erforderlichen Balken und Bretter für den Anbau waren, ja sogar noch zwei kurze Balken mehr. Gott hatte mir zu dem notwendigen Heizmaterial auch noch die erforderlichen Balken und Bretter für die 2. Haushälfte geschenkt, deren Beschaffung sonst ein großes Problem gewesen wäre.

Im Herbst 52 hatte ich mein Studium an der P. H. beendet und auch bei den Prüfungen wieder Gottes Hilfe in fast unglaublicher Weise erfahren. So hatte z.B. einer der Prüfenden in einem politisch wirtschaftlichem Fach das kleine Kreuz an meinem Jackett, das ich trotz Warnung eines Mitstudenten trug, entdeck, und mich erstaunt angeschaut. Dann wählte er aus seinen Prüfungsthemen zwei völlig unpolitische leichte Fragen, die ich gut beantworten konnte. In der schriftlichen Prüfung über marxistischen Sozialismus, in der jede Bankreihe andere Fragen bekam, erhielt unsere Bankreihe die Fragen, die ich am besten beantworten konnte.

In meinem zweiten Jahr als Lehrer unterrichtete ich in einem neu eingeführten neunten Schuljahr zur Berufsfindung. Im dritten Jahr bekam ich eine Anstellung als Mathematik- und Physiklehrer am 11 km entfernten Gymnasium in Niederschönhausen, dem Sitz der Regierung. Diese Schule hatte neben dem sprachlichen und dem naturwissenschaftlichen Zweig noch einen dritten russischen Zweig, in dem die Kinder der hohen Parteigenossen und der Russen unterrichtet wurden. Es war erstaunlich, dass ich, der ich nicht zur Partei gehörte und sehr aktiv in der christlichen Jugendarbeit tätig war, hier unterrichten durfte. Ich stand wohl unter der misstrauischen Beobachtung der Parteigenossen, aber man konnte mir nichts vorwerfen, was man gegen mich verwenden könnte.

Im zweiten Jahr dort ließ mich Gott eine große Überraschung erleben. In der DDR wurde damals der gesamte Unterrichtsplan und der Stoff für die einzelnen Stunden vorgeschrieben. Dafür musste jeder Lehrer am Schuljahresbeginn beim Schulleiter einen detaillierten Unterrichtsplan einschließlich Wiederholungsstunden einreichen, der auch kontrolliert wurde. Die Schulleitung hatte dadurch eine Kontrolle über das, was gelehrt wurde. Auch ich hatte solche Pläne für meinen Unterricht eingereicht und der Plan für den Physikunterricht in zwei neunten Klassen sah die elfte

Physikstunde als Wiederholungsstunde vor. In der Pause vor dieser Stunde ließ mich der Schulleiter rufen und teilte mir mit, dass eine Kommission von russischen Pädagogen und Mitarbeitern des Ministeriums für Bildung und Erziehung gekommen sei, um unsere Schule kennen zu lernen, und dabei auch gern eine Physikstunde sehen wolle. Er fragte mich, ob ich bereit sei die Herren an meinem Unterricht teilnehmen zu lassen. Ich war zwar leicht erschrocken, hatte aber keinen Grund, den Besuch abzulehnen. Außerdem vertraute ich darauf, dass Gott mir in dieser Stunde helfen würde und bat ihn auch darum.

Die Herren kamen und ich hatte auf dem großen Tisch vorn, wie gewöhnlich, die Geräte für die mit diesem Unterricht verbundenen Experimente aufgebaut. Da ich immer am Beginn einer jeden Unterrichtsstunde zwei Schüler den zuletzt behandelten Stoff wiederholen ließ, um ihre mündliche Note festzulegen, tat ich das auch diesmal. Ich kannte diese neunte Klasse ja erst seit den vorangegangenen zehn Physik- und Mathematikstunden und wählte willkürlich einen Schüler zum Wiederholen aus. Zu meiner Überraschung wiederholte er den Stoff mit eigenen Ergänzungen, führte das Experiment vom letzten Unterricht hervorragend aus und ergänzte seine Aussagen an der Wandtafel. Ich war wirklich mehr als überrascht. Als ich anschließend noch ein Mädchen aufrief, das ich allerdings von unserer Jugendgruppe her kannte, überraschte auch sie durch eine sehr gute Wiederholung.

Meine Besucher waren stark beeindruckt und bedauerten, dass sie es nicht erleben konnten, wie ich dies alles den Schülern beigebracht hatte. Ich erfuhr dann später, dass Gott mein Gebet um seine Hilfe darin beantwortet hatte, dass Er es so fügte, dass ich ohne es zu wissen, den fähigsten Schüler der Klasse und Sohn eines der bekannten Physikprofessoren aufgerufen hatte. Das intelligente Mädchen hatte danach weitgehendst das wiederholt, was er vorgetragen hatte. Mein Schulleiter, der dadurch ein gutes Bild seiner Schule hinterließ, war ebenfalls so beeindruckt, dass ich in den weiteren Jahren in dieser Schule keine Kontrollen mehr hatte und man auch über meine Aktivitäten in der christlichen Jugendarbeit hinweg sah. Ja Gott überrascht uns manchmal durch Führungen, die wir nicht voraussehen können.

Da meine Frau Brigitte manchmal den Organisten in der Kirche in Schildow vertrat und keine Vergütung dafür annahm, und ich gern am Kirchentag in Leipzig teilgenommen hätte, sandte man mich auf Kosten der Kirchgemeinde als ihren Vertreter, obwohl ich nicht zur Kirche gehörte, dort hin. Ich war zu dieser Zeit Klassenlehrer einer 11. Klasse, in der mehrere Schüler erstaunlicher Weise Glieder der Jungen Gemeinde waren und von denen einer zu unserer Jugendgruppe gehörte. Da der Kirchentag in die Sommerferien fiel, wollten Schüler meiner Klasse und einige der 10. und 12. Klasse auch am Kirchentag teilnehmen. Gemeinsam fuhren wir also nach Leipzig, was die Schulleitung aber auf keinen Fall wissen durfte.

Am 1. Abend sahen wir einen ergreifenden Missionsfilm, der mich an meinen früheren Ruf in die Mission erinnerte, der aber für Deutsche nach dem Krieg noch nicht ausführbar war. Ich hatte kurz nach meiner Taufe am Palmsonntag 1939 den Eindruck, dass Gott mich einmal im Missionsdienst gebrauchen möchte. Zu dieser Zeit erhielt ich eine Einladung von einem schwedischen Freund zu einem Jugendlager in Schweden, das ende Juli stattfinden sollte. Ich war begeistert. Es schien aber damals, kurz vor Beginn des 2. Weltkrieges, für einen 17 jährigen wehrtüchtigen jungen Mann unmöglich zu sein, einen Pass für eine Auslandsreise zu bekommen. Ich erbat mir deshalb von Gott als Zeichen, dass Er mich einmal im Missionsdienst gebrauchen möchte, diese Schwedenreise. Gott antwortete und machte das scheinbar unmögliche möglich. Dieses Jugendlager, an dem auch eine schwedische Missionarin teilnahm, wurde zu einem meiner größten geistlichen Erlebnisse. da sich von den 160 Teilnehmern etwa 60 für Jesus entschieden.

In Leipzig zwei Tage später sahen wir in einem anderen Kino den gleichen Film noch einmal, weil aus technischen Gründen das Programm gewechselt wurde. Wieder traf es mich. Zu Hause wieder angekommen schrieb ich an eine schwedische Mission, aber man bedauerte, dass ein Einsatz von deutschen Missionaren in ihrem französischen Arbeitsgebiet leider nicht möglich sei. Bei einem Jugendtreffen am Bußtag in Westberlin sah ich den Film dann zum 3. mal und kurz darauf wurde in unserer Jugendzeitschrift zur Fürbitte um ein junges Lehrerehepaar für die neu gebildete Europäische Baptistische Mission, der EBM in Kamerun, gebeten. Ich sah darin einen Ruf Gottes für uns, aber Brigitte sagte mir, dass sie keinen Ruf in die Mission habe, aber bereit sei mit mir zu gehen, wenn Gott es so führen würde. Wir meldeten uns, bekamen aber eine Absage, weil in der Europäischen Mission schon drei Deutsche und nur zwei Schweizer und zwei Franzosen waren, und das Übergewicht der Deutschen durch uns zu groß geworden wäre. Hatte Gott andere Pläne mit uns?

Im Sommer 1956 teilte eine Freundin meiner Mutter mir mit, dass ihr Mann, der für 23 Betriebe und 3 Ingenieurschulen in der DDR verantwortlich war, dringend Elektroingenieure suche, und er mir zu einem weit besseren Gehalt und Befreiung von den wachsenden Anfeindungen durch die Partei im Schuldienst helfen könne. Nach einem Gespräch mit diesem sandte er mich zum Arbeitsdirektor des größten Elektrobetriebs Ostberlins. Als dieser meine Papiere und Zeugnisse sah, bot er mir an, die Leitung der technische Betriebsschule seines Betriebes zu übernehmen, da der jetzige Leiter den Aufgaben nicht gewachsen sei. Nach Rücksprache mit dem Mann der Freundin meiner Mutter, der mir sagte, dass diese Schule nicht dem Schulministerium, sondern ihm unterstehe, nahm ich das Angebot an, um mich zunächst eine kurze Zeit als Dozent in der Schule einzuarbeiten.

Als ich nach wenigen Tagen eine Unterschlagung des bisherigen Schulleiters entdeckte, flüchtete er in den Westen und seine Sekretärin mit ihm. Ich wurde Schulleiter und der Arbeitsdirektor besorgte mir eine neue Sekretärin. Diese war eine absolut zuverlässige ältere Dame, die mir eine große Hilfe wurde. Sie hatte früher im Bildungsministerium gearbeitet, und half jetzt das Studiums ihres Sohnes zu finanzieren, da dieser, weil er kein Arbeiterkind war, kein Freistudium bekam. Bei all dem erfuhr ich immer wieder die Hilfe und Führung Gottes und konnte nicht nur ein Wachstum der Schule erleben, sondern politisch Benachteiligten in ihrer Ausbildung helfen.

Eine entscheidende Wende und ihre Folgen

Während einer Jugendfreizeit Juni – Juli 1957, in Buckow, in der Märkischen Schweiz, die ich mit meiner Frau leitete, hielt Jochem Hildebrandt, ein junger Pastor aus der damaligen DDR, die Bibelarbeit. Er zeigte uns klar, was es bedeutet, wenn Jesus Christus wirklich Herr in unserem Leben ist und über alle Bereiche unseres Lebens verfügt. Brigitte und mir wurde dabei klar, dass wir wohl sehr aktiv in der Gemeindearbeit waren, aber dass Christus nicht wirklich Herr in unserem Leben war. Wir planten selbst und erwarteten dann Seinen Segen. Wir stellten uns auch die Frage, ob wir überhaupt bereit wären, Ihm die Herrschaft und Leitung in unserem Leben voll zu übergeben, und ob wir auch bereit wären eventuelle Folgen zu übernehmen. Nachdem wir uns zu einem solchen Schritt entschieden hatten, baten wir Jesus Christus ganz bewusst, doch die Führung unseres Lebens ganz zu übernehmen.

Zwei Wochen nach der Freizeit besuchte Missionar Liebenau als erster Missionar unsere kleine Ostgemeinde. In seiner Predigt wurde mir klar, dass Gott uns jetzt als Missionare nach Äthiopien ruft. Im Abendgottesdienst in der Tochtergemeinde in Pankow wurde das auch meiner Frau bewusst. Wir nahmen Kontakt mit Gottfried Liebenau und durch ihn mit der Deutschen Missionsgemeinschaft, der DMG, und der SIM, einer internationalen Mission, auf. Die DMG hat zwar keine eignen Missionsfelder, bildet aber Missionare aus, unterhält und unterstützt sie und stellte sie dann anderen biblisch klar stehenden Missionen anderer Länder zur Verfügung. Im ersten Gespräch mit dem Missionsleiter, Herrn Beck, sagte dieser, dass ich bereits zu alt sei und es auch Probleme machen würde, meine Frau und unsere drei Buben während meiner Bibelschulzeit und den weiteren Vorbereitungen zu unterhalten. Es gab damals noch keine deutsche Bibelschule, die Familien oder Ehepaare aufnahm. Ich sollte aber meinen Lebenslauf einreichen für den Fall, dass sich eine Möglichkeit zeigen würde. 2 ½ Jahre nach diesem Gespräch trafen wir bereits in Addis Abeba ein. Für Gott ist Unmögliches möglich.

Durch eine „Fehlleitung“ kam mein Lebenslauf in die Hände der Leiterin der Bibelschule Beatenberg in der Schweiz, Frau Dr. Wasserzug. Sie lud meine Frau und mich zu einem kostenlosen Studium ab nächstes Jahr ein, unter der Bedingung, dass wir während des Studiums einen Platz für unsere Kinder in Deutschland finden würden, weil in Beatenberg für die beiden Älteren keine Schulmöglichkeit war. Wir fanden dann einen Platz im baptistischen Kinderheim in Bensheim-Auerbach für die beiden Älteren und den Jüngsten durften wir zur Bibelschule mitbringen.

Jetzt konzentrierte sich unser Denken und Handeln auf die Vorbereitung unserer Flucht aus der DDR, um im Februar 58 unser Studium in der Schweiz beginnen zu können. Es ging zunächst darum die Dinge, die uns besonders wichtig und wertvoll waren, nach Westberlin zu schaffen, von wo sie dann zu Freunden in Westdeutschland gesandt werden könnten. Fast täglich nahm ich etwas mit zur Schule, um es auf dem Heimweg zu einen westberliner Freund zu bringen. Eines Tages wurden wir durch ihn gewarnt, dass die Kontrollen an den Sektorengrenzen ab dem kommenden Wochenende verstärkt würden. Deshalb machten sich meine Frau und ich am Freitagabend davor mit je einem Koffer uns wichtiger Dinge auf den Weg, um sie zum westberliner Bahnhof Gesundbrunnen zu bringen. Dort wollte unser westberliner Freund auf uns warten, um sie in Empfang zu nehmen und dann nach Westdeutschland zu senden.

Zum Bahnhof Gesundbrunnen führten von uns aus zwei Wege. Meine Frau benutzte den über den Grenzbahnhof Schönhauser Allee, den sie mit Bus und Straßenbahn erreichen konnte. Ich hatte herausgefunden, dass wenn man sich dort einige Zeit vor Eintreffen des Zuges dicht neben eine der auf den Zug zum Kontrollieren wartenden Polizisten stellte und mit ihm zusammen den Zug bestieg, dieser meist annahm, dass man nichts zu verbergen habe und die anderen im Zug vorhandenen Fahrgäste und deren Gepäck kontrollierte. Das klappte auch diesmal für meine Frau.

Ich hatte den Weg mit der Heidekrautbahn zum Grenzbahnhof Wilhelmsruh gewählt. Wir wohnten ja in Schildow, wo der Zug der Heidekrautbahn, aus der DDR kommend, ihren letzten Bahnhof vor der Grenze zum Ostsektor Berlins hatte, um dann nach zwei weiteren Stationen im Ostsektor am Grenzbahnhof Wilhelmsruh neben der westberliner S-Bahn zu enden. In Schildow wurden deshalb die Fahrgäste und ihr Gepäck immer etwa eine halbe Stunde lang gründlich kontrolliert. Da unser Haus ja nur 200 m von der Grenze entfernt stand, wo die Grenzpolizisten und Russen ständig kontrollierten, und auch in unseren Garten kamen, um vom dortigen Wasserhahn zu trinken, kannten mich die meisten von ihnen. Ich kam an jenem Abend mit meinem Koffer bewusst etwas früher zum Bahnhof und unterhielt mich mit den dort wartenden Grenzpolizisten. Als der Zug kam, stieg ich mit ihnen ein und der eine half mir sogar meinen Koffer ins Gepäcknetz zu heben, bevor er seine Kontrolle begann. In den beiden folgenden Bahnhöfen Blankenfelde und Rosenthal in Ostberlin wurden dann alle zusteigenden Fahrgäste kontrolliert, so dass beim Übergang in den Westzug in Wilhelmsruh kaum kontrolliert wurde.

Als unser Zug diesmal in Wilhelmsruh ankam und ich ausstieg, hatte dort bereits die verstärkte Kontrolle begonnen. Ich sah zu meinem Schrecken, dass wohl an die hundert Polizisten und Parteileute den Zug umstellt hatten und den Zugang zum Westteil des Bahnhofs kontrollierten. Der Inhalt meines Koffers würde wahrscheinlich zu einer Festnahme führen, oder beschlagnahmt werden. Er konnte auch als Vorbereitung einer Republikflucht bewertet werden, und weitere Kontrollen nach sich ziehen. Ich war außerdem einer der wenigen, die einen Koffer hatten. Was sollte ich machen? In meiner Not wandte ich mich wieder an Gott und bat um seine Hilfe.

Da zeigte mir Gott in der langen Reihe der Kontrollierenden einen jungen Polizisten, der gerade mit einer Kontrolle fertig war. Dort standen auch die Kontrollierenden nicht ganz so dicht. Auf ihn ging ich zu. Als ich kurz vor ihm war, fragte er ziemlich leise, was ich in dem Koffer habe. Ich antwortete ebenso, dass es Sachen von mir und meinen Jungen seien und fragte ihn, ob ich den Koffer öffnen solle. Er schaute sich kurz nach beiden Seiten um und befahl mir dann den Koffer auf den Boden zu stellen. Dann ging er zum Koffer und nahm ihn beim Griff, riss ihn in die Höhe und sagte dann recht laut: „Ach so, der Koffer ist leer. Danke sie können gehen". Damit hatte ich die Kontrolle passiert. Gott hatte mich zu dem wahrscheinlich Einzigen geführt, der so zu handeln wagte. Mein Freund am Bahnhof Gesundbrunnen, bei dem meine Frau schon eingetroffen war, wollte das Geschehene kaum glauben. Gott hat eben ungeahnte Wege und Möglichkeiten.

Flucht in den Westen

Meine Frau und ich planten nun im Dezember 1957 mit unseren drei Buben endgültig die DDR zu verlassen, um am 4. Februar unser Studium an der Bibelschule Beatenberg in der Schweiz zu beginnen. In jener Zeit gab es noch für besondere Fälle sogenannte Interzonenpässe mit denen man die DDR bis zu vier Wochen verlassen konnte. Da meine Schwester, die in Bremen wohnte, im Dezember ein viertes Kind erwartete, hatte sie nach Absprache mit uns eine amtliche Bestätigung darüber an uns gesandt, mit der Bitte, dass Brigitte während der Zeit der Entbindung ihre bisherigen drei Kinder und ihren Mann betreuen möge. Mit dieser Bescheinigung bekam meine Frau nach einer ersten Ablehnung doch noch einen Interzonenpass für sich und unsere drei Buben, weil sie darauf hinwies, dass ich ja als Schulleiter des größten ostberliner Elektrobetriebs daheim bliebe. Wir entschieden uns, den Interzonenpass sofort zu benutzen. Ich brachte meine Familie also am nächsten Tag, nachmittags zum Interzonenzug. Dieser Zug sollte sie nicht, wie beantragt, nach Bremen zu meiner Schwester bringen, sondern nach Böblingen in Süddeutschland, wo man uns ein Zimmer in der noch im Bau befindlichen Zweigstelle unserer zukünftigen Bibelschule bereit gestellt hatte. Von dort wollten wir dann Anfang Februar in die Schweiz fahren.

Als ich gegen Abend nach meiner Rückkehr vom Bahnhof beim einsamen Abendessen das Radio einschaltete, um die Nachrichten zu hören, vernahm ich zu meinem Schrecken, dass an diesem Tag das Zentralkomitee der Kommunistischen Partei, das höchste Gremium der DDR, getagt und neue Gesetze beschlossen hatte. Nach diesen neuen Gesetzen verloren um 24.oo Uhr dieses Tages alle Interzonenpässe ihre Gültigkeit. Weiterhin sollten Republikflucht und Mitwisserschaft von Republikflucht mit zwei Jahren Zuchthaus bestraft werden. Da ich wusste, dass der Zug, in dem meine Familie saß, erst gegen drei Uhr nachts die Grenze nach Westdeutschland passieren würde, war ich doch besorgt, ob man sie noch hinüber lassen würde. Aber ich vertraute auch darin unserem Gott, der es so geführt hatte, dass wir nicht noch einen Tag gewartet hatten und darauf, dass die Kontrollen gewöhnlich am Anfang der Reise, also noch vor 24.oo Uhr stattfinden würden. Die Interzonenpässe wurden schon kurz nach Abfahrt des Zuges kontrolliert und meine Frau und die Kinder erreichten unbehelligt Böblingen.

Dann kam der Tag meiner eigenen Flucht. Ich hatte den Abend des 19. Dezember gewählt, weil an diesem Tag die Gehälter schon vorzeitig vor Weihnachten für die Weihnachtseinkäufe ausgezahlt werden sollten. Ich brauchte das Geld dringend, da ich von Westberlin mit dem Flugzeug nach Westdeutschland fliegen wollte. Wegen der Geldumtauschquote war für das Flugticket der vierfache Preis in Ostgeld erforderlich. Durch unseren Hausbau hatten wir keinerlei Ersparnisse, aber auch keine Schulden. Mein größtes Problem war, mein nicht geringes Gehalt über die Grenze zu bringen, denn die Mitnahme von Ostgeld in den Westen wurde als schweres Vergehen mit Zuchthaus bestraft. In jener Zeit wurde jeder 3. oder 4. Grenzgänger, einschließlich denen in den Verkehrsmitteln, gründlich untersucht. Die größte Chance an der Grenze nicht kontrolliert zu

werden hatte man, wenn man im Gedränge der überfüllten Stadtbahnzügen bei Betriebsschluss, oder dem Ende der Normalschicht der großen Betriebe, die Grenze passierte.
Als Schulleiter musste ich wöchentlich auch wenigstens zwei Stunden Unterricht geben. Ich hatte für diese Aufgabe vier Mathematikstunden einer Vorbereitungsklasse zur Ingenieurprüfung gewählt, deren abendlicher Unterricht nun aber leider auf den 19. Dezember fiel. Das hatte ich bei Planung des Kurses nicht geahnt. Der Unterricht endete um 21.30 Uhr, so dass ich gegen 22,00 Uhr die Grenze in einem fast leeren Zug passieren würde und die Gefahr kontrolliert zu werden war sehr groß. Ich hätte ja einfach den Unterricht ausfallen lassen und früher mit der Normalschicht den Betrieb verlassen können. Aber das hätte zu meiner Festnahme führen können, falls mich die Stasi beobachtete. Es wussten ja bereits viele Freunde und die Glieder unserer und anderer Gemeinden, die ich besucht hatte, um unseren Entschluss. Ich hatte in mehreren Gemeinden Lichtbilder von Missionar Liebenau über die Mission in Äthiopien gezeigt. Wie leicht konnte ein Informant der Stasi anwesend gewesen sein, sodass das Verlassen des Betriebes nach Gehaltszahlung vor dem Unterricht, den ich zu halten hatte, als Grund für eine Verhaftung hätte dienen können. Ich betete in diesen Tagen besonders um Weisheit und Bewahrung.

Endlich kam der 19. Dezember. Um die Mittagszeit wurde ich zum Arbeitsdirektor gerufen. Das war nichts Ungewöhnliches, aber in meiner jetzigen Situation musste ich mit allem rechnen. Wartete an diesem günstigen Ort in einem Nebengebäude der Staatssicherheitsdienst, um mich festzunehmen? Ich erkundigt mich in der Nachbarabteilung, ob es sich um eine Dienstbesprechung handele und erfuhr, dass auch dieser Abteilungsleiter zum Arbeitsdirektor gerufen sei. Erleichtert ging ich vorsichtig ins Verwaltungsgebäude und traf auf dem Wege auch andere Abteilungsleiter, was mich noch mehr beruhigte. Der Arbeitsdirektor teilte uns dann mit, dass Im Kraftwerk Rummelsburg eine der drei Turbinen für die Stromversorgung des Stadtteils unseres Betriebes ausgefallen sei. Auf Anordnung der Regierung sollten deshalb die drei größten Betriebe um 16.00 Uhr schließen, damit die Versorgung mit Strom, wegen der dann eintretenden Dunkelheit, für die Bevölkerung sichergestellt sei. Ich sollte deshalb über Radio alle anderen am Unterricht teilnehmenden Betriebe informieren, dass in unserer Schule der Abendunterricht in den nächsten Tagen ausfällt."

Hier war die Hilfe Gottes, um die ich gebeten hatte, denn da alle Schichten um 16.00 Uhr Schluss hatten, konnte ich die Grenze mit meinem Gehalt in einem völlig überfüllten Zug passieren, so dass es für die Polizei keine Chance gab mich zu kontrollieren. Mir wurde später mehrfach die Frage gestellt: „Glaubst du denn wirklich, dass Gott extra deinetwegen die eine Turbine ausfallen ließ?" Über diese Frage hatte ich auch schon nachgedacht. Ich zweifle zwar nicht daran, dass Gott das möglich gewesen wäre, glaube aber eher, dass die Turbine seit längerem in einem solchen Zustand war, dass sie bald versagt hätte. Man hatte sie deshalb abgeschaltet, um sie zu reparieren und größeren Schaden zu verhindern. Dass man dies aber gerade an dem Tag tat, an dem ich diese Hilfe dringend brauchte, sehe ich als Führung Gottes an.

Am 22. flog ich dann von Westberlin nach Frankfurt. Als ich dort meine Fahrkarte nach Bensheim lösen wollte, um von dort mit dem Bus zurück nach Auerbach zu fahren, weil kein Schnellzug in Auerbach hielt, stellte die Frau vor mir am Schalter viele Fragen an den Fahrkartenverkäufer, sodass ich als Folge meinen Zug nur noch Abfahren sah. Der folgende Zug, nur 40 Minuten später, war dann einer von den drei Eilzüge die auch in Auerbach hielten, was ich erst im Zug erfuhr. Dadurch wurde mir die recht späte Fahrt mit dem Bus von Bensheim nach Auerbach erspart. Wieder hatte ich Grund zum Danken. In Auerbach stellte ich die spätere Betreuung unserer zwei älteren Buben entgültig sicher. Am 23.12. erreichte ich dann endlich meine Familie in Böblingen und mit der Familie Liebenau, die jetzt dort wohnte, dankten wir Gott für all Seine Führung und Bewahrung und erfreuten uns am gemeinsamen Weihnachtsfest.

Da ich die Zeit bis zu unserer Fahrt in die Schweiz am 4. Februar ausnutzen wollte, ging ich am Tag nach Weihnachten zum Arbeitsamt und bat um Vermittlung einer Arbeit für den Monat Januar. Man nannte mir zwei Elektrobetriebe. Als ich sie aufsuchte, waren beide über das Jahresende geschlossen, doch konnte ich den Chef des 2. erreichen. Als er erfuhr, dass ich Elektroingenieur sei, aber nur eine Anstellung als Elektriker suche, fragte er nach dem Grund. Auf meine Erklärung, dass ich im Februar zur Bibelschule in die Schweiz wolle, um später als Missionar mit meiner Familie nach Äthiopien zu gehen, sagte er: „Sie sind eingestellt. Ich gehöre zum Missionsrat der Liebenzeller Mission und kann gerade einen Ingenieur kurzfristig für eine besondere Aufgabe gebrauchen. Ich stelle Ihnen eine Zeichenmaschine in mein Büro und sie können ihre Arbeitszeit selbst bestimmen, weil sie sicher noch einige Vorbereitungen haben.“ Er zahlte mir am Ende des Monats einen guten Ingenieurslohn. Konnte Gott eine bessere Lösung und finanzielle Hilfe schenken?

Auf der Bibelschule durften wir mit einer anderen Familie im Haus für die Mädchen wohnen. Unser drei Jahre alter Eberhard wurde während des Unterrichts von einer Spanierin in der Nähstube betreut, deren Mann in der Druckerei arbeitete und deren Tochter mit uns studierte. Im März konnte ich mich in England der SIM, damals noch Sudan Interior Mission genannt, in London vorstellen. Mit ihr sollten wir ja in Äthiopien arbeiten. Während der ersten 2 ½ Monate Ferien nach dem 1. Semester durften wir bereits den ersten Teil unseres Gemeindepraktikums machen. Ich betreute die predigerlose Gemeinde in Peine mit ihren 7 Stationen als Pastor. In dieser Zeit konnte sich auch Brigitte in England bei der SIM vorstellen. Nach dem 2. Semester folgte ein weiteres ¾ Jahr als Pastor in der Gemeinde Peine, um das von der DMG geforderte Jahr Gemeindepraktikum zu erfüllen. Während dieser Zeit, konnten wir durch Missionsvorträge in anderen Gemeinden Missionsfreude gewinnen, die uns im Gebet und finanziell unterstützen würden.

Anfang Mai bat die SIM in London um unsere Pässe, damit sie die Anträge für unsere Visa für Äthiopien einreichen könne. Andere Missionare hatten bis zu 2 Jahre auf deren Erhalt warten müssen. Wir erhielten bereits nach drei Wochen unsere Pässe mit Dauervisen zurück, aber mussten spätestens nach knapp 6 Monaten, am 18.11. 59 in Äthiopien sein. Deshalb drängte die SIM auf eine baldige Ausreise und bat um Verkürzung unseres Studiums, mit der Begründung, dass meine bisherigen Aktivitäten auf geistlichem Gebiet einen vorzeitigen Abschluss rechtfertigten. Es wurde entschieden, dass ich am Ende unseres 2. Semesters mit dem jetzigen 4. Semester im November an deren Abschlussprüfung, nach Lieferung einer zusätzlichen Ausarbeitung, teilnehmen sollte. Ich erhielt dann mein Diplom und Brigitte ein Abschlusszeugnis. Während der Zeit in Peine mussten wir uns auch in Stuttgart-Möhrigen dem Missionsrat der DMG vorstellen und Brigitte denkt immer noch mit Schrecken an die 14 Stunden auf dem Rücksitz meines Motorrollers, sowohl bei der Hinfahrt, wie auch bei der Rückfahrt. Am 6. 9. erfolgte unsere Verabschiedung in Peine. Am nächsten Tag fuhren wir mit der Bahn zur DMG und wurden offiziell als ihre Missionare angenommen.

Damals reisten Missionare nicht mit dem Flugzeug, sondern meist mit einem Frachter, der auch das ganze Gepäck mitnahm. Als ich mich nach einem solchen erkundigte, wurde mir in mehreren Reisebüros gesagt, dass das so kurzfristig nicht möglich sei und ich etwa 3 – 6 Monate früher hätte kommen müssen, um einen Platz für eine ganze Familie auf einem Frachter zu bekommen. Wir baten unsere Missionsfreunde in einem Rundbrief um Fürbitte, dass Gott doch noch eine rechtzeitige Möglichkeit schenken möge. Wenige Tage später bekamen wir ein Telegram von der SIM in London, dass ein englischer Wissenschaftler erkrankt sei und man die freigewordene Kabine für uns gebucht habe. Ich sollte sofort nach Bremen fahren und alles klären. Dankbaren Herzens fuhr ich nach Bremen zum Norddeutschen Lloyd.

Als man dort erfuhr, dass wir drei Buben haben, sagte man mir, dass die Kabine nur für 2 Personen zugelassen sei. Als ich unseren Zeitdruck erklärte und um eine Ausnahme bat, gingen die beiden

Herren, mit denen ich verhandelte, zu ihrem Chef um das Problem zu klären. Bei ihrer Rückkehr erklärten sie mir, dass man das Arztzimmer für unsere drei Jungen entsprechend umrichten werde, da diesmal kein Arzt mitreise. Dann sagte man mir, dass das Schiff nur eine Ladung für Indien habe und in Aden etwa 1 Woche vor Verfall unseres Visums halten würde um Treibstoff und Trinkwasser aufzunehmen. Ich müsste deshalb für uns Transitvisa für Aden besorgen. Von dort könnten wir dann nach Addis Abeba fliegen und unser Gepäck könnte uns per Schiff und Bahn über Djibuti folgen. Ich sollte meine Familie und das Gepäck nach Bremen bringen, wo auch meine Schwester Gretel wohnte. Dort könnte alles bei Eintreffen des Schiffes an Bord genommen werden. Ich selbst sollte in Stuttgart bei der Englischen Botschaft die Transitvisa für Aden besorgen und in Rotterdam, wo das Schiff die letzte Ladung aufnehmen würde, zusteigen.

Visaprobleme und eine spannende Seereise

Froh kehrte ich zurück nach Stuttgart, besorgte die Transitvisa, brachte das Gepäck zum Hafen in Bremen und meine Familie zu meiner Schwester dort. Als diese mit ihrem Mann meine Familie dann aufs Schiff brachte und der Kapitän erfuhr, dass wir in die Mission nach Äthiopien wollten, entschied er, anstatt seinen Treibstoff in Aden nun in Dschibuti zu tanken, weil das kein Umweg sei und der Treibstoff dort das Gleiche koste. Er wolle uns den Weg und den Transport des Gepäcks über den Golf von Aden ersparen. Brigitte sollte mich deshalb informieren, dass wir Transitvisa für Dschibuti benötigten anstatt für Aden. Leider ging diese Nachricht in den Wirren der letzten Tage unter.

Bei meiner Ankunft auf dem Schiff mit seinen drei Tagen Verspätung in Rotterdam, war die erste Frage des Kapitäns nach der Begrüßung, ob ich die Visa für Dschibuti hätte, was ich erstaunt verneinte und auf die Visa für Aden hinwies. Nach Klärung des Sachverhalts riet er uns, sofort zur französischen Botschaft in Rotterdam zu gehen und dort die erforderlichen Visa zu besorgen, da das Schiff am Nachmittag des nächsten Tages in See stechen würde. Wir machten uns also auf den Weg zur französischen Botschaft, nachdem wir wieder unseren Vater im Himmel um Hilfe gebeten hatten.

Als ich dann auf der französischen Botschaft trotz einiger Sprachschwierigkeiten dem Sekretär dort erklärt hatte, was unser Anliegen wäre, ließ er uns wissen, dass es unmöglich sei bis zum nächsten Tag die Visa zu erhalten. Wir müssten dazu einen schriftlichen Antrag stellen und diesem die Pässe und erforderlichen Passbilder beifügen. Die Passbilder waren leider tief in unserem Gepäck vergraben. Dann müsste der Antrag geprüft und bearbeitet werden, um die Visa auszustellen. Diese müssten zuletzt noch vom Botschafter unterschrieben werden. Das dauert normalerweise 14 Tage, in dringenden Fällen 7 Tage. Auf meinen Einwand, dass das Schiff doch schon morgen in See steche, antwortete er: „Dann fahren sie eben mit einem anderen Schiff." Meine Erklärung, dass dadurch unsere Visa für Äthiopien verfallen würden, beantwortete er mit der Bemerkung: „Dann beantragen sie einfach neue." So ging die Diskussion ziemlich laut, wegen unserer Sprachschwierigkeiten, hin und her. Ich hatte den Eindruck, dass er mich in Kürze hinauswerfen würde.

Da erschien „zufällig" der Botschafter selbst und wollte wissen, was die Ursache unserer so lauten Diskussion sei. Der Botschaftssekretär erklärte ihm mein unmögliches Ansinnen. Ruhig hörte dieser sich alles an und wandte sich dann an mich, indem er mich in gutem Deutsch aufforderte, mein Anliegen selbst noch einmal zu wiederholen. Nachdem ich das getan hatte, sagte er: „So, sie wollen also in die Mission nach Äthiopien? Da wollen sie doch sicher mit der Sudan Inland Mission arbeiten." Erstaunt über seine Frage und seine Kenntnis der S.I.M. bejahte ich das. Er sagte dann zu unserer noch größeren Verwunderung: „Na, dann grüßen sie bitte Mr. Ohmann und Mr. Borlase von mir." Das waren der Feldleiter der SIM und sein Stellvertreter. Er fuhr dann fort: „Da Staunen sie wohl? Ich war bis vor kurzem Botschafter in Addis Abeba und bin immer im Hauptquartier der SIM zum Gottesdienst gegangen. Natürlich werden Sie Ihre Visa rechtzeitig bekommen, denn ich weiß ja, wie dringend man dort Missionare benötigt."

Daraufhin forderte er den verblüfften Sekretär auf, uns die notwendigen Formulare zu geben, ging mit uns an einen Tisch und erklärte uns, was wir ausfüllen müssten. Er zeichnete uns sogar eine Skizze für den Weg zu einem Fotografen, bei dem wir sofort die Lichtbilder machen lassen könnten. Da die Botschaft in etwa 25 Minuten geschlossen würde, zeichnete er eine zweite Skizze, wie wir sein Haus finden könnten, um dort alles, einschließlich Pass und Passbilder, ihm abzugeben. Alles klappte großartig und am nächsten Tag um zehn Uhr konnten wir unsere Pässe mit den Visen abholen und gegen siebzehn Uhr verließ unser Frachter mit uns den Hafen von Rotterdam. Gott hatte es hier wieder so geführt, dass das, was menschlich unmöglich schien, möglich war und dass auch dieses Gebet erhört wurde. Wir hatten wieder Hoffnung noch rechtzeitig nach Äthiopien zu kommen.

Unser Frachter war am Ende des Krieges gebaut worden und mit drei starken Dieselmotoren und drei Antriebsschrauben ausgerüstet worden, damit er den feindlichen Kriegsschiffen durch seine Schnelligkeit entkommen könne. Er musste dann nach dem Krieg als Reparation an die Belgier abgegeben werden. Diese nutzten ihn, aber pflegten ihn nicht und die Deutschen hatten ihn jetzt als Schrott zurück gekauft. Er war nun auf seiner letzten Fahrt vor einer Generalüberholung und hatte zusätzliche Mechaniker an Bord, um die Motoren arbeitend zu erhalten. Meist liefen nur 2, oft auch nur einer, und im Mittelmeer setzten einmal alle 3 aus. Während der Fahrt durch den Suezkanal mit seinen Ausweichplätzen konnten alle drei wieder zum gleichzeitigen Funktionieren gebracht werden, und unser Frachter überholte im Roten Meer mehrere andere Frachter.

Am Vormittag des 17. Novembers, einen Tag vor Verfall unserer Visen, ließ mich der Kapitän auf die Kommandobrücke rufen. Dort sagte er mir: „Herr Hagen ich habe gute Nachricht für sie. Wir werden wahrscheinlich gegen vierzehn Uhr in Dschibuti sein, wo sie den Zug nach Addis Abeba oder ein Flugzeug erreichen können. Übrigens möchte ich ihrer Familie danken, dass Sie unser Schiff benutzen, denn Sie haben uns einen Umweg erspart. In Aden streiken seit heute morgen die Hafenarbeiter und wir hätten deshalb sowieso von dort nach Djibuti gemusst."

Gegen vierzehn Uhr wurde ich wieder auf die Kommandobrücke gerufen. Dort empfing mich der Kapitän mit den Worten: „Herr Hagen, es tut mir Leid, aber wir werden es nicht schaffen. Sehen Sie da vorn die vielen Schiffe." „Wieso nicht schaffen?" war meine Frage. „Das ist doch sicher der Hafen von Dschibuti." „Ja," erwiderte der Kapitän, „aber weil in Aden gestreikt wird, sind all die vielen Schiffe hier heute nach Dschibuti gekommen und werden vor uns abgefertigt. Wir werden sicher zwei Tage warten müssen." Das war eine bittere Enttäuschung, nachdem es so aussah, als ob Gott uns doch noch rechtzeitig nach Äthiopien bringen würde.

Wir lagen also vor Dschibuti und warteten. Gegen fünfzehn Uhr dreißig ertönten plötzlich die Alarmglocken. Der Kapitän hatte, um die Zeit zu nutzen, eine Rettungsübung angesetzt. Wir kannten ja unsere Anweisungen für diesen Fall. Mit unseren Schwimmwesten, den wichtigsten Papieren und unseren Wertsachen eilten wir mit den Kindern zu dem uns zugeteilten Rettungsboot. Doch kurz bevor wir es erreichten, hörten wir ein Poltern und Schreien. Beim Ausschwingen des schweren Motorrettungsbootes war die vordere Halterung ausgerissen, weil das Boot schon recht morsch war. Einer der Schiffsjungen, der schon im Rettungsboot war, fiel über den Bootsrand und kam mit seinem Oberschenkel zwischen Rettungsboot und ein starkes Stahlseil, mit dem das Boot unterfangen war, und es vor dem endgültigen Sturz ins Wasser bewahrte. Die tonnenschwere Last des Bootes bereitete dem Matrosen furchtbare Schmerzen.

Die Übung wurde sofort abgebrochen und ein Funkspruch an die Hafenleitung gegeben mit der Bitte um ärztliche Hilfe. Nachdem das Boot durch weitere Stahlseile und auch der Matrose gesichert worden waren, wurde ein Teil der Bootswand mit einer Motorsäge herausgesägt, um den Matrosen aus seiner furchtbaren Lage zu befreien. Als das endlich gelang, und man ihn auf das Schiff hinüber reichte, achtete der Kapitän mehr auf den Verletzten, als auf seinen Standort. Er machte einen Fehltritt auf eine morsche Leinwandabdeckung. Diese zerriss und der Kapitän stürzte auf den darrunterliegenden Gang. Dabei brach er sich sein rechtes Schulterblatt. Auf einen zweiten Notruf per Funk an die Hafenleitung hin bekam unser Frachter wegen seiner Probleme und weil er keine Ladung für Djibuti hatte, die Erlaubnis als nächstes Schiff ans Kai zu kommen. Gegen achtzehn Uhr legten wir dann am Kai an. Noch am Abend kam jemand von der Reiseagentur, die von der Mission den Auftrag hatte, sich um uns zu kümmern, an Bord. Man brachte uns die notwendigen Formulare zum Ausfüllen und ließ sich unsere Pässe mit den Visa geben, um am nächsten Morgen alles Notwendige für den Transit zu erledigen.

Als wir am nächsten Morgen gegen sechs Uhr aufstanden, war man bereits dabei unser Gepäck auszuladen, um es mit der Eisenbahn nach Addis Abeba zu transportieren. Wir selbst wurden bis zum Abflug nach dort zu einem Hotel gefahren. Von diesem konnten wir uns noch etwas in Djibuti umschauen und unsere ersten Eindrücke von Afrika sammeln. Um zehn Uhr starteten wir dann mit dem Flugzeug und einer Zwischenlandung in Dire Dawa, nach Addis Abeba, wo wir am achtzehnten November, elf Stunden vor Ablauf unserer Visa, von Mr. Ohman und Mr. Borlase am Flugplatz abgeholt wurden. Gott hatte unsere Gebete und die unserer Missionsfreunde mit unglaublicher Präzision erfüllt.

In Äthiopien und der verschmutzte Vergaser

Da Addis Abeba 2 600 m hoch liegt, machte sich die dünne Luft bemerkbar, aber wir gewöhnten uns schnell daran. Als erstes mussten wir für 8 Monate von anfangs Januar bis ende August auf die Sprachschule nach Debre Birhan, 130 km nördlich von Addis Abeba. Unsere beiden älteren Buben kamen auf das Internat für Missionarskinder, als „Bingham Akademie" bekannt. Eberhard den Jüngsten durften wir mit auf die Sprachschule nehmen. Ende Januar während unserer Sprachschulzeit hatte Kaiser Haile Selassie den Evangelisten Billy Graham zu einer Evangelisation im neuen, noch nicht ganz fertigen, großen Stadion eingeladen, und ich wurde mit der Notstromversorgung beauftragt.. Da ich 4 Monate lang der einzige Mann auf der Sprachschule war, wurde viel meiner Zeit zum Lernen häufig für die Vorbereitung meiner sonntäglichen Predigten in Englisch und für alle Reparaturarbeiten benötigt, sodass ich die Abschlussprüfung nur knapp bestand.

Wir sollten nach dem Sprachstudium in der seit 2 Jahren nicht mehr besetzten Missionsstation Dugda am Zwaisee eingesetzt werden. Aber schon am ersten Tag nach unserer Entlassung aus der Sprachschule bekam ich den Auftrag mit Dr. Scheel zum 1300 km entfernten Kallafo dicht an der Somaligrenze zu fliegen. Wir konnten ein Flugzeug der äthiopischen Luftwaffe kostenlos benutzen, weil Dr. Scheel in Kallafo den Landestreifen und das Luftwaffenfunkgerät betreute und täglich dreimal Wettermeldungen zur Zentrale gab. In Kallafo sollte ich für das Krankenhaus der Missionsstation einen neuen großen Generator und die dafür erforderlichen Leitungen installieren. Meine Frau und den Eberhard durfte ich mitnehmen. Das Militärflugzeug flog vierzehntägig vom Luftwaffenzentrum Bishoftu, 50 km östlich von Addis Abeba, nach Dire Dawa, von wo es einen Zwischenflug zu der nach Öl bohrenden deutschen Ölkompanie machte und nach Dire Dawa zurückkehrte. Es übernachtete dann dort, um am nächsten Tag über Gebre Dehare nach Kallafo zu fliegen und wieder zurück nach Dire Dawa, wobei es auch Zivilpersonen und Güter gegen Bezahlung mitnahm. Am 3. Tag flog es dann wieder nach Bishoftu.

Ich hatte meinen Auftrag in Kallafo in 2 Wochen erfüllt und am letzten Abend vor unserem Rückflug konnte zur Freude der Missionare der Generator Strom für die Beleuchtung und die neueingebauten Klimaanlagen liefern. Als das Flugzeug am nächsten Tag kam, teilte uns der Pilot

mit, dass er uns nicht mitnehmen kann, da er eine Reihe Somalihäuptlinge nach Addis Abeba zum Kaiser fliegen müsse. Wir waren enttäuscht, noch weitere 2 Wochen im heißen Kallafo verbringen zu müssen.
Als wir am diesem Abend etwa eine Stunde das Licht und die Kühlung der Klimaanlage mit Dr. Scheel zusammen genossen hatten, machte dieser einen Kontrollgang. Plötzlich hörte das Geräusch des Generators auf und wir saßen im Dunklen. Dann kam Dr. Scheel aufgeregt und bat mich zum Generatorhaus zu kommen. Dort hatte der Generator in großem Bogen Öl an Decke und Wände und auf den Boden gespritzt und deshalb hatte er ihn abgeschaltet. Am nächsten Tag stellte ich fest, dass sich die Verschraubung an der Einspritzdüse gelockert hatte und ständig Diesel in das Schmieröl gepumpt wurde. und dieses dann überfloss in das Schutzgehäuse des Schwungrades. Dieses schleuderte es dann kreisförmig in den Raum. Ich konnte den Schaden leicht beheben und wir dankten Gott, dass wir am Tag vorher nicht fliegen konnten, denn sonst hätte ich noch einmal den weiten Weg nach Kallafo machen müssen, um den Fehler zu beheben. Dr. Scheel dankte Gott auch zusätzlich dafür, dass ich noch in den folgenden 2 Wochen all seine anderen technischen Probleme lösen konnte. Er zeigte uns auch einiges von seiner Arbeit unter den Somalis.

Von Kallafo zurück war meine nächste Aufgabe mit Dr. Barlow und seiner Frau zur 390 km entfernten Missionsstation in Soddu zu fahren. Dort hatte man seit langem Probleme mit der Stromversorgung. Die Station musste mit ihrem Krankenhaus, ihrer Schule und der Bibelschule von einem eigene Generator mit Strom versorgt werden. Dieser konnte 110 und220 V liefern, war aber nur für 110V falsch angeschlossen worden. Die Leitungen waren zum Teil zu dünn und an Bananenstauden befestigt. Weil sie dadurch nichtgut isoliert waren, war der Generator wegen Überlastung schon zum 2. mal ausgebrannt und wurde nun neu gewickelt wieder nach Soddu gebracht. Ich schlug vor, beide Spannungen die der Generator liefern konnte, zu nutzen, 110 V. für die amerikanischen Geräte und 220 V. für die Beleuchtung und in Äthiopien gekauften Geräte. Die 110 V Birnen sollten auch durch 220 V. Neonlampen ersetzt werden. Ich schlug auch vor, die Hauptleitungen der Station neu als Freileitung auf Masten zu führen und die Leitungen zu den Gebäuden zu erneuern. Ich klärte das Aufstellen der Masten und fuhr zurück nach Addis Abeba, um alles Notwendige zu besorgen, denn in Soddu gab es nichts davon außer Bäume für die Leitungsmasten.

Zwei Wochen später war ich wieder mit dem notwendigen Elektromaterial in meinem vor kurzem erworbenen Jeep unterwegs nach Soddu. Brigitte und unser fünfjähriger Sohn Eberhard begleiteten mich, da die Arbeiten mehrere Wochen dauern würden. Für die ersten 220 km bis zu unserer Leprastation in Chechamane, wo wir übernachteten, hatten wir eine recht brauchbare Straße. Aber für die restlichen 170 km gab es nur eine unbefestigte Buschstraße. Die meist lehmigen Teile waren noch nicht überall trocken und ein erneuter kurzer Regen verwandelte sie vielfach in eine Rutschbahn.

Vor einer langen stark abschüssigen Strecke, die neben einem tiefen Tal verlief, und in dem schon einige abgestürzte Fahrzeuge lagen, bat mich meine Frau mit unserm Eberhard aussteigen zu dürfen. Sie fürchtete, dass der Jeep in das seitlich entlanglaufende Tal rutschen könnte. Das wäre auch an einer Stelle passiert, wenn nicht ein starker Busch am Rande des Weges ihn aufgehalten hätte. Ich dankte Gott für diese Bewahrung, Mit Hilfe eines mitgeführten langen Neylohnseiles, das ich an einem Baum auf der anderen Straßenseite befestigte, brachte ich den Jeep wieder auf den Weg und kam heil unten an, wo ich auf meine Frau wartete. Leider blieben alle Versuche erfolglos den Motor, den ich beim Warten ausgeschaltet hatte, wieder zu starten. Ich hatte damals noch wenig Erfahrung mit Autos, da dies mein erstes war, das ich besaß.

Da wir meiner Schätzung nach nur noch etwa fünfzehn Kilometer von Soddu entfernt waren und kein anderes Fahrzeug zu erwarten war, entschied sich meine Frau zu Fuß nach dort zu gehen und von der Missionsstation Hilfe zu holen. Sie brauchte ja nur den Autospuren zu folgen, die sicher alle nach Soddu führten. Einige Zeit nachdem sie uns verlassen hatte, sagte unser fünfjähriger Eberhard: „Papa, warum beten wir nicht, dass der liebe Gott den Jeep wieder fahren lässt.“ Ja, warum hatte ich das noch nicht getan? Ich betete und als ich danach den Startschlüssel erneut umdrehte, sprang der Motor sofort an.

Wir waren dann einig hundert Meter gefahren, ohne meine Frau eingeholt zu haben, als wir in einem Hohlweg mit einem tiefen Wasserloch stecken blieben. Diesmal hütete ich mich den Motor auszuschalten, aber alle Versuche herauszukommen, waren trotz Vierradantrieb und Untersetzung, erfolglos. Als ich dem Eberhard sagte, dass wir hier wohl auf Hilfe warten müssten, schaute er mich nur groß an und sagte: „Papa, lass uns doch wieder beten“. Etwas unsicher, ob Gott auch diesmal helfen würde, tat ich es, fürchtete aber den Jungen diesmal zu enttäuschen. Nach dem Gebet schaltete ich, da alle Versuche mit dem Vorwärtsgang erfolglos blieben, den Rückwärtsgang ein. Zu meinem Erstaunen machte der Wagen eine viertel Drehung im Schlammloch und fuhr dann rückwärts die linke Böschung hoch. Dadurch konnte ich auch weitere Schlammlöcher dieses Hohlwegs umgehen.

Am Anfang einer weiteren langen Schlammstrecke hielt ich an und untersuchte mit hochgekrempelten Hosen das Wegstück vor dem Wagen, um eventuelle Tiefen zu vermeiden. Leider hatte ich den Motor dummerweise wieder ausgeschaltet, damit Eberhard nicht in Versuchung geriet es selbst einmal zu probieren Als ich zurückkam sprang der Motor wieder nicht mehr an. Wieder kam die Ermunterung zum Beten von meinem Sohn. Diesmal erhörte Gott unser Gebet um Hilfe nicht sogleich, denn Er kannte ja die noch vor uns liegende Strecke mit ihren Problemen, besonders in der bald anbrechenden Dunkelheit. Er hatte eine viel bessere Lösung.

Brigitte hatte inzwischen zwei Männer getroffen, die sich über die alleinige Weiße Frau wunderten und von denen der eine „zufällig“ ein Glied der Gemeinde in Soddu war. Er bot ihr an, mit zu seinem nahe der Straße gelegenen Haus zu kommen, wo er ihr ein Maultier leihen und sie damit zur Station führen wollte. Sie ging darauf ein, weil sie Gott vertraute, und der Mann brachte sie auf einer Abkürzung von mehreren km zur Missionsstation, wo sie beim Einbrechen der Dunkelheit ankamen. Der Stationsleiter, der sie durch sein Fenster im Halbdunkel von einer, der eigentlichen Straße abgekehrten Seite auf einem Maultier ankommen sah, war leicht entsetzt. In kurzer Zeit hatte er die beiden anderen Missionare der Station alarmiert und mit zwei Autos machten sie sich auf den Weg, um mir zu helfen. Sie kannten ja den Weg mit seinen Tücken recht gut. Der eine, der viel von Autos verstand, fand sofort die Ursache meiner Probleme; der Vergaser war verschmutzt. Das konnte er mit etwas Benzin schnell beheben und einer der drei Missionare übernahm die Steuerung meines Wagens auf der schwierigen Reststrecke des Weges, wo mein Wagen trotzdem fast in einen Bach gerutscht wäre. Gegen neun Uhr abends waren wir endlich geborgen auf der Station, wo mich eine Dusche und ein gutes Abendessen erwarteten. Allein hätte ich auf dem letzten Teil der unbekannten Buschstraße, sicher ganz große Probleme bekommen. Gott lässt Sich vielfältig erleben und antwortet in Seiner Weise auf unsere Gebete. Ich konnte die Elektroprobleme lösen und Brigitte half Dr. Barlow bei mehreren Operationen, weil die zur Zeit einzige Krankenschwester auf der Station dafür nicht ausreichte.

Der nächste Einsatz brachte mich zur bereits zwei mal besuchten Aussätzigenstation Chechamane. Etwa 2000 Aussätzige wurden dort betreut, von denen über 100 in kleinen Häusern auf dem großen Missionsgelände wohnten. Kaiser Haile Selassie hatte dies Gelände einmal der Mission geschenkt. Dort hatte der für die landwirtschaftliche Versorgung verantwortliche Missionar mit dem Motorpflug ein Kabel, das man in spatentiefe verlegt hatte, an 14 Stellen zerschnitten und dabei einen Kurzschluss hergestellt. Als man den Generator abends um 18.oo Uhr einschaltete, wurde er stark beschädigt und musste neu gewickelt werden. Das zerschnittene Kabel ersetzte ich durch Leitungen auf Masten.

Langsam bereiteten wir uns auf unseren Einsatz in Dugda vor, der Anfang November beginnen sollte. Etwa 10 Tage vorher wurden wir zur Missionsleitung gerufen, wo man uns mitteilte, dass wir sofort in der Bingham Akademie, dem Internat für die Kinder der Missionare, eingesetzt würden, weil dort plötzlich 2 Ehepaare ausfielen. Wir hatten die Jungenschlafräume, in denen auch unsere beiden älteren Buben schliefen, zu betreuen und nebenbei war Brigitte für die Nähstube verantwortlich und ich hatte viele Bauaufgaben. Nach einem halben Jahr wurden wir abgelöst, um endlich nach einem zweiwöchigen Urlaub in Bishoftu, nach Dugda zu gehen. Mitten in diesen Urlaub kam der Stellvertreter des Missionsdirektors und nahm uns mit unseren Gepäck fort zum nahe gelegenen Zentrum der Luftwaffe. Hier wartete bereits ein von der Mission gechartertes Flugzeug, um uns direkt zum 1300 km entfernten Kallafo zu fliegen. Dort hatte man festgestellt, dass die achtjährige Tochter des einen Ehepaares Krebs in bereits fortgeschrittenem Zustand hatte. Sie wurde mit ihren Eltern in dem gleichen Flugzeug nach Addis Abeba und dann weiter in die USA geflogen. Wir mussten an ihrer Stelle in Kallafo bleiben, da Dr. Scheel der Stationsleiter in Mogadishio zum Sprachstudium war.

Bei den Somalis und die Überschwemmung

Die Missionsstation Kallafo, die wir ja schon kannten, lag direkt am zweitgrößten Fluss Äthiopiens, dem Webbe Shebelli, am Rande der Provinzhauptstatt Kallafo und direkt neben der einzigen Brücke auf über 70 km. Sie besaß ein Krankenhaus, eine Schule, drei Wohnhäuser für Missionare, ein weiteres für die somalischen Mitarbeiter, eine Werkstatt und einen Bunker für die Treibstoffe unserer Fahrzeuge. Die Stadt selbst war von Somalis des Ogadenstammes und arabischen Händlern bewohnt. Auf einem großen Hügel am Rande der Stadt, nicht weit von der Station, befand sich die äthiopische Verwaltung und die Polizei. Am Fluss entlang der Stadt und teilweise um die Station verlief ein Deich, der beide vor den jährlich zweimal auftretenden Überschwemmungen schützen sollte. Dicht neben der Station war der Landestreifen für Flugzeuge, den die Missionare angelegt hatten, und für den sie auch verantwortlich waren. Auf der Station selbst befand sich eine Wetterstation mit den Messgeräten und wie auch schon erwähnt, ein Funkgerät der Luftwaffe, damit man dreimal täglich die Wettermeldung an die Zentrale der Luftwaffe durchgeben konnte. Dafür durften wir und unsere Kinder kostenlos mit ihren Flugzeugen fliegen.

Da Brigitte bei unserer Ankunft kurz vor einer Entbindung stand, hatte die Missionsleitung telefonisch angeordnet, dass Dr. Scheel sofort nach Kallafo kommen müsse, obwohl es noch zwei Krankenschwestern auf der Station gab. Ich bekam den Auftrag, ihn von der 70 km entfernten Grenze abzuholen. Als wir dabei abends in der Dunkelheit von der Grenze kamen, entdeckten wir kurz vor Kallafo steigendes Wasser auf dem Weg als Zeichen einer kommenden Überschwemmung. Dr. Scheel, der die Gegend gut kannte, brachte uns aber sicher zur Missionsstation. Am nächsten Tag brach der Deich, der unsere Station vor Hochwasser schützen sollte an einer Stelle des Flusses. Ich konnte ihn mit Hilfe unserer Mitarbeiter mit Brettern, Schilf, Sand und anderem wieder flicken. Aber wir hatten ½ m Wasser im Missionsgrundstück. Dieses wurde aber vom trocknen Boden und der heißen Sonne bald weggetrocknet. Nach weiteren Tagen brach der Deich zur Stadt, überschwemmte diese und von ihr aus auch erneut unser Grundstück mit 1 m hohem Wasser.

Glücklicher Weise hatte Gott beim Bau der Station Weisheit geschenkt, dass unsere drei Wohnhäuser 1 m hohe Steinfundamente hatten. Dr. Scheel, der sie bauen ließ, und wohlhabende Missionsfreunde hatte, wollte bei Hochwasser, oder Erdbeben, sowie vor Termiten sicher sein und plante hohe Steinfundamente. Der damalige Feldleiter verbot ihm aber dafür Missionsgelder zu missbrauchen und die Sache kam vor das halbjährige Treffen der Distriktleiter. Diese konnten sich zunächst nicht entscheiden, aber nach einem gemeinsamen Gebet war man sich plötzlich einig. Die Fundamente der drei Wohnhäuser sollten 3 Fuß, das des Krankenhauses 2 Fuß und das der Schule 1 Fuß hoch gemacht werden. Bei unserem Haus stand nun das Wasser für viele Wochen nur ½ cm tiefer als der Fußboden, und ich baute einen etwa 10 cm hohen Zementwall in die Eingangstüren damit die Bootswellen, wenn die anderen Missionare zu uns zur täglichen morgendlichen Gebetsgemeinschaft kamen, nicht durch die Küche bis zum Wohnzimmer liefen.

Bei Beginn der Flut war der Gouverneur geflohen und sein Stellvertreter bat in Addis um Hilfe. Daraufhin bat der Kaiser durch sein Büro über unsere Missionsleitung in Addis Abeba uns um Hilfe und klare Angaben über die entstandenen Schäden und die Mengen der vernichteten Lebensmittel und den jetzigen Bedarf. Die Luftwaffe flog dann Lebensmittel, die das Rote Kreutz lieferte, nach Kallafo zu einem neuen 17 km entfernten Landestreifen, den wir auf höherem und trockenen Gelände einrichteten. Mit Unterstützung einer Armeeeinheit waren wir dann für die Verteilung verantwortlich.

Zu Beginn der vierten Überschwemmungswoche wurde unsere Tochter Anne geboren. Dr. Scheel, sowie die eine der Krankenschwestern kamen im Boot von ihren Häusern zur Entbindung. Unsere Schüler ließen sich aber durch das Wasser nicht beeindrucken. Als wir die Schule schließen wollten, weil in den Klassenräumen 65 cm Wasser stand, baten sie uns, doch weiter zu unterrichten, denn ihre Häuser standen ja bis zu 1 ½ m unter Wasser. Sie saßen dann auf den Schultischen mit den Füßen auf den Bänken und die einheimischen Lehrer standen bis an die Knie im Wasser, während Brigitte, die bald nach der Entbindung ihre Unterrichtstätigkeit, besonders im Bibel- und Englischunterricht wieder aufnahm, und auch die eine mit unterrichtende Krankenschwester, balancierten beim Unterrichten auf einer Bank vor der Wandtafel. Teilweise führten wir den Unterricht auch in unserem Wohnzimmer oder auf einer Terrasse des Krankenhauses durch. Unsere kleine Tochter Anne lag, wenn meine Frau unterrichtete, meist in einem Körbchen auf einem der Schultische oder einem anderen trockenen Platz in der Nähe der Mutti und die Schüler gewöhnten sich sehr schnell daran. Einmal entdeckte einer der Somalis, wie sich eine giftige Puffotter dem Körbchen näherte und tötete sie mit einem Holzscheit. Die Luftwaffe flog uns auch zwei weitere Boote unserer Mission ein, sodass wir der Bevölkerung vielfach helfen konnten. Zwei mal hatten wir auch Krokodile auf dem Grundstück, und auf unserer großen Veranda, die zu ebener Erde lag und auch voll Wasser war, konnte ich mit der Hängematte und einem Tonnenreifen sogar größere Fische, fangen.

Ein besonderes Erlebnis der Bewahrung hatten unsere drei Jungen. Die täglichen Luftwaffenhilfsflüge gaben Dr. Scheel die Möglichkeit, unabhängig von den vierzehntägigen Flügen mit seiner Frau kurz vor Weihnachten nach Addis Abeba zu fliegen. Er hatte dort dienstlich etwas zu erledigen und wollte gleichzeitig mit seinen Kindern die Weihnachtsferien dort verbringen. Da diese erst zwei Tage vor Heiligabend begannen, hatten aber wir ein Problem. Das regelmäßige vierzehntägige Flugzeug, würde erst wieder Mittwoch nach Weihnachten kommen. Wir baten deshalb Dr. Scheel bei der Luftwaffenzentrale zu versuchen, dass auch unsere drei Jungen mit einem der Versorgungsflugzeuge mitfliegen könnten. Von diesen kamen ja in jenen Tagen 3 bis 4 pro Tag mit den Hilfsgütern des Roten Kreuzes.

Dr. Scheel hatte Erfolg, und am Morgen des Tages vor dem Heiligen Abend wurde mir per Funk mitgeteilt, dass unsere Jungen mit dem ersten der Versorgungsflugzeuge kommen würden. Sogleich machte ich mich mit dem Boot auf den Weg, um nach der gut zwei Stunden dauernden Bootsfahrt und dem Fußmarsch von mehreren Kilometern rechtzeitig am Landestreifen zu sein. Leider wartete ich vergeblich, da das erste eintreffende Flugzeug meine Jungen nicht brachte, und die Besatzung mir erklärte, dass sie nichts von unseren Jungen wüsste, dass diese aber wahrscheinlich mit dem nächsten Flugzeug kommen würden. Nach knapp einer Stunde kam das zweite Flugzeug, aber auch wieder ohne unsere Jungen. Als dann gegen Mittag das dritte sie auch nicht brachte, machte ich mich auf den Rückweg. Die Enttäuschung meiner Frau, als ich allein zurückkam, war noch größer als meine. Wo waren unsere Jungen und was sollte das für ein Weihnachtsfest werden?

Gegen Abend, als es schon zu dunkeln begann, kam ganz unerwartet eine Gruppe Somalis mit einigem Gepäck auf unser Grundstück und hinter ihnen trotteten unsere schlammbespritzten und müden Jungen. Wie waren wir froh! Von den Somalis erfuhren wir, dass kurz nach meinem Fortgang ein viertes Flugzeug gekommen war und unsere Jungen gebracht hatte. Der verantwortliche Offizier der Armeeeinheit, die beim Landestreifen die Verteilung der Hilfsgüter überwachte, hatte ihnen befohlen die Jungen zu unserer Station zu bringen und sie für deren Sicherheit verantwortlich gemacht. Unsere Jungen erzählten dann, wie sie nach dem langen Fußmarsch bis zum überschwemmten Gebiet mit einem völlig überladenen Boot in fast zweistündiger Fahrt über das Wasser, in dem sich auch Krokodile tummelten, gebracht wurden. Sie waren zwar mit dem ersten Flugzeug abgeflogen, aber das hatte während des Fluges Anweisung erhalten, noch einen anderen Ort anzufliegen, was mehrere Stunden in Anspruch nahm. Deshalb war es erst als viertes kurz nach meinem Fortgehen angekommen. Wie dankten wir Gott, dass auch hier seine Engel unsere Buben bewahrt hatten, besonders da der Jüngste noch nicht schwimmen konnte.

5 ½ Monate dauerte die Überschwemmung und in der Stadt lagerte sich bis 1,30 m Schlick ab, in dem die Unterteile der meisten Häuser begraben wurden. Nach der Überschwemmung nahmen die Somalis die Dächer ihrer Häuser ab, erhöhten Tür und Wände und setzten das Dach wieder darauf. Unser Grundstück, auf dem vorher nur wenige gepflanzte Bäume zu finden waren, und die wir ständig bewässern mussten, wurde durch den eingeschwemmten Samen und ½ m Schlick teilweise zu einem Wald. Aber die Überschwemmung hatte noch eine andere Folge. Durch die Hilfe die wir den Somalis bringen konnten, wurden uns fast alle umliegenden Somalidörfer, die uns vorher verschlossen waren, geöffnet. Siebzehn Somalis bekannten während der 5 ½ Monate dauernden Überschwemmung ihren Glauben an Jesus Christus, während es in all den Jahren davor nur drei waren. Ende Januar 1962 war dann der größte Teil der Stadt wieder trocken und das Leben lief wieder fast normal.

Da der Landrover, den wir für die Station benutzten, trotz eigner Schweißarbeiten immer wieder erneut eine Bruchstelle an den Streben, die das Dach hielten, zeigte, schlug Dr. Scheel vor, dass meine Frau und ich mit unserer fast halbjährigen Tochter so bald wie möglich mit dem Landrover nach Mogadischu fahren sollten. Dort könnten wir den Landrover in einer, von einem Amerikaner geleiteten Autowerkstatt reparieren lassen, und gleich einige Tage auf der dortigen Missionsstation und am Stillen Ozean Urlaub machen. Die Fahrt dorthin war ein echtes Abenteuer. Nicht nur die Sandpisten mit ihren tiefen Fahrspuren, oder die nur aus Löchern bestehenden Reste der von den Italienern in der Nähe von Mogadischu früher einmal angelegten Teerstraße, machten uns zu schaffen, sondern unser Auto schien immer mehr zu zerfallen. Brigitte musste, neben unserer Tochter auf ihrem Schoß, auch noch die rechte Seitentür halten, weil die nicht mehr im Schloss hielt und dort einen beträchtlichen Spalt zeigte. Zum Glück gab es auf dem Weg zwei Missionsstationen, in denen wir übernachten konnten. Am dritten Tag erreichten wir endlich Mogadischu.

Am nächsten Tag brachte ich das Auto in die erwähnte Werkstatt, wo sich gerade auch ein deutscher Freund des Werkstattbesitzers aufhielt. Der Werkstattbesitzer, der nebenbei ein Zentrum für Tourismus betrieb, erklärte sich bereit nach dem Wagen zu schauen, und ich sollte nach vier Tagen wiederkommen. Als ich nach 4 Tagen wiederkam, suchte ich mein Auto vergeblich. Erschrocken ging ich ins Büro, wo ich nach seinem Verbleib fragte. Lächelnd führte mich der Amerikaner zu einem Schuppen, in dem das Oberteil des Wagens neben dem Fahrgestell lag. Er zeigte mir dann, dass der tragende Hauptrahmen an beiden Seiten gebrochen war, und das Fahrzeug zuletzt nur noch vom der Karosserie zusammengehalten worden war. Als er meine Bestürzung sah, sagte er lächelnd: „Machen sie sich mal keine Sorgen. Das kriegen wir schon hin. Ich habe gerade einen neuen Schweißer eingestellt und dieser soll seine Probearbeit an dem gebrochenen Rahmen machen.“ Still dankte ich Gott, dass Er uns auf der Fahrt mit einem solchen Wagen bewahrt hatte.

Die Stadt Mogadischu war, abgesehen von ihrem menschenleeren wunderbaren weißen Sandstrand, an dem wir mehrmals baden konnten, eine große Enttäuschung für uns. Viele der Häuser, die zum größten Teil noch aus der italienischen Kolonialzeit stammten, waren verwahrlost oder zerfallen. Es gab kaum etwas Grünes in der Stadt, dafür aber staubige, ungepflegte Straßen und unter den Geschäften nur wenige gute. Erschüttert war ich auch, als ich wenige Meter von unserem dortigen Missionsgrundstück entfernt, mitten in der Stadt, eine Frau mit ihrem Baby hilflos auf dem Boden liegen sah. Neben ihr bemühte sich ein kleiner Junge um sie, aber keiner von den Passanten schien Notiz von ihr zu nehmen. Leider durfte ich mich als Ausländer nicht um eine moslemische Frau kümmern.

Als ich den wieder völlig hergestellten Wagen nach weiteren fünf Tagen abholen konnte, und nach der Rechnung fragte, sagte der Werkstattbesitzer in Gegenwart des deutschen Freundes: „Ach, ihr Missionare habt doch nur recht begrenzte finanzielle Mittel und setzt euch so für die Leute hier ein. Ich erwarte zur Zeit gerade eine Touristengruppe von Ölleuten aus Texas, die nur so im Geld schwimmen. Ihnen habe ich sogar einen kleinen Flugplatz im Busch für ihr Privatflugzeug anlegen müssen, damit sie ihr Camp zum Jagen recht bequem erreichen können. Ich habe sogar einen Generator und einen Kühlschrank und manches andere dorthin bringen müssen. Die können auch einmal etwas von ihrem Überfluss für das Wohl der Menschen hier tun. Deshalb werde ich die Unkosten für die Reparatur auf deren Rechnung schreiben. Euch wünsche ich eine gute Rückreise und grüßt Dr. Scheel von mir." Mir war dabei nicht ganz wohl, aber was sollte ich machen? Im Herzen war ich doch recht froh, dass Dr. Scheel diese Ausgabe erspart wurde, denn die Folgen der Flut bereiteten auch ihm nicht unerhebliche Kosten. Auf unserer Rückfahrt besuchten wir wieder das Krankenhaus der Mission in Bule Burti und die Klinik und Schule in Bulet Wein, und hatten mit unserem reparierten Wagen, abgesehen von den schlechten Straßen und Wegen, keine weiteren Probleme.

Arte der Straßenräuber

Nach der Rückkunft von Mogadischu erhielten wir von Arte Mohammed eine Einladung auf einem seiner 11 Grundstücke direkt am Fluss und 13 km von Kallafo entfernt, eine Schule zu starten. Er war ein ehemaliger Straßenräuber, auf dessen Kopf sowohl die italienische Verwaltung während ihrer Besatzungszeit in Äthiopien, sowie auch die englischen Behörden nach Vertreibung der Italiener, einen hohen Preis ausgesetzt hatten. Arte hatte mit seinem Cousin, und teilweise mit einem dritten Somali, im unwegsamen Ogadengebiet einzelne Fahrzeuge der Besatzer aufgelauert, sie erschossen und die Fahrzeuge ausgeraubt. Arte wusste später selbst nicht, wie viele er dabei ermordet hat. Nach dem Abzug der Engländer gab er sein Räuberleben auf. Es wäre zu gefährlich gewesen, Somalis oder Äthiopier zu überfallen, weil er die Blutrache des entsprechenden Stammes zu fürchten hatte und er hatte auch genug zusammengeraubt. Nachdem er dem Kronprinzen zwei junge Löwen schenkte und weil er auch nur Besatzungstruppen getötet hatte, konnte er sich frei bewegen.

Arte hatte neben seinen Töchtern von drei Frauen nur einen Sohn, den er sehr liebte. Dieser wurde eines Tages sehr krank mit hohem Fieber. Arte, der einiges von Medizin verstand, vermutete Malaria und gab ihm Malariatabletten. Der Zustand des Jungen verschlechterte sich aber sehr schnell, denn Arte wusste nicht, dass es sich um die schnell tötende Gehirnmalaria handelte. Als sein Bemühen nichts half, brachte er endlich seinen Sohn zum Missionskrankenhaus in Kallafo. Dr. Scheel erkannte sofort die Krankheit, aber auch, dass es bereits zu spät war, um dem Jungen zu helfen. Trotzdem verordnete er eine Injektion in der Hoffnung, dass Gott dem Arte zeigen könnte, dass Er helfen kann. Aber Gott griff nicht ein und wenige Stunden später war der Sohn tot.

Nach Somaligesetz muss jeder, der am Tod eines Menschen schuldig ist, mit seinem Leben dafür büßen, oder ein sehr hohes Blutgeld zahlen. Die Somalis behaupteten nun, dass die

Krankenschwester, die die Injektion gegeben hatte, am Tod des Jungen Schuld sei und forderten ein hohes Blutgeld. Bei Nichtzahlung wollte man sie töten. Die Mission lehnte diese Zahlung ab, weil sie dann damit rechnen musste, dass die Somalis in Zukunft alle ihre Halbtoten bringen würden, um dann im Todesfall ein hohes Blutgeld zu kassieren. Die Krankenschwester konnte mit dem Militärflugzeug ausgeflogen werden und es wurden alle 53 Missionsstationen in Äthiopien aufgerufen, für Arte und die Situation in Kallafo zu beten, denn es war zu erwarten, dass Arte sich nun an dem Arzt rächen würde. Er hat mir später selbst erzählt, wie er mehrfach um das Missionsgrundstück geschlichen sei, um eine günstige Gelegenheit dafür zu finden.

Dr. Scheel musste kurz nach dem Tod des Jungen zu einer Ärztekonferenz nach Addis Abeba fliegen. Arte folgte ihm und verklagte ihn vor Gericht wegen Mordes an seinem Sohn. Nach kurzer Untersuchung des Falles wurde ihm gesagt, dass er selbst Schuld sei, da er den Jungen viel zu spät ins Krankenhaus gebracht hätte. Immer noch voller Rachgier lauerte er tagelang vor dem Hauptquartier der Mission in Addis Abeba auf den Arzt. Eines Tages konnte Mr. Borlase, der neben Arabisch auch die Somalisprache beherrschte, mit ihm reden und ein Gespräch mit Dr. Scheel vereinbaren. In diesem Gespräch erkannte Arte sein Versäumnis und versprach alle Feindseligkeiten aufzugeben. Er beschloss dann nach Kallafo zurückzukehren.

Arte hatte aber große Probleme mit der Rückkehr nach Kallafo, weil es ab Jigjigga die letzten 750 km keinen öffentlichen Transport gab und niemand aus Furcht vor ihm ihn mitnehmen wollte. Nach Artes vergeblichem Transportbemühen während mehrerer Tage war dazu ein junger Missionar bereit, der von Addis Abeba kommend über Kallafo auf seine Station in Somalia wollte. Auf der dreitägigen Fahrt durch die Halbwüste hatte dieser reichlich Gelegenheit mit ihm über Jesus und den Glauben zu sprechen. Diese drei Tage, mit dem was er hörte und der Hilfsbereitschaft des Missionars, gingen nicht spurlos an Arte vorüber. Er besuchte immer häufiger die Missionsstation, zeigte Interesse am christlichen Glauben, kam immer häufiger zu den Gottesdiensten und entwickelte eine gewisse Freundschaft zu Dr. Scheel. Nach 4 ½ Jahren entschied er sich, Jesus Christus als seinen Herrn und Heiland anzunehmen und ihm sein Leben zu übergeben. Das war kurz bevor wir nach Kallafo kamen und ihn kennen lernten. Gott hatte ihm inzwischen wieder einen Jungen geschenkt, den ich dann selbst noch unterrichten durfte. Ohne den Tod seines ersten Sohnes wäre Arte wohl nie Christ geworden. Er wurde uns Missionaren, und besonders mir, eine große Hilfe, um den Somalis die Wahrheit über Gott und Jesus Christus zu bringen.

Wir starteten also eine Schule auf einem von Artes Grundstücken Bald kam dann auch die Bitte von einem Somalihäuptling, der ebenfalls mit mehreren seiner Leute zum Unterricht auf Artes Grundstück kam, auch in seinem Dorf zu unterrichten, um seinen Leuten den wöchentlichen Weg zu Artes Grundstück zu ersparen. Man baute deshalb im Dorf dieses Häuptlings, einem der größten Dörfer der Umgebung, auch eine Schulhütte, und am ersten Weihnachtstag 1962 holten man mich ab, damit wir dort, jetzt wöchentlich zweimal Schule halten konnten. Der älteste Schüler dort war 60 Jahre alt und einer der lernbegierigsten war Artes Sohn, der den Wunsch hatte, einmal ein Missionar zu werden. Arte sandte ihn später auf die neue Missionsschule nach Dire Dawa und er lebt heute in Kanada.

Es war für mich wirklich erstaunlich, wie Gott den Arte verändert hatte und wie dieser nun als Mann vom Ogadenstamm von den Leuten des Rebarriestammes geachtet wurde und ohne Furcht in ihre Dörfer gehen konnte, weil er ihnen in vieler Weise half. Einmal sagte ich zu ihm: „Arte, ich kann es kaum glauben, dass du früher ein so schlimmes Leben geführt hast, wenn ich sehe, wie du jetzt lebst." Arte schaute mich darauf hin erstaunt an und antwortete mit leichtem Kopfschütteln: „Ich verstehe dich nicht. Ihr Missionare habt uns doch gelehrt, dass Christus unser Leben ändert und neu macht, wenn wir es ihm anvertrauen. Da wunderst du dich, dass Er das auch mit mir getan hat? Zweifelt ihr Missionare denn an dem, was ihr uns lehrt?" Diese Antwort hat mich tief beschämt. Wie recht hatte er doch.

Eine Fehlentscheidung und ihre Folgen

Unser Krankenhaus wurde nach der Flut von den Somalis weniger benutzt, Da wir jetzt eine sehr tüchtige und qualifizierte Krankenschwester, sowie gut ausgebildete Somalis als Mitarbeiter hatten, andererseits aber der Arzt für das große, sehr stark besuchte Krankenhaus in Soddu, in Urlaub ging, wurde Dr. Scheel nach dorthin versetzt. Ich bekam den Auftrag, sein eigenes Auto, einen Sechszylinderwagen, aber ohne Vierradantrieb, die 1300 km nach Addis Abeba zu fahren, um auf dem Rückweg meinen eigenen Jeep, der ja noch in Addis Abeba war, von dort nach Kallafo zu bringen. Abdi Nur, einer unserer Klinikhelfer, der das Ogadengebiet gut kannte und auch recht zuverlässig war, sollte mich auf dem 1300 km langen Weg nach Addis Abeba begleiten und als Führer dienen, weil es keine brauchbaren Karten gab.

Da der Kühler des Autos von Dr. Scheel ein kleines Leck hatte, nachdem ein Somali einmal einen Speer hineingestoßen hatte, und die Reparatur nicht ganz gelungen war, nahmen wir reichlich Wasser mit. Kurz nach Mittag schon erreichten wir Shilabo, unser erstes Tagesziel, wo wir uns an Maisfladenbrot, Kamelsmilch und heißem süßen Tee stärkten. Bei unserer Erkundung nach dem weiteren Weg sagte man uns, dass wir in zwei bis drei Stunden die nächste größere Stadt Warder erreichen könnten, was uns veranlasste weiter zu fahren, um in Warder zu übernachten.

Wenige Kilometer hinter Shilabo kamen wir an eine längere Sandstrecke der unbefestigten Buschstraße die uns große Probleme machte. Wir brauchten für sie mehrere Stunden und verloren und verdampften etwa zwanzig Liter Wasser. Durch Somalis erfuhren wir während unseres Kampfes mit dem Sand, dass einige Zeit vor uns schon eine Fahrzeugkolonne der deutschen Ölkompanie mit schwerem Gerät und Spezialfahrzeugen diese Strecke passiert und so aufgewühlt hatte, weil auch ihre Fahrzeuge steckengeblieben waren. Da wir zu den Mitarbeitern der Ölkompanie einen guten Kontakt hatten, hofften wir sie in Warder zu treffen und eventuell mit ihnen zusammen weiter nach Aware und Dire Dawa fahren zu können. Nicht lange nachdem wir wieder festeren Grund unter den Rädern hatten, begann es zu dunkeln, denn die Sonne geht ja dort um achtzehn Uhr unter. Als unser Kühler wieder zu dampfen begann, stieg ich aus und füllte Wasser nach. Wir waren kaum einige hundert Meter weitergefahren, als im Scheinwerferlicht, mitten auf dem Weg, eine Löwin stand und uns zum Anhalten zwang, da wir auf dem schmalen Pfad nicht ausweichen konnten. Nachdem sie mehreren Minuten lang in unsere Scheinwerfer gestarrt hatte, trottete sie langsam davon. Wir dankten Gott, dass ich nicht in ihrer Nähe erst das Wasser nachgegossen hatte.

Gegen zehn Uhr erreichten wir Warder, wo wir die Kolonne der deutschen Ölkompanie trafen und bei ihr übernachteten. Leider fuhren sie von dort in Richtung Osten weiter, versorgten uns aber am Morgen noch mit Wasservorrat und heißem Tee. Sie machten uns aber darauf aufmerksam, dass es auf den vor uns liegenden 240 Km nach Aware nur eine einzige kleine Ansiedlung gibt, die auch nur in der Regenzeit von den Nomaden benutzt wird. Deshalb sollte diese selten befahrene Strecke auch nur von wenigstens zwei Fahrzeugen gemeinsam befahren werden. Wir entschlossen uns aber, am Morgen, trotz der Warnung allein weiter zu fahren, da nach uns ein Lastwagen mit Dr. Scheels Umzugsgut die Missionsstation verlassen sollte, und verließen uns darauf, dass er hinter uns sein würde und uns helfen könnte, falls etwas schief ging.

Der erste Teil der Fahrt verlief recht gut, aber kurz vor Mittag gab es einen Ruck, weil wir an irgend etwas hängen geblieben waren. Ich hielt an und stellte fest, dass wahrscheinlich ein Ast oder ein Stein unsere Verbindungsleitung vom Zusatztank zum Haupttank, die unter dem Wagen verlief, zerrissen hatte. Munter lief das Benzin in den Sand. Ich hielt die Leitung, so gut es ging zu, während Abdi bemüht war ein Stück Zweig zu finden, das wir in die Leitung stopfen könnten, was auch letztlich gelang, so dass sie nur noch schwach tropfte. Dr. Scheel hatte zwar in seinem Auto alles erdenklich notwendige Werkzeug und die wichtigsten Ersatzteile, aber kein Stückchen

Schlauch. Da saßen wir nun und hofften, dass in den nächsten Stunden der Lastwagen mit dem Umzugsgut kommen würde, denn wir wussten nicht, dass er uns schon in der Nacht überholt hatte, als wir in Warder schliefen. Dann war es aber auch fraglich, ob er ein passendes Stück Schlauch dabei gehabt hätte. In unserer Not wandten wir uns an unseren Vater im Himmel.

Nach etwa fünfzehn Minuten sagte Abdi Nur plötzlich: „Ich höre Motorengeräusch. Irgend ein Fahrzeug muss sich uns nähern." Bald konnte auch ich das Motorengeräusch hören, und tatsächlich tauchten nach einiger Zeit an einer Kurve erst zwei Militärjeeps und hinter ihnen eine ganze Kolonne Armeefahrzeuge auf. Als uns der erste Jeep erreichte, hielten er und die ganze Kolonne an, und aus dem ersten Jeep kam ein hoher Offizier, der mich zu meinem Erstaunen mit meinem Namen begrüßte. Er kannte mich von der Zeit der Überschwemmung in Kallafo und fragte sogleich, ob wir Probleme hätten. Als ich ihm unser Missgeschick erklärte und fragte, ob seine Leute vielleicht ein Stück Schlauch für die Bruchstelle hätten, sagte er, dass sie einen Werkstattwagen dabei hätten und seine Männer den Rohrbruch in Ordnung bringen würden. Er wollte sich während der Zeit der Reparatur mit mir unterhalten und etwas über die Situation in Kallafo erfahren. Er erkundigte sich auch nach unseren Wasservorräten und ließ den einen unserer bereits geleerten Kanister aus ihrem mitgeführten Wasserwagen füllen, weil er meinte, Wasser sei in diesem Gebiet wichtiger als Benzin.

Nachdem wir uns herzlich bedankt hatten, setzten wir unsere Fahrt fort, verwundert darüber, auf welche Weise Gott die Hilfe schon vorgeplant hatte. Wäre die Kolonne vor unserem Rohrbruch vorbei gekommen, hätte sie uns nicht helfen können und auch mit unserem Wasser wäre es knapp geworden. Kurz vor Aware fanden wir einen an einen Baum gelehnten toten Somali mit einer leeren Wasserflasche neben sich, was uns doch stark erschütterte. Wir mussten uns beim Gouverneur in Aware eine schriftliche Erlaubnis holen, um an einem der drei Brunnen dort einen Kanister Wasser zu bekommen. Am nächsten Tag erreichten wir dann gegen Abend unsere Missionsstation in Jigjigga.

Von dort ging es am nächsten Tag auf einer richtigen Straße nach Dire Dawa, das an der Eisenbahnlinie von Djibuti nach Addis Abeba liegt. Da die Straße von Dire Dawa nach Addis Abeba damals auf ihrer gut 400 km langen Strecke etwa 170 Flüsse ohne Brücken kreuzte, und die Regenzeit noch nicht ganz vorüber war, entschied ich, das Auto auf die Eisenbahn verladen zu lassen. Weil in den nächsten Tagen kein Güterzug fuhr, erreichte ich es, dass man das Auto auf einen kleineren Plattenwagen lud und an einen Personenzug anhängte. Ich habe das danach sehr bereut, denn der kurze Güterwagen vertrug nur schlecht die Geschwindigkeit des Personenzuges. Ich musste ja während der Fahrt im Auto sitzen und fürchtete, dass bei dem ständigen Schlingern und Rütteln des kleinen Güterwagens die Befestigungsseile reißen würden, und das Auto mit mir in dem zum Teil gebirgigen Gelände mit seinen Tälern und Schluchten in diese stürzen würde. Ich habe auf dieser Fahrt aus Angst sehr viel gebetet.

In Addis Abeba hielten wir uns etwa 2 Wochen auf, da ich eine Reihe von Dingen zu besorgen und zu erledigen hatte. Ich konnte auch unsere Kinder mehrfach besuchen. Auf der Rückfahrt von Addis Abeba mit meinem nach hinten verlängerten Jeep nahmen wir noch einen jungen Missionar, Brian Moret, von der Missionsstation Bulet Wein in Somalia mit. Er wollte dann von Kallafo mit einem Lastwagen nach dorthin weiterfahren. Wir benutzten wieder bis Dire Dawa die Bahn und erreichten von dort noch am Abend die Missionsstation Jigjigga. Dort blieben wir einen Tag, weil einige Elektroarbeiten zu erledigen waren.

Am nächsten Tag, einem Sonnabend, machten wir uns auf den Weg nach Dagabur, was zwar ein Umweg war, aber wir wollten dort eine einsame Missionsstation besuchen und mit dem dortigen älteren Ehepaar den Sonntag verbringen. Die Fahrt dorthin verlief besser als erwartet, doch hörten wir in Dagabur, dass man auf der Strecke, die wir gerade passiert hatten, vor kurzer Zeit einen

Landrover überfallen hatte und die Insassen tötete und am selben Tag auch einen Lastwagen ausplünderte und den Fahrer nur in seiner Unterwäsche weiterfahren ließ.

Da es den jungen Missionar Brian Moret nach längerer Abwesenheit wieder mit aller Macht zu seiner Familie zog, und auch Abdi Nur und ich uns nach unserem Zuhause und unseren Lieben sehnten, entschieden wir noch am Samstagabend, anders als geplant, am nächsten Tag bei Sonnenaufgang weiterzufahren. Das ältere Missionsehepaar, das sich auf die Gemeinschaft am Sonntag gefreut hatte, riet uns ab und erinnerte uns daran, dass es von der Mission nicht erwünscht ist, dass Missionare am Sonntag reisen, es sei denn dringend notwendig. Wir aber blieben bei unserer Entscheidung und machten uns am Sonntagmorgen früh auf den Weg. Wir wählten von den zwei Möglichkeiten den uns bekannten Weg über Aware und Warder, obwohl er etwas länger ist, aber von Warder aus dann doch etwas besser sein sollte als über Gebre Dehare.

Die Verbindung zwischen Dagabur und Aware bestand leider zum großen Teil aus einem trockenen, von Steinen übersäten Flussbett als einzigen Weg. Als sich nach etwa zweistündiger Fahrt im Schritttempo eine Autospur nach links abzweigte, glaubte Abdi Nur, dass es sich um eine Umgehung des steinigen Flussbettes handele, Wir folgten dieser Spur. Nach etwa 30 km trafen wir zwei Somalis, die wir nach dem Weg fragten. Sie erklärten uns, dass dieser Weg in Richtung Somaligrenze führt, und wir wieder zum Fluss zurück müssten, um unser nächstes Ziel, den Ort Aware zu erreichen. Also ging es wieder zurück zum Fluss mit seinem steinigen Bett. Am frühen Nachmittag trafen wir in Aware ein, vier Stunden später als erhofft.

Vor uns lag nun die uns bekannte 243 km lange Strecke zwischen Aware und Warder, das wir eigentlich am Abend zu erreichen gehofft hatten. Da wir eine Vollmondnacht erwarteten, entschieden wir uns, trotz der Verspätung und des Fahrverbotes für einzelne Fahrzeuge, doch weiterzufahren. Nach etwa 40 km kamen wir an eine Wegegabel, an der die Autospuren in zwei Richtungen weiterführten. Ich weckte Abdi Nur, der wegen der Hitze und Eintönigkeit der Landschaft eingeschlafen war, und fragte ihn um Rat. Er wusste auch nicht, wo wir uns jetzt befanden, und aus Furcht, wieder in Richtung Somalia abzukommen, riet er uns zur rechten Spur.

Zunächst verlief alles recht gut, aber als uns nach einiger Zeit immer mehr bewusst wurde, dass wir nicht mehr auf dem richtigen Weg waren, wollte ich zur Gabelung zurückkehren. Aber Abdi Nur riet auf der eingeschlagenen Spur weiterzufahren, da sie, wie er meinte, entweder zur richtigen Spur zurückführe oder auf die Straße nach Gebre Dehare stoßen müsse. Leider hatte er sich geirrt, denn der Weg wurde immer schlechter. Allmählich verloren sich auch die Autospuren, und uns wurde klar, dass wir uns auf einem der Schmuggelwege zwischen Äthiopien und Somalia befanden. An einer schwierigen Stelle zerschlug ein Ast eines meiner Seitenfenster. Als uns dann bewusst wurde, dass es in Kürze dunkel sein würde, begannen wir uns nach einem geeigneten Platz zum Übernachten umzuschauen. Beim Durchfahren eines größeren Sandloches gab es plötzlich ein Krachen und Knirschen im Getriebe und der Jeep ließ sich weder schalten, noch bewegen. Uns blieb nichts weiter übrig, als uns hier für die Nacht einzurichten.

Abdi Nur ging sofort los, um Brennmaterial für das Lagerfeuer zu sammeln und Brian und ich schlugen unser mitgeführtes Zelt auf. Dabei entdeckten wir, dass auch mein Ersatzrad vorn am Fahrzeug verloren gegangen war, ohne dass es einer von uns bemerkt hatte. Nachdem genug Holz für die Nacht zusammen war, bereiteten wir unser Abendessen, bei dem wir dann berieten, was in unserer Situation zu tun sei. Wir waren etwa 90 km von der erwähnten Gabelung und damit von der recht selten befahrenen Straße entfernt. Hier auf Hilfe zu warten war wenig sinnvoll, da wir seit Aware keinen Menschen angetroffen hatten. Unser Trinkwasser würde etwa für eine Woche reichen. An Lebensmittel hatten wir neben einem halben Sack Apfelsinen genug für gut einen Monat.

Aber wir mussten irgendwie wieder zur Straße zurück, um Hilfe für uns zu bekommen. Das bedeutete zwei Tage Fußmarsch bei glühender Hitze, denn nachts konnten wir nicht laufen, weil die schwache Wagenspur in der Dunkelheit kaum zu erkennen war, und wir keine Waffen gegen die Raubtiere hatten. Dann war da die Überlegung, ob einer beim Fahrzeug bleiben sollte. Wir kamen zu keiner rechten Entscheidung und entschlossen uns, um Weisheit und Gottes Hilfe zu beten und den Morgen abzuwarten. Wir teilten die verbleibenden Nachtstunden ein und jeder sollte zweieinhalbe Stunden wachen.

Abdi Nur übernahm die erste Wache, doch auch mich ließ die Situation, in der wir uns befanden, keinen Schlaf finden. So stand ich auf und versuchte den Schaden am Auto herauszufinden. Aus einem Stück isolierten Draht, das ich zwischen meinem Werkzeug fand, einer Birne vom Schlußlicht und der Batterie, verschaffte ich mir Licht und begann das Getriebe auszubauen. Ich stellte dann fest, dass fast kein Öl mehr im Getriebe war und das Lager für die Hauptachse des Getriebes, sowie die Synchronisatoren beschädigt waren. Das Getriebe ließ sich dadurch nicht mehr schalten. Ich versuchte dann den noch einigermaßen erhaltenen 2. Gang fest einzubauen. Abdi Nur, der mir dabei zuschaute, stellte gleich zu Anfang ganz unvermittelt die Frage: „Mister Hagen, warum bist du eigentlich nach Afrika gekommen“, und nach kurzer Pause: „Glaubst du wirklich an Gottes Hilfe und dass Er unser Gebet erhören wird?“ An der Art, wie Abdi fragte, merkte ich, dass ihn diese beiden Fragen wirklich bewegten, mehr vielleicht als die Frage, wie wir hier herauskämen. Die Somalis sind ja oft in ähnlichen Situationen und diese einsame Halbwüste ist ihr Lebensraum, mit dem sie vertraut sind.

Ja, warum war ich jetzt hier in dieser Situation, und wie sollte ich einem, im Islam aufgewachsenen Somali, der zwar schon ein gewisses Interesse am christlichen Glauben gezeigt hatte, das verständlich machen, was mir die Zuversicht gab, dass Gott unser Gebet erhören würde. Abdi sah mich immer noch fragend an.„Ja weißt du“, begann ich nach einigem Nachdenken, „beide von dir gestellten Fragen stehen in engem Zusammenhang. Hätte ich Gottes Hilfe und Seine Antwort auf viele meiner Gebete und die Gebete anderer nicht immer wieder erfahren, dann wäre ich sicher heute nicht hier und auch nicht als Missionar zu Euch nach Afrika gekommen. Ich denke da besonders an die dreieinhalbe Jahre, in denen ich als Soldat während des letzten großen Weltkrieges in Russland war und Gottes Führung und Hilfe vielfach erfahren habe.“ Ich berichtete ihm dann, während ich mich mit dem Getriebe beschäftigte, eine Erfahrung mit Gott nach der anderen. Wir hatten ja Zeit und als seine Wachzeit vorbei war, blieb er wach, um noch mehr zu hören und Fragen zu stellen.

Ich hatte endlich das Getriebe wieder zusammengesetzt und war beim Einbauen. Ich sagte deshalb zu Abdi: „Ich habe den Eindruck, dass Gott auch diesmal unser Gebet erhören und uns helfen wird, bald aus dieser Notlage herauszukommen. Ich glaube, dass wir morgen früh wieder fahren können.“ Abdi Nur schien aber meine Erzählung mehr zu interessieren als die Frage, ob wir das Fahrzeug am nächsten Morgen wieder benutzen könnten. Er stellte noch mehrere Fragen über meinen Weg in die Mission, die ich dann beantwortete. Nachdem das Getriebe eingebaut war, gelang es mir mit Abdis Hilfe den Jeep aus dem Sandloch auf festen Grund zu fahren. Da wir nicht wussten, ob der Weg vor uns noch schlechter würde, entschieden wir uns zur Rückfahrt nach Aware. Ich wusste, dass es dort eine Militärwerkstatt für Fahrzeuge gab und hoffte auch unser verlorenes Ersatzrad zu finden, was wir dann auch nicht weit entfernt fanden. Nach einigen Problemen an einem trocknen Flusslauf erreichten wir die Straße und Aware. In der Militärwerkstatt dort kannten mich einige Soldaten und ein Offizier von Kallafo her und man konnte mein Getriebe so weit reparieren, dass ich den 1. und 2. Gang und den Rückwärtsgang benutzen konnte. Man gab mir auch sicherheitshalber 2 Kanister Motoröl mit.

Nach 2 Tagen erreichten wir mit dem beschädigten Getriebes in langsamer Fahrt am Nachmittag Shilabo und ergänzten unsere Wasservorräte. Am nächsten Morgen machten wir uns auf das letzte

Stück unseres Weges. Da wir aus unserer Fahrt am ersten Tag wussten, dass es einen 35 km langen kaum benutzten Weg durch ein Pulversandgelände zwischen Shilabo und dem Fluss Webbe Shebelli enthielt, und weil ich wegen unseres angeschlagenen Fahrzeugs Befürchtungen hatte, wollte ich statt dessen die Straße über den Grenzort Mustahill weit südlicher am Fluss wählen. Dieser Weg war aber 150 km länger. Abdi riet uns deshalb den viel kürzeren Sandweg zu benutzen, weil er durch das Gebiet seines Stammes führte und er bei Problemen sofort Hilfe besorgen könnte. Wir entschieden uns seinem Rat zu folgen, blieben dann aber wirklich mehrfach stecken. Zum Glück gelang es uns immer wieder mit Hilfe von trocknen Zweigen den Wagen flott zu bekommen.

Als wir das Pulversandgebiet fast durchquert hatten, saßen wir wieder fest. Diesmal streikte aber auch der Motor. Wir hatten schon vorher beim ständigen Wiederstarten Probleme, wegen des verunreinigten Benzins. Außerdem war durch die vielen vergeblichen Startversuche die Batterie leer geworden. Mir blieb nichts anderes übrig, als den Vergaser auseinander zu nehmen und ihn zu reinigen. Dabei passte ich nicht auf und die kleine Schwimmerfeder sprang plötzlich davon und verschwand im Pulversand, der so fein war, dass man bei jedem Schritt ein bis zwei Zentimeter einsank. Vergeblich suchten wir ¼ Stunde lang. Was sollten wir jetzt tun? Da kam nach unserem Gebet die Hilfe. Abdi Nur entsann sich plötzlich, dass er einen Kugelschreiber hatte, der auch eine kleine Spiralfeder enthielt. Vorsichtig holte er sie heraus und mit einer kleinen Zange konnte ich sie so hinbiegen, dass der Vergaser nach ihrem Einbau und einer Reinigung dann wieder normal arbeitete. Jetzt hatten wir aber noch das Problem mit der Batterie. Mehrere Versuche durch Anschieben den Motor zu starten waren in diesem Sand erfolglos. Diese alten Jeeps konnte man aber noch mit einer Kurbel starten und ich hatte sogar eine bei meinem Werkzeug. Aber die Bewegungsfreiheit für sie war von der Halterung für mein zusätzliches, vorn befestigtes Reserverad, verbaut. Zum Glück hatte ich zwischen meinem Werkzeug auch eine Metallsäge, und so konnte ich den Platz für die Umdrehung der Kurbel frei machen. Der Motor sprang auch gleich an. Als wir dann aus der Pulversandzone heraus waren und einen schattenspendenden Baum fanden, bereiteten wir uns unsere Mittagsmahlzeit, froh diese Wegstrecke hinter uns zu haben und hatten einen Grund mehr unserem Vater im Himmel zu danken.

Am späten Nachmittag erreichten wir die normale Fahrpiste entlang dem Webbe Shebelli, 35 km unterhalb der Missionsstation. Dort trafen wir auf einen Lastwagen mit einem somalischen Fahrer, der am Fluss gerade Pause machte. Ich hatte ihm einmal in einer für ihn kritischen Situation während der großen Überschwemmung helfen können. Er versorgte uns mit herrlichem heißen Tee und einigen anderen Erfrischungen und hielt sich dann den Rest des Weges bis zur Missionsstation mit seinem LKW hinter uns, um sicher zu sein, dass wir Kallafo gut erreichten, denn an unserem Wagen war inzwischen die Zündung für einen der vier Zylinder ausgefallen. Selbst Abdi Nur war froh, dass alles so gut ausgegangen war und wir dankten Gott von ganzem Herzen für die Bewahrung und Hilfe. Brian fand einige Tage später einen Lastwagen, der ihn nach Bulet Wein mitnahm.

Der Kaisers Haile Selassie besucht uns

Ein besonderes Erlebnis war der Besuch des äthiopischen Kaisers Haile Selassie. Da der Landestreifen von Kallafo, wie schon erwähnt, wegen der großen Überschwemmung unbrauchbar und 17 km entfernt wieder angelegt worden war, gab es ein Problem. Die Fahrt von dort nach Kallafo durch den Busch hier im Somaligebiet war für den Kaiser doch recht gefährlich. Als es bekannt wurde, dass er Kallafo besuchen wollte, bekam ich vom Gouverneur den Auftrag, ein geeignetes Gelände für einen neuen Landestreifen nahe der Stadt zu suchen. Ich erhielt dann eine größere Anzahl von Arbeitern zugeteilt, mit denen dieses Gelände für den neuen Landestreifen von Busch befreit und eingeebnet wurde. Zur Begrenzung wurden mit Kalk angestrichene Steinreihen benutzt und ein selbstgebauter Windsack vervollständigte den Behelfsflugplatz.

In der Stadt Kallafo selbst wurden auf Anordnung der Verwaltung die Häuser mit Kalk neu gestrichen und die Straßen gesäubert, wie wir es vorher nie erlebt hatten. Auch auf dem Hügel am Rande der Stadt, wo die äthiopische Verwaltung, die Polizei und zur Zeit auch eine Armeegruppe wohnten, liefen die Vorbereitungen auf Hochtouren. Natürlich bereiteten auch wir uns vor, da wir wussten, dass der Kaiser auch immer die Missionsstation besuchte, wenn eine solche in der Nähe war. Mit einem alten Grammophon und einer Schallplatte lernten unsere Schüler kurz bevor die Sommerferien begannen, noch schnell die äthiopische Nationalhymne, woran sie ihren Spaß hatten, obwohl sie sonst zum Erlernen der amharischen Sprache wenig Begeisterung zeigten.

Der Privatsekretär des Kaisers traf zwei Tage vor ihm mit des Kaisers Auto auf einem Lastwagen ein, um die Vorbereitungen zu überprüfen. Er bestätigte mir, dass der Kaiser auch unsere Missionsstation besuchen werde. Meine Frau opferte deshalb die für Weihnachten vorgesehene Dose Sauerkirschen für eine Kirschtorte und malte ein großes Transparent mit der Aufschrift: „God bless his Majesty", (Gott segne den Kaiser), das wir über den Eingang zur Station spannten. Auch gekühlte Getränke bereiten wir vor. In einem der während der Ferien freien Klassenräume stellten wir eine Kaffeetafel auf und schmückten den Raum.

Als der Kaiser mit seinem Flugzeuge eintraf, schritt er nach der Begrüßung durch den somalischen Gouverneur, der dann später die somalischen Truppen gegen die Äthiopier befehligte, das Spalier der aufgestellten Soldaten ab. Danach ließ er mir durch seinen Privatsekretär mitteilen, dass ich mit meinem Wagen vor ihm herfahren solle, da ich, wie dieser mir sagte, den Weg zur Stadt kenne. Wahrscheinlich wollte man aber sicher sein, dass sein Fahrzeug nicht auf eine eventuell von den Somalis gelegte Mine fuhr. Nachdem er die von der deutschen Regierung als Entwicklungshilfe geschenkte Schule besichtigt hatte, kam er zur Missionsstation. Als er dort von unseren Schülern, die sich in einer Dreierreihe aufgestellt hatten, mit der äthiopischen Nationalhymne begrüßt wurde, war er doch überrascht. Unser Angebot einer kleinen Erfrischung nahm er dankbar an und ließ sich unsere Kirschtorte mit seinen Angehörigen, die ihn begleiteten, gut schmecken.

Nachdem sich der Kaiser gestärkt hatte, ging er zu den noch immer aufgestellten Schülern zurück, die wohl gehört hatten, dass er bei seinen Besuchen meist ein kleines Geschenk verteilen ließ. Wahrscheinlich war das neben der Neugierde auch der Grund, weshalb sie trotz der Ferien fast vollzählig erschienen waren. Er fragte sie nach dem Schulbetrieb und nach den Fächern, die unterrichtet würden. Als auch unser täglicher Bibelunterricht erwähnt wurde, wollte er wissen, ob sie als Moslem auch im Neuen Testament unterrichtet werden. Als sie antworteten, dass sie hauptsächlich vom Neuen Testament hören, fragte er, ob sie denn wüssten, wer Jesus Christus sei. Darauf hin antwortete Abdi Nur, der sich zwischen die Schüler gestellt hatte, was nicht auffiel, da das Alter unserer Schüler von zehn bis zweiunddreißig Jahre reichte, in fließendem Amharisch: „Jesus Christus, der Sohn Gottes, kam auf diese Erde, um für unsere Sünden zu sterben. Wenn wir an Ihn glauben und ihm unsere Sünden bekennen, werden sie uns vergeben und wir erhalten ewiges Leben nach unserem Tod." Ich war selbst überrascht, aber noch mehr der Kaiser, dass ihm ein Somali eine solche Antwort gab. Er wandte sich zu dem ihn begleitenden Bischof der orthodoxen Koptischen Kirche und fragte ihn, ob er eine solche Antwort auch von den Gliedern seiner Kirche erhalten würde.

Der Kaiser hatte diese Frage sicher ganz bewusst gestellt, denn als er 1937 vor den Italienern, die sein Land besetzten, fliehen musste, brachte ihn ein Deutscher, den ich einmal in einem Flugzeug der äthiopischen Luftwaffe traf, nach Aden, wo ihn Missionare unserer S.I.M aufnahmen und nach England ins Exil brachten. Dort hat er sich dann in Keswick auf einer Glaubenskonferenz, zu der er eingeladen wurde, bekehrt. Er hatte auch nach seiner Rückkehr aus dem Exil Missionare ins Land gerufen und ohne seine bewusste Unterstützung wäre jegliche Missionsarbeit unter der Herrschaft der Koptischen Kirche in Äthiopien, die um ihre Macht fürchtete, kaum möglich gewesen. Diese bekämpfte die Verkündigung des Evangeliums stärker als die Moslem es taten und ließ sogar durch aufgehetzte Menschen eine Missionsstation der SIM zerstören.

Der Kaiser ließ dann jedem Schüler ein Geschenk zurück. Nach Besichtigung unserer Missionsstation, verließ er uns, um auch das auch von der deutschen Entwicklungshilfe gebaute Krankenhaus zu besichtigen. Dort ließ er an die Armen Schlafdecken verteilen. Den Verwaltungshügel und die aufpolierte Stadt hat er nicht betreten. Das wäre auch in der Stadt zu gefährlich gewesen, denn die Spannung zwischen Äthiopien und Somalia stieg ständig.

Gottes Hilfe im Grenzkrieg

Da Kallafo so schwer erreichbar war, gab es dort nur wenig zu kaufen. Die Bevölkerung lebte meist von Mais, sowie der Milch und dem Fleisch ihrer Kühe, Ziegen und Kamele oder auch von Fischen, die aber die meisten wegen Erfahrungen mit Vergiftungen durch verdorbene Fische, ablehnten. Daneben konnte man in den kleinen Verkaufsständen auf den beiden Hauptstraßen der Stadt noch einige Kleinigkeiten wie Gummisandalen, Stoffe, einfache Kleidung, oder Seife, Kerzen, Petroleum, und Streichhölzer kaufen. Es gab aber auch Ananaskonserven und Spagetti, die von Kenia her geschmuggelt wurden, neben Tomatenketschup und Zucker. Der Zucker schmeckte oft nach Dieselöl oder Petroleum, weil die Fässer, die beim Transport oft oben auf den Zuckersäcken lagen, nicht ganz dicht waren. Wir mussten deshalb fast alle unsere Lebensmittel und Verbrauchsgüter für ein Jahr während unseres vierwöchigen Jahresurlaubs in Addis Abeba besorgen und sie dann nach Kallafo schaffen. Eine andere Möglichkeit war, sie mit dem Militärflugzeug bringen zu lassen, wobei wir für jedes Kilo etwa 3 € Fracht zahlen mussten.

So kauften wir immer am Anfang unseres Jahresurlaubs unseren Bedarf an Konserven, Säcke mit Zucker, Mehl und andere Bedarfsgüter für ein Jahr in Addis Abeba ein und sandten dies die ersten vierhundert Kilometer mit der Eisenbahn nach Dire Dawa. Dort war eine Mennonietenstation, auf der wir auch immer während unserer zweitägigen Flüge übernachteten. Der Leiter derselben holte dann die Sachen von der Bahn ab und sandte sie mit einem der nach Kallafo fahrenden Lastwagen die restlichen neunhundert Kilometer nach dort, wo wir sie bei unserer Rückkehr vom Urlaub vorfanden. Wir selbst konnten jeweils am Ende unseres Jahresurlaubs dann aufgrund unserer Sondergenehmigung mit dem Militärflugzeug früh morgens nach Dire Dawa fliegen, über Nacht dort bleiben, um am nächsten Morgen weiter nach Kallafo zu fliegen, wo wir meist gegen Mittag eintrafen.

Kurz vor unserem letzten jährlichen Landesurlaub des ersten 4 ½ Jahre dauernden Äthiopieneinsatzes hatte der Grenzkrieg zwischen Äthiopien und Somalia begonnen. Wir hatten wieder, wie gewöhnlich, unsere Lebensmittel und notwendiges Material per Bahn nach Dire Dawa gesandt und folgten drei Wochen später mit dem Militärflugzeug. Diesmal startete das Flugzeug nicht wie gewöhnlich früh morgens, sondern erst am Nachmittag, weil der Zwischenflug von Dire Dawa zur Ölbohrstelle wegen der beginnenden Kämpfe im Ogadengebiet ausfiel. Dadurch trafen wir erst kurz vor achtzehn Uhr in Dire Dawa ein. Der Missionar der Mennonietenmission, der uns vom Flugplatz abholte, musste uns leider mitteilen, dass unsere Sachen noch alle in Dire Dawa seien, da wegen der Kämpfe jetzt kein Lastwagen mehr in das Gebiet um Kallafo fahren würde. Wieder standen wir vor einem großen Problem. In unserer Not wandten wir uns an unseren himmlischen Vater. Da fiel mir plötzlich ein, dass in Dire Dawa das Büro der deutschen Ölgesellschaft war, die im Auftrag der äthiopischen Regierung im Ogadengebiet nach Öl bohrte. Mit ihren Mitarbeitern hatten wir in Kallafo gute Gemeinschaft gehabt und sie hatten das Flugbenzin für ihren Helikopter und anderen Treibstoff in unserem Treibstoffbunker aufbewahrt. Ich suchte also ihr Büro auf, um zu erfahren, ob sie eine Möglichkeit hätten, unsere Güter nach Kallafo zu bringen. Aber auch hier konnte man mir nicht helfen, da sie ihren Helikopter und ihre Fahrzeuge aus dem Sperrgebiet um Kallafo entfernt hatten.

Als ich noch mit dem Chef des Büros sprach, kam plötzlich ein Araber herein. Er schaute mich kurz verwundert an und sagte dann: „Eh, Mr. Hagen, was machst du denn hier?" und nach kurzer Pause: „Kann ich irgend etwas für dich tun?" Ich war wirklich verblüfft und ebenso der Chef der Ölkompanie. Doch dann fuhr der Araber fort: „Kennst du mich nicht mehr? Vor einem halben Jahr war ich doch in Kallafo, um die restlichen Fässer Flugbenzin der Ölkompanie von euch zu holen. Du hast mir doch damals so sehr geholfen, weil das Gebiet um Kallafo wieder überschwemmt war und ich nicht mit meinem Lastwagen in die Stadt und zu euch kommen konnte. Die Somalis wollten doch damals meine Situation ausnutzen und eine Menge Geld aus mir herauspressen. Deine Frau hat mich dann auch noch zum Essen eingeladen und ich gab dir meine Adresse und sagte dir, dass ich mich freuen würde, wenn ich dir auch einmal helfen könnte." Jetzt entsann ich mich. Die Somalis hatten einen hohen Preis für den Transport der Benzinfässer von der Missionsstation über das damals überschwemmte Gebiet bis zu seinem Lastwagen gefordert. Ich hatte dann vorgeschlagen, die Fässer einfach in den Fluss neben der Missionsstation zu werfen, weil Benzin leichter ist als Wasser und die Fässer schwimmen würden. Die Strömung des Flusses trug sie dann zu einer erhöhten Uferstelle unterhalb unserer Station, die mit dem Lastwagen erreichbar war. Dort half ich mit unserem Boot die Fässer zu bergen und einige Somalis haben sie für einen geringen Lohn verladen, Deshalb bot mir der Araber jetzt seine Hilfe an. Der Vertreter der Ölkompanie sagte daraufhin: „Ich glaube schon dass Mr. Hagen deine Hilfe brauchen könnte, fürchte aber, dass du ihm auch nicht helfen kannst."

Ich erklärte dem Araber nun mein Problem. Er überlegte kurz und sagte dann: „Ja, es stimmt. Dies Gebiet ist jetzt Kriegsgebiet und für nichtmilitärische Fahrzeuge gesperrt. Aber ich könnte mir eine Sondergenehmigung besorgen, weil ich gute Verbindungen zur Armee habe. Ich bin ja mit meinen 23 Lastwagen der größte Fuhrunternehmer des Ogadengebietes und arbeite auch für die Armee. Für dich würde ich es wagen, einen meiner Lastwagen nach Kallafo zu senden. Aber eines muss ich klarstellen. Du musst wenigstens 1 300 Dollar dafür bezahlen, denn der Lastwagenfahrer riskiert sein Leben und ich meinen Lastwagen." „Vergiss es," war meine Antwort, „weder ich noch die Mission können diesen Preis dafür bezahlen. Wir müssen dann eben von örtlicher Nahrung leben, bis sich eine andere Möglichkeit zeigt." Nach einigem Nachdenken sagte der Araber: „Ich glaube, ich kann dir trotzdem helfen. Am kommenden Freitag fahren drei meiner Lastwagen mit Ladung für die Ölkompanie nach El Abret, wo man zur Zeit unter Militärschutz noch nach Öl bohrt und wo es noch recht ruhig ist. Von El Abret fährt jeden zweiten Tag ein Lastwagen der Armee zum etwa neunzig Kilometer entfernten Mustahill, das ja siebzig Kilometer unterhalb eurer Station direkt am Fluss Webbe Shebelli liegt, um dort Wasser vom Fluss zu holen. Ich werde eure Sachen auf mein Risiko hin auf meine Wagen verteilen und der Wagen Armee kann sie dann nach Mustahill bringen. Du brauchst sie dann nur in zwei Wochen von dort abzuholen." Ich bedankte mich herzlich, nachdem der Chef der Ölkompanie versprochen hatte, das Seine dazu beizutragen, dass unsere Güter nach Mustahill gebracht würden. Dankbar für diese Lösung flogen wir am nächsten Morgen nach Kallafo und beteten täglich in unserer morgendlichen Gebetsgemeinschaft auf der Station darum, dass wir unsere Sachen wohlbehalten in Mustahill vorfinden könnten.

In Kallafo war bei unserer Ankunft wieder einmal das Gelände überschwemmt, so dass wir das Auto nicht benutzen konnten. Aber wir hatten ja fast zwei Wochen Zeit. Außerdem durfte zur Zeit kein Fahrzeug die Stadt verlassen wegen eines Überfalls der Somalis auf eine Fahrzeugkolonne zwischen Mustahill und Kallafo, bei der drei italienische Kraftfahrer mit den begleitenden Polizisten getötet wurden. Nach zwei Wochen war das Gelände wieder frei von Wasser. Ich fuhr deshalb zum Militärstützpunkt auf dem Hügel um für eine Sondergenehmigung für eine Fahrt nach Mustahill zu bitten und dass man per Funk nachfragen möge, ob der Wasserwagen mit unseren Gütern eingetroffen sei.

Auf dem Hügel traf ich einen Offizier, der gerade von Mustahill gekommen war und mir mitteilte, dass die Sachen dort zwar angekommen wären, aber wieder von ihm zurück geschickt wurden, weil die für das dortige Grenzgebiet erforderlichen Papiere fehlten. Außerdem seien die Anschriften alle in Englisch und nicht in der Landessprache und ihrer Schrift gewesen, so dass er sie nicht lesen konnte. Auf meine Frage, was ich nun machen könnte, empfahl er mir nach Mustahill zu fahren. Von dort könnte ich mit einem Wasserwagen nach El Abret gelangen und vielleicht unsere Sachen noch finden, falls man sie nicht ganz nach Dire Dawa zurückgesandt habe.

Ich erhielt dann die Genehmigung mit Abdi Nur als Begleiter durch das Sperrgebiet zu fahren, weil der Verantwortliche Offizier des Armeestützpunktes wusste, dass die Somalis uns beide ohne Polizei oder Armeeschutz kaum angreifen würden. Allerdings musste ich unterschreiben, dass ich auf eigene Gefahr fahre und Begleitschutz abgelehnt habe. Man wollte sich gegenüber der deutschen Botschaft sichern. Auf der Missionsstation entschieden wir daraufhin, dass ich am nächsten Montag mit Abdi diese Fahrt unternehmen sollte und dass alle besonders für diese Fahrt beten wollten. Wir wollten Gott auch bitten, über unsere Sachen zu wachen, dass sie, wenn möglich, sogar noch einmal nach Mustahill gebracht würden.

Am Samstag Vormittag sprach mich mein Mitmissionar Ed Iwan an und sagte: „Hans, ich muss dir etwas sagen. Während unserer heutigen Familienandacht fragte mich unser fünfjähriger Stefan, warum wir eigentlich dafür beten, dass der liebe Gott eure und die Sachen für uns nach Möglichkeit wieder nach Mustahill bringen möge, da wir sie doch in Kallafo brauchen? Warum bitten wir Gott nicht, dass er sie nach Kallafo bringen lässt? Das hat mir zu denken gegeben und ich bin der Meinung, der Junge hat Recht. Wir sollten Gott bitten und vertrauen, dass Er die Sachen nach Kallafo bringen lassen kann und du solltest dich nicht dieser Gefahr aussetzen.“

Ich war doch etwas überrascht von diesem Ansinnen und entgegnete ihm: „Ed, du weißt, dass das Gebiet um Kallafo Sperrgebiet ist, seitdem sie die drei Fahrzeuge der Italiener und die der Polizeibegleitung zusammengeschossen haben. Wer sollte die Sachen bringen? Für mich ist es schon ein Wunder, wenn wir sie überhaupt wieder bekommen. Ein noch größeres Wunder wäre es, wenn man sie wieder nach Mustahill senden würde. Es ist schon fast ein Wunder, dass ich die Sondergenehmigung bekam. Wir sollen nicht alles nur von Gott erwarten, sondern auch das tun, was in unserer Kraft steht. Ich werde doch am Montag fahren, denn wir brauchen die Lebensmittel dringend und mein Leben liegt in Gottes Hand.“ Ed zuckte mit den Schultern und meinte nur noch: „Tu was du willst. Ich kann dich nicht halten, aber ich meine, wir sollten Gott vertrauen, dass Er unser Gebet erhört und du solltest kein Risiko eingehen.“

Am Nachmittag desselben Tages gegen 14 Uhr kam ein Soldat auf die Missionsstation und forderte mich auf, auf den Hügel zu kommen. Dort seien einige Offiziere, die mich sprechen wollen. Das kam öfter vor, weil man an meiner Kenntnis der Gegend und der Situation interessiert war. Ich fuhr also mit dem Soldat auf den Hügel, auf dem sich die Polizei mit der Armee und der äthiopischen Verwaltung verschanzt hatten. Als ich dort ankam Stand dort eine Gruppe von Offizieren, aus der sich bei meinem Näherkommen ein Major löste und mich fragte, ob ich der Missionar Hagen sei. Als ich das bejahte, sagte er: „Wir haben ihre Sachen gebracht. Dort werden sie gerade ausgeladen. Prüfen sie, ob alles vorhanden ist.“ Er zeigte dabei auf zwei voll gepanzert Kampfwagen, aus denen man unsere Kisten mit Konserven, Säcke mit Mehl, Zucker und Kartoffeln, sowie all das andere, auslud. Ich war mehr als überrascht. Als ich ihn fragte, was ich dafür schuldig sei, antwortete er nur: „Ach, die Missionare helfen unserem Land so viel. Da ist es nicht mehr als recht, auch ihnen zu helfen, wenn wir die Möglichkeit dazu haben.“ Alle unsere Sachen waren vollzählig vorhanden, obwohl die Versuchung für die Soldaten bei ihrer oft recht kargen Verpflegung sicher nicht gering war. Nachdem ich mich herzlich bedankt hatte, und die aus dem angerissenen Kartoffelsack herausgefallenen Kartoffeln zurück ließ, fuhr ich schwer beladen zur Missionsstation. Ich schämte mich, dass der fünfjährige Stefan mehr Gottvertrauen hatte, als ich langjähriger Missionar, der schon so viel mit Gott erlebt hatte.

Später erfuhr ich, was sich eigentlich abgespielt hatte. Die Deutschen Ölleute in El Abret hatten nach der Rückkunft des Wasserwagens mit unseren Gütern für diese die notwendigen Papiere ausgestellt, weil sie dazu berechtigt waren, und weil ihnen bewusst war, wie dringend wir die Lebensmittel benötigten. Sie beabsichtigten sie wieder mit dem nächsten Wasserwagen nach Mustahill zu senden. Als man nun diesen erneut mit unseren Gütern belud, kam gerade der Major, der mir die Sachen später übergab. Er wollte die Kampftruppen in Mustahill und anderen Einsatzorten inspizieren und den Militärschutz des Wasserwagens nutzen. Als er sah, wie unsere Güter verladen wurden, wollte er wissen, was hier vor sich geht. Die Ölleute erklärten ihm die Sachlage und er versprach, dafür zu sorgen, dass wir unsere Sachen bekämen. Er nahm dann, als er in Mustahill war, aufgrund seines hohen Ranges, zwei gepanzerte Fahrzeuge der dort eingesetzten Truppe und brachte uns damit die Sachen über siebzig Kilometer nach Kallafo. Gott hat Möglichkeiten, an die wir nie gedacht hätten. Immer wieder überraschte mich Seine exakte Zeitplanung. Musste nicht der Araber gerade zu dem Zeitpunkt spät am Abend zum Büro der Ölkompanie kommen, als ich dort Hilfe suchte, so dass unsere Sachen in das Ogadengebiet kamen? Und dann, wenn jener Offizier in Mustahill die Sachen nicht nach El Abret zurück gesandt hätte, hätte auch der Major nie davon erfahren und ich hätte nach Mustahill fahren müssen. Wäre dann der Major nicht gerade zum zweiten Verladen der Sachen in El Abret eingetroffen, wären sie auch nicht nach Kallafo gekommen. Ich hatte wieder etwas über Gottes exakte Planung dazugelernt und vertraute Ihm seitdem noch mehr.

Eines Tages im Sommer 1963 wurden die Polizisten, die die einzige Brücke für 70 km bewachten, von der gegenüberliegenden Flussseite durch Somalis erschossen. Der örtliche Polizeichef wollte daraufhin sofort die gleiche Anzahl Somalis aus der Stadt erschießen lassen, was aber der somalische Gouverneur von Kallafo ihm verweigerte. Der Polizeichef wollte darauf hin die Erlaubnis per Funk von Gebietsgouverneur in Harare einholen. Nun funktionierte aber das Polizeifunkgerät wieder nicht. Daraufhin kam er mit dem Gouverneur zu uns und verlangte von mir, dass ich ihn mit dem Gebietsgouverneur verbinde. Ich erklärte ihm, dass ich die Frequenz nicht wisse. Ich wollte auch vermeiden, dass unschuldige Somalis erschossen würden. Er ließ daraufhin den Polizeifunker kommen, aber der kannte die Frequenz auch nicht. Wütend zog der Polizeichef ab, und man konnte die Erleichterung des Ortgouverneurs spüren. Spät am Abend kam dieser dann noch einmal und bedankte sich und bat mich ihn mit unserem Boot aus der wieder überschwemmten Stadt zu seiner Frau zu bringen. Ich versprach das am nächsten Morgen zu tun, weil es nachts zu gefährlich sei. Er floh dann aber in der Nacht mit Hilfe von Pferden nach Somalia, wo er später der Kommandeur der Somalitruppen wurde. Er gab ihnen aus Dank für mein Verhalten den strengen Befehl, unsere Missionsstation nicht zu betreten, es sei denn verwundet als Zivilist. Wieder schenkte uns Gott dadurch Seinen Schutz.

Allmählich wurden die Kämpfe zwischen Äthiopien und Somalia immer heftiger und wir hatten in längeren Abständen drei Angriffe auf Kallafo erlebt. Jedes Mal durften wir für einige Zeit nicht die Stadt verlassen, um in der neuen inzwischen entstandenen gut neun Kilometer entfernten Schule in dem großen Somalidorf zu unterrichten. Die Anzahl der Schüler dort war inzwischen so angewachsen, dass das Schulegebäude zu klein war und wir auf dem Platz davor unterrichteten. Im November tauchten plötzlich während des Unterrichts eine Reihe fremder schwer bewaffneter Somalis auf. Sie setzten sich zu den Schülern ohne den Unterricht zu stören. Nach Ende desselben warnte mich der Dorfhäuptling davor, in der nächsten Zeit Kallafo zu verlassen, oder über den Fluss zu kommen, denn es seien zu viele fremde Somalis in der Gegend, die mich nicht kennen, und es bestünde die Gefahr, dass ich erschossen würde, da wir angeblich den Äthiopier halfen.

Bevor ich heimfuhr nahm mich der Häuptling aus einem anderen Dorf, der auch regelmäßig zum Unterricht kam, zur Seite, und sagte mir im Vertrauen, dass in der Nacht wieder ein Angriff auf Kallafo geplant sei. Er riet mir, unser Haus, das dicht neben der mehrfach umkämpften Brücke lag, abends rechtzeitig zu verlassen und im Haus der beiden Krankenschwestern am anderen Ende der

Station zu übernachten. Unsere Häuser hatten ja Wände aus Holz und Lehm und boten vor den Kugeln der äthiopischen Armee, die vom Hügel auf die Angreifer der Brücke schoss, wenig Schutz. Dann gab er mir sieben seiner Leute mit, die mich zum Schutz vor fremden Somalis bis dicht an unsere Station begleiteten. Dort angekommen ging ich mit meiner Frau sofort daran, unsere Matratzen und unser Nachtzeug, sowie unsere Moskitonetze zum Haus der beiden Krankenschwestern zu bringen und richteten dort alles zu unserer Übernachtung ein. Dann machten wir uns in unserem Haus ans Abendessen. Es war inzwischen gegen halbacht geworden. Plötzlich explodierten mehrere Handgranaten und wir hörten heftiges Maschinengewehrfeuer. Schnell löschten wir unsere Petroleumlampe und holten unsere kleine Tochter Anne aus ihrem Bett. Dann legten wir uns auf den Fußboden des zentralen Flurraumes zwischen den Zimmern, weil wir da von fast allen Seiten zwei Wände zum Schutz hatten, und vertrauten unser Leben unserem großen Gott an.

Stundenlang ging das Gefecht und es hörte sich schaurig an, wenn die Kugeln durch unser Blechdach schlugen oder durch das Fliegengitter der Veranda pfiffen, weil man die angreifenden Somalis zwischen unserem Haus und der Brücke beschoss. Wir fühlten uns aber trotzdem in Gottes Hand geborgen und von Seinen Engeln beschützt. Wir hatten ja beide Seine Bewahrung während des letzten Weltkrieges mehrfach erlebt. Einmal hatten wir den Eindruck, dass schon in unserem Haus geschossen würde, aber es war nur eine Kugel, die die Wand zur Toilette durchschlagen hatte, dann ein Stück aus dem kupfernen Abflussrohr des Handwaschbeckens riss, vier Löcher in meiner Hose auf einem Schemel hinterließ, den Türrahmen streifte und dicht neben Brigittes Füßen in der Wand stecken blieb. Diese Kugel ist noch heute in meinem Besitz. Nach dieser Nacht wurde ein Teil der Stadt von den äthiopischen Soldaten niedergebrannt, damit die somalischen Angreifer sie nicht mehr als Deckung benutzten könnten.

Da die Schießereien in den nächsten Tagen anhielten, wurden unsere beiden Frauen mit den drei Kindern mit dem nächsten Militärflugzeug nach Addis Abeba geflogen. Mein Mitmissionar und ich verbarrikadierten in den folgenden Tagen die Fenster des Krankenhauses und aller nicht von uns beiden benutzter Räume. Nach zwei Wochen löste uns das ältere Missionsehepaar aus Dagabur freiwillig ab. Sie hielten es für wichtiger, dass das Leben von uns zwei Familienvätern nicht gefährdet sei, als selbst in Sicherheit zu sein, und die Mission war der gleichen Meinung. Bis zu unserem Heimaturlaub ab März wurden wir dann in Addis Abeba wieder in der Schule für Missionarskinder eingesetzt. Dort dankten wir Gott täglich für alle Bewahrung und Hilfe während des letzten Jahres in Kallafo

Heimaturlaub mit Überraschungen.

Im März 1964 machten wir uns auf den Weg in unseren 1. Heimaturlaub. Wir hatten für die Fahrt von Massaua nach Venedig auf einem italienischen Passagierschiff gebucht. Zunächst mussten wir aber nach Massaua kommen, was eine viertägige Busreise bedeutete. Am ersten Tag fuhren wir mit dem Bus über den 3060 m hohen Mussolinipass nach Dessie, wo wir uns einen Tag auf der Aussätzigenstation mit ihren 18 000 zu betreuenden Aussätzigen aufhielten. Von dort ging es weiter über die nicht ungefährlichen Gebirgsstraßen, die weder asphaltiert waren, noch irgend ein Schutzgeländer hatten. Wir besuchten dabei unsere deutschen Missionaren Jabs, bei denen wir uns auch einen Tag aufhielten. Am nächsten Tag erreichten wir das berühmte Magdala, oder heute Mekelle genannt. Für die Nacht fanden wir dort in einem sogenannten Hotel einen großen Raum mit etwa acht Betten, der direkt neben dem Schankraum mit der Theke lag, eine Unterkunft. Um uns vor Betrunkenen zu schützen, verschloss man die Tür zum Schankraum, was ein Problem für unsere vier Kinder war, da wir nur schwer eine Toilette erreichen konnten. Am nächsten Morgen ging die Busfahrt durch die beeindruckende und furchterregende Bergwelt in der die Berge bis auf über 4 000 Meter ansteigen. Es war kein besonders angenehmes Gefühl, wenn wir aus dem Fenster erkennen konnten, dass in mehreren engen Serpentinenkurven das Hinterteil des großen Reisebusses fast über den Straßenrand ragte, neben dem sich eine tiefe, steile Schlucht auftat.

Sechzig Kilometer vor Asmara, als wir in etwa zweitausend Meter Höhe die große Ebene erreichten, auf der Asmara liegt, wurden wir von einem entgegenkommenden Busfahrer des gleichen Transportunternehmens gestoppt. Er hatte ein Schreiben von der Busleitstelle in Asmara bei sich, laut dem die beiden Busse ihre Kardanwellen austauschen sollten, weil die des anderen Busses beschädigt war und er damit nicht die drei Tage über die Berge fahren sollte. Die Ersatzwelle war in Asmara nicht rechtzeitig angekommen. Als man den Umtausch begann, entdeckte man, dass die Halterung des Reservetanks unseres Busses zum Teil gerissen war, und sein Vorderteil nur wenige Zentimeter über dem Boden hing. Mit Draht wurde beides bei uns behoben und weiter ging es.

Mich beunruhigte danach ein hinten ständig zunehmendes Geräusch, sodass ich den Fahrer ansprach, der aber darauf nicht reagierte. Nach einigen Kilometern löste sich die Drahtverbindung am Motorende der getauschten Kardanwelle und diese schlug auf die Straße. Während man nun versuchte sie wieder etwas sorgfältiger mit Draht zu befestigen, rief mich mein ältester Sohn nach draußen und zeigte mir, dass am linken Hinterrad bereits zwei von den fünf Schrauben fehlten, und die anderen auch nicht mehr fest waren. Mir war jetzt klar, woher das Geräusch gekommen war, das mich so gestört hatte. Da der Busfahrer nur eine Ersatzschraube hatte, fuhren wir mit nur vier, allerdings festgezogenen Schrauben, weiter und erreichten endlich Asmara. In unserer Missionsstation dort verbrachten wir 2 Tage, um dann auf der, von den Italienern gebauten Eisenbahnstrecke durch viele Tunnel und Serpentinen nach Massaua zu fahren. Einem Bus wollten wir uns nicht mehr anvertrauen, denn vom über zweitausend Meter hoch liegenden Asmara geht es in sechzig Kilometern hinab auf Meereshöhe. In Massaua, dankten wir wieder unserem Vater im Himmel für alle Bewahrung auf der langen Fahrt. Vier Tage wartetenwir dort auf das italienische Passagierschiff „Europa“ und wohnten bei unserem späteren Missionsdirektor Bruno Herm. Wir schliefen da in einem laubenähnlichen Raum auf dem Flachdach und ärgerten uns jedes mal, wenn der Muzim von dem dicht daneben stehenden Minarett schon um fünf Uhr morgens über Lautsprecher seinen Gebetsruf ertönen ließ.

Über die Seereise von Massaua nach Venedig ist nicht viel zu berichten, außer dass wir wieder einen kräftigen Märzsturm erlebten. Selbst am ersten Ostertag war der Speisesaal fast leer, weil die meisten Passagiere seekrank in ihren Betten lagen. Ich wurde gebeten, trotzdem mir auch nicht wohl war. den evangelischen Passagieren den Ostergottesdienst zu halten, weil man erfahren hatte, dass ich Missionar bin. In Venedig empfing uns ein Ehepaar unserer Heimatgemeinde mit einem für uns gekauften VW-Bus und gemeinsam machten wir uns auf den Weg nach Wennigsen bei Hannover. Es war geplant auf dem Heimweg Ato Mamo, einen äthiopischen Freund der in Italien studierte, in unserer ehemalige Bibelschule Beatenberg in der Schweiz, die er gerade besuchte, zu treffen. Leider waren durch Neuschnee die Pässe dorthin alle gesperrt, so dass wir direkt zu unserem neuen Zuhause fahren mussten. Ein Flüchtlingsehepaar unserer Heimatgemeinde hatte uns seine Wohnung mit Garage und einem Stück Garten für das Jahr Heimaturlaub kostenlos zur Verfügung gestellt. Sie selbst hatten sich im Dachgeschoss zwei Zimmer und eine Küche im Kellergeschoss ihres Hauses ausgebaut.

Das Wort „Heimaturlaub“ ist eigentlich falsch, denn ein Missionar hat nur wenige Wochen wirklichen Urlaub während des Aufenthalts in Deutschland.. Ich hatte in diesem ersten Heimaturlaub von über 100 Gemeinden Einladungen, um über unseren Einsatz in Äthiopien und bei den Somalis zu berichten, sowie eine Reihe anderer Dienste. So war ich einmal noch zum Anfang meines Heimaturlaubs, anschließend an eine Studententagung in Marburg, zu einem Dienst in einer Gemeinde in Leverkusen eingeladen. Ich sollte am Sonntagvormittag predigen und abends einen Lichtbildervortrag halten. Da ich keine Ahnung hatte, wo in Leverkusen die Straße der

Gemeinde zu finden sei und mir der starke Verkehr in einer fremden Großstadt meist ein Problem war, betete ich ganz bewusst vor der Abfahrt von Marburg, dass Gott mir helfen möge die Straße zu finden und auch die rechte Autobahnausfahrt zu zeigen.

Die Ausfahrt, die ich dann wählte, stieß direkt auf eine stark befahrene Hauptverkehrsstraße und ich wandte mich nach rechts, um in der nächsten Seitenstraße anhalten zu können, um nach der gesuchten Straße zu fragen. Diese Seitenstraße war aber fast leer, doch sah ich in einer Kurve einen älteren Mann auf der anderen Straßenseite kommen. Ich hielt in der Kurve an, sprang aus dem Wagen, wobei ich in der Eile die Tür offen ließ, und wandte mich an den älteren Herrn. Leider kannte er die Straße, die ich suchte, nicht, und ich konnte ihm auch nicht sagen welches bekannte Gebäude in der Nähe sei, oder in welchem Stadtteil sie liegen sollte. Da sagte er plötzlich: „Drehen sie sich doch einmal um". Direkt hinter mir hatte ein Polizeiauto mit zwei Polizisten gehalten, die sich wohl gewundert hatten, dass auf der anderen Straßenseite ein leeres Auto mit offener Tür stand und ich mit dem alten Mann verhandelte. Ich sprach sie sofort an und fragte nach der Gustav-Freitag-Straße. Die beiden sahen sich fragend an, dann nahm einer den Hörer des Funkgeräts und erkundigte sich bei seiner Dienststelle. Nachdem er eine geraume Zeit telefoniert hatte, sagte er zu mir: „Das ist zu schwierig zu erklären. Folgen sie uns einfach, wir bringen sie dort hin." Nach einer längeren Fahrt durch all die Wirren der Stadt hielten sie direkt vor dem Gemeindehaus und wünschten mir ein gutes Wochenende und ich sagte ihnen einen herzlichen Dank. Noch mehr aber bedankte ich mich bei meinem Vater im Himmel für diesen „Zufall".

Viel Zeit zum Erholen fanden wir aber in diesem ersten Jahr Heimataufenthalt nicht. Selbst unseren Urlaub an der Ostsee mussten wir nach zwei Wochen abbrechen, weil wir zu einem wichtigen Dienst gerufen wurden. Man vertröstete uns damit, dass wir ja noch etwa ein gutes halbes Jahr vor uns hätten, um den Rest unseres Urlaubs nachzuholen. Aber daraus wurde auch nichts. Am Ende verließen wir die Heimat zum 2. Einsatz in Äthiopien nur wenig erholt. Aber Gott hatte auch da schon vorgesorgt.

Sonderurlaub in Saudi-Arabien

Wieder lag eine längere Seereise mit einem Frachter vor uns. Die Fahrt ging diesmal von Rotterdam über Port Said in Ägypten, Akaba in Jordanien, Jedda in Saudi-Arabien und Port Sudan im Sudan, nach Massaua in Äthiopien. Mit unserem V.W.-Bus fuhren wir nach Rotterdam, was wir bei Einbruch der Dunkelheit erreichten. Der Kapitän unseres Frachters hatte für unseren Bus, der wegen der geringeren Kosten auf dem Deck gebucht war, aber noch einen Platz unter Deck reserviert, weil er vermeiden wollte, dass dieser bei den zu erwartenden Märzstürmen sehr unter dem über Bord schlagenden Salzwasser leiden würde. Wir hatten dann auch im Mittelmeer einen längeren Sturm, der sogar einige der Schiffsoffiziere leicht seekrank machte. Ich selbst verbrachte vier leidvolle Tage im Bett.

In Port Said konnten wir einen Tag an Land gehen, da das Schiff für diesen Hafen Ladung hatte. Für die Fahrt durch den Suezkanal, das Rote Meer und den Golf von Akaba war nicht mehr mit Sturm zu rechnen und deshalb ließ der Kapitän, bevor die Ladeluken wieder geschlossen wurden, meinen Bus an Deck bringen, damit ich etwas zu tun hätte, wie er mir sagte. Er empfahl mir besonders den Boden meines VW-Busses zu entrosten und mit guter Rostschutzfarbe zu streichen. Dem Schiffsingenieur gab er Anweisung, mir mit allem Notwendigen Material und Werkzeug zu helfen. Auf der linken Seite des Schiffes ließ er ein Schwimmbecken für unsere Kinder von vier mal sechs Meter aus starken Bohlen und Segeltuch aufbauen, das dann mit 1 ½ m tiefem, ständig frisch eingepumptem, Wasser gefüllt wurde. Unser jüngster Sohn Eberhard lernte hier schwimmen. Da wir die einzigen Passagiere waren, speisten wir immer mit dem Kapitän und den anderen Schiffsoffizieren. Er hatte auch über das Sonnendeck, das über der Kommandobrücke lag, ein großes Segeltuch als Sonnenschutz spannen lassen, wo wir uns auf Schaumgummimatratzen aalen konnten.

Nachdem wir den Suezkanal, dann den Golf von Suez mit einem Blick auf den Berg Sinai und danach den Golf von Akaba durchfahren hatten, standen wir wieder fast drei Tage im Hafen von Akaba, und ich konnte auch dort mit meinen drei Buben an Land gehen. Am zweiten Tag fragte mich der Kapitän, wie lange unsere Einreisevisen noch gültig seien, da wir, wie ihm über Funk mitgeteilt worden war, in Jedda wegen des nahen Ramadanfestes der Moslem, mit einer größeren Wartezeit rechnen müssten. Wir stellten fest, dass wir dadurch Massaua wahrscheinlich nicht mehr rechtzeitig erreichen würden. Der Kapitän bot mir an, dass wir mit einem anderen deutschen Frachter, der auch gerade im Hafen lag, direkt nach Massaua fahren könnten. Da aber unser Bus, wegen der damit verbundenen hohen Umladekosten, nicht auf das andere Schiff gebracht werden konnte, und wir in Massaua doch auf ihn hätten warten müssten, lehnten wir den Vorschlag ab. Wir brauchten ja für die Fahrt von Massaua nach Addis Abeba mit all unserem Gepäck unseren Bus, und wo sollten wir bis zu seiner Ankunft warten? Wir sandten sofort ein Telegramm an die Missionsleitung in Addis Abeba, dass sie die Einwanderungsbehörde über unsere wahrscheinlich verspätete Ankunft informieren und eine Verlängerung unserer Einreisefrist beantragen möge.

Als wir Jedda erreichten, warteten dort bereits 24 Schiffe auf ihre Abfertigung, denn die ankommenden Schiffe mit Mekkapilgern hatten absoluten Vorrang in der Abfertigung. Wir hörten, dass etwa eine halbe Million der Pilger für Mekka über Jedda erwartet würden. Weil der Kai des Hafens nur Platz für zwei große oder drei kleinere Schiffe hatte, und die davorgelagerten Korallenbänke mit ihrer schmalen Einfahrt ihn sehr begrenzten, stieg die Zahl der außerhalb wartenden Schiffe auf sechsunddreißig. Während des Ramadanmonats war der Hafen dann geschlossen. Nach dem Ende derselben wurden zuerst wieder die Pilger eingeschifft, ehe wir unsere zehntausend Tonnen Stahl ausladen konnten. 5½ Wochen lagen wir dadurch vor Jedda und hatten nichts weiter zu tun, als zu ruhen, sehr gut mit den Schiffsoffizieren zu essen, zu schwimmen, zu lesen, oder mit dem Kapitän auf dem Promenadendeck spazieren zu gehen. Unsere Jungen konnten mit den Matrosen in einem der Rettungsboote zu einer von Korallenriffen umgebene Stelle fahren, um dort, vor Haien geschützt, zu tauchen und zu baden. Hier hatte uns unser Vater im Himmel den versäumten Urlaub ganz kostenlos nachgereicht. In Jedda bekamen wir auch durch eine Dame von der deutschen Botschaft, die das Schiff besuchte und gute Beziehungen zum äthiopischen Botschafter hatte, unsere Visa um elf Wochen verlängert, so dass wir bei der späteren Einreise nach Äthiopien keine Probleme hatten.

Sehr interessant war das Treiben bei den vor dem Hafen wartenden Schiffen. Mit allen möglichen kleineren Schiffen, Daus und Flößen versuchten viele der großen Frachter ihre Ladung dennoch an Land zu bringen, um ihre Wartezeit abzukürzen. Selbst eine ganze Menge Kamele wurden mit Hilfe von Schiffskränen verladen und an Land gebracht. Ständig kamen Schiffe voller Pilger Am Anfang der Wartezeit bekam unser Kapitän einmal kurzzeitig die Erlaubnis, mit seinem Schiff an die Hafenanlage zu kommen, um eine Anzahl neuer VW-Busse auszuladen, die man zum Transport der Pilger dringend benötigte. Unsere andere Ladung durften wir aber dabei nicht löschen.

Während unsere Busse entladen wurden, konnten wir das Treiben auf der recht schmalen kleinen Hafenanlage beobachten. Eine Krananlage gab es hier nicht. Zuerst sahen wir, wie aus den Ladeluken eines Frachters mehrere hundert Pilger hervorkamen und mit Bussen abtransportiert wurden. Dabei mussten immer eine Anzahl von ihnen auf den Dachgepäckträgern der Busse sitzen. Das nächste Schiff brachte Herden von Schafen als Opfertiere. Sie wurden über einen Holzsteg vom Schiff getrieben, und ab und zu stürzte dabei eines seitlich ins Wasser, wo es dann Haifischen und anderen Meerestieren als willkommene Nahrung diente. Hier in Jedda erlebten wir auch bei 40° in unseren Kabinen das Osterfest und feierten als Familie das Abendmahl mit unseren drei Buben, die ja alle drei während des Heimataufenthalts sich hatten taufen lassen.

Doch endlich nach gut 5 ½ Wochen ging es weiter. Nachdem wir noch drei Tage in Port Said verbrachten, wo es im Gelände der Seemannsmission ein gutes Schwimmbecken gab, erreichten wir endlich nach achteinhalbe Wochen Seereise den äthiopischen Hafen Massaua. Gott fügte es auch so, dass uns dort der gleiche Zollbeamte, wie vor einem Jahr bei der Ausreise, abfertigte. Er konnte sich noch an unsere Unterhaltung erinnern und an das Gepäck, das wir damals mit nach Deutschland nahmen, und welches wir jetzt zurück brachten. Wir konnten alles wieder zollfrei einführen außer unserem Auto. Über Asmara und einem Besuch unserer Missionare Moratz in Alamata, erreichten wir nach einer weiteren Woche endlich Addis Abeba.

Wieder in Äthiopien

Weil unsere Buben, die ja die englischsprachige Bingham Akademy besucht hatten, während unseres Heimataufenthalts Probleme in der Oberschule hatten, und das besonders mit der deutschen Grammatik, hatten wir die Mission gebeten, uns in Addis Abeba einzusetzen, damit sie die dortige Deutsche Schule besuchen könnten. Täglich von der am anderen Stadtende liegende Bingham Akademy mit einem öffentlichen Bus zur Deutschen Schule zu fahren, kam für sie nicht infrage, da diese Busse nicht nach Plan, sondern nach Bedarf fuhren. Sie waren auch meist so voll, dass besonders die beiden jüngeren oft mit leeren Schultaschen in der Schule angekommen wären. Ich wurde deshalb in der Verwaltung eingesetzt, wo es meine Aufgabe war, in der Stadt das einzukaufen und mit Lastwagen auf unsere 55 Stationen zu senden, was die Missionare bestellten. Sie forderten es einfach schriftlich an, denn das Postsystem funktionierte damals unter Haile Selassie fast besser als heute. Ihnen wurde dadurch der oft mehrere Tage lange Weg zur Hauptstadt erspart, denn sehr vieles gab es nur dort. Brigitte war für all die Gästeräume verantwortlich, die nicht nur von den Missionaren unserer Mission benutzt wurden. Sie leitete auch zwei Jahre lang den internationalen Chor der Mission. Neben unseren eigentlichen Aufgaben hatten wir aber auch viele Möglichkeiten die Menschen mit dem Evangelium zu erreichen. Wir konnten viele tausend Traktate und kleine evangelistische Hefte und Bibelteile verteilen, die uns meist fast aus der Hand gerissen wurden. Brigitte hatte sogar Gelegenheit auf der Straße eine Bibel an einen koptischen Priester nach einem Gespräch zu verkaufen.

1966 brach dann die Revolution gegen die Unterdrückung durch den Adel aus. Sie wurde aber von der Armee in wenigen Tagen niedergeschlagen. Bei ihrem Beginn war ich für einige Tage in unserer hundertdreißig Kilometer entfernten Sprachschule in Debre Berhan und hatte dort gerade die Erweiterung der Leitungen für die Wasserversorgung abgeschlossen. Wir hörten über Radio vom Geschehen in Addis Abeba, und dass jeder Verkehr im Lande gesperrt sei. Ich wollte trotzdem zurück zu meiner Familie, aber das schien zur Zeit aussichtslos und die Leiterin der Sprachschule riet mir dringend davon ab. Ich ging in mein Zimmer und bat Gott um Weisheit und Führung. Dabei bekam ich die Gewissheit, dass ich Ihm vertrauen und mich sofort auf den Weg machen sollte. Ich packte meine Sachen und ging zur Straße nach Addis Abeba, in der Hoffnung, dort vielleicht noch ein Fahrzeug zu treffen. Nach etwa 8 Minuten kam ein mittelgroßer Bus, den ich anhalten konnte, und der noch zwei Plätze frei hatte. Der Fahrer wollte versuchen trotz Fahrverbot so weit wie möglich nach Addis Abeba zu seiner Familie zu kommen. An der Stadtgrenze von Addis Abeba wurden wir vom Militär gestoppt und ich erreichte zu Fuß, obwohl in der Stadt geschossen wurde, über Nebenstraßen und Gräben meine Familie im Hauptquartier der Mission. Gemeinsam dankten wir Gott, dass wir wieder zusammen sein durften.

Zu Beginn des dritten Jahres in Addis Abeba benutzte ich meinen Jahresurlaub, um mit zwei anderen Missionaren einen Platz für eine neue Missionsstation im Süden Äthiopiens nahe der Keniagrenze zu suchen. Die Regierung hatte dringend darum gebeten. Die einzelnen Stämme des dortigen Bannavolkes machten ihr große Sorgen mit ihren ständigen Kämpfen um die Wasserstellen und Weideplätze. Außerdem hatten die Männer dort nur Chancen eine Frau zu bekommen, wenn sie nachweislich wenigstens einen Mann eines Nachbarstammes getötet hatten. Die Regierung hatte beim Einsatz um Frieden in dieser Region zu schaffen und die Mörder zu bestrafen, nach Aussagen des dortigen Gouverneurs, die er uns gegenüber machte, bereits 123 Polizisten und Soldaten verloren. Jetzt sollte die Mission helfen, weil sich gezeigt hatte, dass im Nachbargebiet durch die Arbeit der Station Bako unter Leitung von Missionar Alex Fellows und durch die Ausbreitung des Evangeliums, sich dieses Problem innerhalb von sechs Jahren völlig gelöst hatte.

Mit einem kleinen viersitzigen Missionsflugzeug flogen unser stellvertretenden Missionsleiter, mein Sohn Friedemann und ich zum Feldflugplatz in der Nähe der Missionsstation Bako. Dort empfing uns Missionar Fellows mit einem einheimischen Evangelisten, der das Bannagebiet gut kannte, und mit seinem Sohn, der ein guter Freund unseres Friedemann war. Beide Buben hatten Ferien und für Friedemann war dies sein Geburtstagsgeschenk. Wir übernachteten zunächst in einem Dorf im Gebiet von Bako, wo viele der Bewohner schon gläubig waren in unseren beiden Zelten. Am nächsten Tag erreichten wir gegen Mittag Kai Afer an der Grenze zum Bannagebiet und besuchten dort den Polizeichef, dem wir mehrere Bibeln überließen. Gegen Abend führte uns unser einheimischer Führer zu einem lieblichen Platz an einem Bach, der ideal für eine Missionsstation schien. Nachdem wir dort auch die ersten Bannaleute trafen, beschlossen wir dort zu übernachten.

Am nächsten Morgen fuhren Missionar Fellows und der Evangelist zur Gebietshauptstadt, um den Gouverneur zu holen, dass er uns diesen Platz für eine Station zuweisen möge. Inzwischen hatten sich eine ganze Reihe der Bannaleute eingefunden, die unser Zelt und andere Dinge bewunderten. Als Mr. Fellows mit dem Gouverneur zurückkam, sagte uns dieser, dass der Bach nur ein halbes Jahr Wasser hat und deshalb dieser Platz für eine Missionsstation ungeeignet sei. Er führte uns dann zu einem recht breiten, aber trockenen Flussbett, das mit herrlichem Sand gefüllt war, und forderte uns auf, ein Loch im Flussbett zu graben. Nach etwa dreißig Zentimeter stießen wir schon auf Wasser. Der Gouverneur versicherte uns, dass in diesem unterirdischen Fluss das ganze Jahr Wasser vorhanden sei. Außerdem liefere er uns später besten Bausand zum Aufbau einer Missionsstation. Er selbst plane die Gebietshauptstadt auf ein Gelände ganz in der Nähe umzusiedeln. Wir konnten dann ein Stück Land am Ufer des Flusses nach unserem Wunsch aussuchen und durch ihn bestätigen lassen. Nur wenige Jahre nach Fertigstellung der Missionsstation mit Klinik und Schule ließ sich der letzte der drei feindlichen Stammeshäuptlinge taufen, und friedlich holte man Wasser aus dem Fluss. Das Problem, das mit Waffen nicht zu lösen war, löste das Evangelium.

Gegen Abend des nächsten Tages erreichten wir wieder den Feldflugplatz, wo wir unter einem Sonnenschutz für die Fluggäste versuchten zu schlafen, denn die fast tausend Meter höher liegende Missionsstation konnten wir unmöglich noch am Abend erreichen. Es war eine der schlimmsten Nächte, die ich erlebt habe, denn die Moskitos überfielen uns zu Hunderten und ich hatte zwei Wochen später meine schwerste Malaria.

Früh am nächsten Morgen erfolgte zu Fuß der Aufstieg zur Missionsstation, die wir gegen Abend müde erreichten. Wir blieben bis zur Ankunft des nächsten Flugzeugs noch vier Tage dort. Hier erlebte ich es, wie jeden Vormittag etwa 230 Frauen zum Unterricht kamen, und nachmittags etwa 140 Männer. Für die Kinder hatte man in den umliegenden Dörfern kleine Dorfschulen eingerichtet. Auch die Klinik, in der zwei Krankenschwestern arbeiteten, wurde von vielen besucht. Außerdem war eine Bibelschule auf der Station vorhanden, in der mehrmals pro Jahr sechswöchige Kurse abgehalten wurden. Ich konnte auch das monatliche Treffen der Evangelisten und Leiter der zu dieser Station gehörenden 96 Gemeinden mit erleben. Von allen Seiten trafen sie nach oft vielen Stunden Fußmarsch am frühen Nachmittag auf der Missionsstation ein. Dort konnten sie sich zunächst mit Literatur versorgen, ein wenig ausruhen und ihre mitgebrachte Verpflegung verzehren. Am Abend versammelte man sich, dicht gedrängt am Boden sitzend, im größten Klassenraum beim Licht einer Petroleumlampe und die einzelnen gaben ihre Berichte. Ich war gebeten worden die genannten Zahlen der während des letzten Monats Bekehrten der einzelnen Gemeinden festzuhalten. Es waren mehrere hundert, dabei allein über 100 in der Gemeinde des Evangelisten, der uns begleitet hatte. Während der einzelnen Berichte wurde viel gebetet, besonders für die, die wenig Erfolg bei ihrer Arbeit sahen. Aber es wurde auch viel gedankt. Zum Abschluss erhielten sie noch Ratschläge für ihre Arbeit und am Morgen vor ihrem Heimmarsch, zwei Stunden Bibelunterricht.

Am dritten Tag nahm mich Missionar Fellows mit zu einer kleinen abgelegenen neuen Gruppe von Gläubigen. Auf zwei Maultieren ritten wir fast drei Stunden hinab in ein weites Tal. Bevor wir seinen Grund erreichten, ließ er einige gellende Pfiffe ertönen, die die kleine Gemeinde im Tal informieren sollten, dass er kommt. Als wir unser Ziel erreicht hatten, ein kleines Gotteshaus, das eigentlich nur aus einem Grasdach und einigen es stützenden Baumstämmen bestand, fanden wir dort eine Gruppe von etwa zwanzig Personen. Nachdem Mr. Fellows die Wunde einer Frau behandelt und sich nach dem Ergehen der Gruppe erkundigt hatte, verkündigte er ihnen wie gewohnt das Evangelium. Vier von den Anwesenden entschieden sich an diesem Tag dem Herrn Jesus Christus ihr Leben zu übergeben und Ihn als ihren Erlöser und Herrn anzunehmen. Jeder von ihnen musste nach seiner Entscheidung Satan und all seinen Dämonen, die bisher ihr Leben bestimmt hatten und unter denen diese Menschen so schwer gelitten hatten, laut und öffentlich absagen. Gegen Abend waren wir wieder zurück auf der Station. Am fünften Tag ging es in stundenlangem Marsch hinunter zum Feldflughafen und eine alte DC3 brachte uns sicher nach Addis Abeba.

Die Zeit in in Assab am Golf von Aden

Durch dieses Erlebnis, und weil sich meine beiden einheimischen Mitarbeiter für die Betreuung der 55 Missionsstationen inzwischen gut eingearbeitet hatten, so dass sie mich ersetzen konnten, bat ich die Mission um Versetzung auf eine Missionsstation. Unser Wolfgang war inzwischen achtzehn Jahre alt geworden und hatte seinen Führerschein gemacht. Ich besorgte ihm einen alten Ford Konsul, den wir reparierten und mit einer umgebauten Insektenspritze neu lackierten. Die Hermannsburger Mission hatte für die Kinder ihrer Missionare und für unsere Kinder ein Haus eingerichtet. Eine Missionarin unserer Mission übernahm die Betreuung der Kinder und unser Wolfgang konnte sie von dort täglich zur Deutschen Schule fahren. Dadurch waren wir wieder frei geworden für einen erneuten Einsatz auf einer Missionsstation.

Am Abend vor dem halbjährlichen Treffen der Feldleitung mit den Distriktleitern wurde ich zum Feldleiter gerufen, der mich fragte, ob wir bereit seien zu einem Einsatz in Assab am Golf von Aden, dem angeblich zweitheißesten Hafen der Welt. Die dortigen Missionare gingen in Heimaturlaub und eine Reihe anderer hatte das heiße Klima nicht vertragen. Uns hätte doch die Hitze in Kallafo wenig ausgemacht, und wenn wir nicht bereit wären, müsste die Station dort geschlossen und die noch verbliebene ältere Missionarin versetzt werden. Ich sollte mit meiner Frau darüber beten und dem Feldkomitee am nächsten Tag Bescheid geben. Brigitte war erschrocken, als ich ihr dies mitteilte, da sie in Kallafo mehrfach sehr unter Malaria gelitten hatte und durch die Malariamedizin ihre Augen geschädigt worden waren und sie seit dem eine Brille tragen muss. Wir entschieden dann schweren Herzens, dass wir es mit Gottes Hilfe versuchen wollen.

Am nächsten Tag kam Ato Mamo, der äthiopische Freund, mit dem wir uns bei unserer ersten Heimreise in Beatenberg treffen wollten, und der inzwischen Direktor der Ölraffinerie in Assab war, nach Addis Abeba. Er machte die Feldleitung darauf aufmerksam, dass die Situation in Assab in dem halbfertigen Gebäude aus der Italienerzeit, eine Zumutung für die Missionare sei. Er als Afrikaner habe drei Klimaanlagen in seinem Haus und die Missionare könnten vor Hitze nachts kaum schlafen und praktisch nur vormittags arbeiten. Man entschied dann nach Rücksprache mit uns, dass sowohl unser Haus, wie auch das Haus, in dem die ältere Missionarin wohnte, je eine Klimaanlage bekämen und ich auf das halbfertiges Haus dort ein Stockwerk mit gut isoliertem

Schlafraum und gut durchlüftetem Dach aufbauen dürfe. Ato Mamo tröstete auch meine Frau, dass es in Assab keine Moskitos gäbe, weil es zu heiß für diese sei, und die Assab bis zu dreihundert Kilometer umgebende Wüste keine Brutstätten für sie biete.

Zunächst fuhr ich in einer zweitägigen Busfahrt dorthin, um die Situation kennen zu lernen und die notwendigen Maßnahmen für den Umbau des Gebäudes zu planen. Dabei stellte ich mich auch dem dortigen moslemischen Oberbürgermeister vor, der mich sehr freundlich empfing und dann zu seinem Stellvertreter bringen ließ. Dieser schien eine Vorliebe für Deutsche zu haben. Er, auch ein Moslem, versprach mir seine volle Unterstützung und dass ich mich bei Problemen jederzeit an ihn wenden dürfe. Als er wohl merkte, dass ich das für eine höfliche Phrase halten könnte, begründete er es damit, dass es in der Verwaltung in Assab kaum einen Mitarbeiter gäbe, der nicht durch die christliche Mission in seiner Ausbildung gefördert worden sei.

Nach meiner Rückkehr nach Addis Abeba wurde alles für den Umzug vorbereitet, das notwendige Baumaterial gekauft und dieses mit unserem Gepäck auf einem Lastwagen nach Assab gebracht. Wir selbst benutzten unseren V.W.-Bus für die zweitägige Fahrt auf der nur zu 1/3 asphaltierten Straße. Am Mittag des zweiten Tages erreichten wir das sogenannte Salztal, welches ein Teil des Afrikanischen Grabens ist und das wir durchqueren mussten. Der ganze Boden dieses Tales ist von einer schneeweißen Salzschicht bedeckt, denn während der Regenzeit füllt es sich mit salzhaltigem Wasser, das sehr schnell wieder verdunstet. Es soll hier 17 Meter unter dem Meeresspiegel liegen. Ehe wir unten ankamen, löste sich wegen der starken Hitze ein Flicken von einem der Radschläuche. Um den Schaden zu beheben musste ich die Halteschrauben der Räder beim Lösen mit einem Lappen anfassen weil sie so heiß waren. Während der Fahrt durch die Talsohle hielten wir unsere Wagenfenster geschlossen, da es im Auto noch kühler als draußen war. Unser mitgeführtes Thermometer zeigte über fünfzig Grad an, und wir waren froh als wir dieses Tal hinter uns hatten. Etwa fünfzehn Kilometer vor Assab spürten wir bereits die feuchte salzhaltige Luft des Golfs von Aden, die allmählich die Haut klebrig werden ließ.

Unser neues Heim war ein einstöckiges Gebäude mit einer Zementdecke ohne Dach darüber. Sehr wahrscheinlich sollte es ursprünglich noch ein zweites Stockwerk erhalten, wie mehrere andere Häuser in Assab, wurde aber wegen des Krieges und dem Abzug der Italiener nie vollendet. Die Sonne brannte jeden Tag 12 Stunden auf diese Zimmerdecke, und wir hatten während unserer zweijährigen Einsatzzeit dort nur eine halbe Stunde Regen. Auf der Hausdecke, die man durch eine seitliche primitive Treppe erreichen konnte, hatten unsere Vorgänger eine kleine Laube aufgebaut,, in der sie wegen des kühleren Nachtwindes zu schlafen versucht hatten, und die auch wir anfangs benutzten. Ich baute dann aufs vorhandene Gebäude ein 2. Stockwerk mit einem gut isolierten Schlafzimmer und einer Klimaanlage dafür, sowie drei Gästezimmer. Darüber kam ein von allen Seiten belüftetes Dach mit Wellplatten aus Eternit. Diese waren beim Bau der Ölraffinerie übrig geblieben, und unser Freund und jetziger Direktor der Ölraffinerie, Ato Mamo, hatte sie uns besorgt. So konnten wir unser Schlafzimmer nachts auf achtundzwanzig Grad herunter kühlen und sehr gut schlafen.

Assab hat das beste Trinkwasser Äthiopiens. Es ist sehr mineralreich und enthält unter anderem auch Fluor, und kommt mit 86° Grad aus einer Quelle am Fuße einer 100 Kilometer entfernten Bergkette. Es war praktisch keimfrei. Durch zwei Rohrleitungen wurde es nach Assab geleitet. Mit 45 Grad erreichte es unser Haus, bevor es in die Stadt geleitet wurde. Aufgrund dieser Gegebenheit erfreuten wir uns in den zwei Jahren in Assab, trotz oft recht harter Arbeit, und der ständig großen Hitze recht guter Gesundheit. Wir hatten oft morgens, wenn wir aus dem Schlafzimmer in die unteren Räume kamen, 40 Grad Wärme im Haus.

Als wir nach Assab kamen, gab es dort etwa siebzehn Gläubige, eine einklassige Schule auf dem Missionsgrundstück und eine weitere im Slumviertel. Eine Klinik, wie alle anderen unserer

Stationen, hatten wir nicht, weil es in Assab ein Krankenhaus, sowie auch eine kleine Regierungsschule gab. Ich baute dann auf dem Missionsgrundstück auf einem größeren, neben unserem Haus vorhandenen Fundament einen Gottesdienstraum, den man durch Herablassen einer 5 m breiten Trennwand,, die man ins Dach hochziehen konnte, auch als 2 Klassenräume benutzte. Einen vierten Klassenraum richteten wir draußen in einer schattigen Ecke ein. Im Slumviertel konnten wir die Zahl der Klassenräume auch auf drei erweitern und für die dortigen neuen Gläubigen zum Bibelstudium einen Versammlungsplatz ohne Dach schaffen. Es regnete ja nie. Der Herr schenkte uns ausgezeichnete Mitarbeiter und die Besucherzahl der Gemeinde wuchs ständig, so dass wir bald die erste Taufe im Golf von Aden durchführen konnten.

Zu den zuerst getauften gehörte Abraham, einer von unseren Lehrern. Als Sohn eines Evangelisten, der aber eigene Wege gehen wollte, kam er nach Assab und wurde kurz vor unserem Eintreffen als Lehrer in unserer Schule im Slumviertel angestellt. Nachdem ich von seinem ausschweifenden Leben in den Hafenkneipen außerhalb der Schulzeit erfuhr, beschloss ich, ihn wegen seines schlechten Zeugnisses den Schülern gegenüber, am Ende des Schuljahres zu entlassen. Aber einige Wochen davor kam er durch das Zeugnis eines Technikers der Ölraffinerie, der schon zur Gemeinde gehörte, zum lebendigen Glauben an Jesus Christus. Innerhalb des folgenden Monats konnte er zu unserem Erstaunen vierzehn andere zum Glauben führen. Ihm konnte ich später, als wir Assab verließen, die Leitung der Schule übergeben.

Es war kurz vor Mitternacht. Lautes klopfen schreckte meine Frau und mich aus dem Schlaf. Als ich zur Tür ging, teilte mir unser Nachtwächter mit, dass mich ein Mann sprechen wolle, der behaupte ein Deutscher zu sein und unsere Hilfe dringend brauche. Mir teilte dieser Mann dann mit, dass er ein deutscher Fremdenlegionär auf der Flucht sei und dass er so schnell wie möglich zur deutschen Botschaft nach Addis Abeba wolle. Wir ließen ihn ins Haus und nach einer Mahlzeit konnte er dann in unserem Gästezimmer schlafen.

Am nächsten Morgen erzählte er uns, dass er auf der Rückreise von einem Urlaub in Spanien mit zwei Freunden aus der Soldatenzeit Paris besuchte. In einem Restaurant wurden sie von zwei Franzosen angesprochen, die, als sie hörten, dass die drei jungen Männer ausgebildete Fallschirmspringer seien, sie reichlich mit Alkohol versorgten. Als sie davon betrunken waren, mussten sie etwas unterschreiben. Am nächsten Morgen wurden sie dann zu ihrem Erschrecken verhaften und der französischen Fremdenlegion ausgeliefert. Auf Korsika bekamen sie eine weitere Ausbildung und wurden dann in Dschibuti eingesetzt. Unser Gast erzählte uns dann vom erschütternden Leben in der Fremdenlegion und seinem ständigen Wunsch zur Flucht, aber auch von den furchtbaren Folgen, wenn sie misslingen würde. Bei einem Nachtübungssprung mit dem Fallschirm nahe der äthiopischen Grenze war es ihm gelungen, sich weit vom vorgesehenen Landeplatz abtreiben zu lassen und zu fliehen. Er konnte das Hafenbecken von Dschibuti erreichen. Dort schwamm er zu einem vor Anker liegenden Schiff und sprach einen an der Reling stehenden Mann an. Zu seiner großen Freude war es ein deutscher Koch, aber leider auf einem französischen Schiff, der Mitleid mit ihm hatte und ihn mit einem Seil an Bord holte und versteckte.

In den folgenden Tagen versorgte er ihn heimlich mit Nahrung und gab ihm für sein wertvolles Kennzeichen als Fallschirmspringer 50 DM. Im nächsten Hafen, in Assab, gelang es ihm, trotzdem er keine Papiere hatte, das Schiff zu verlassen. Ein weiterer Aufenthalt auf dem französischen Schiff wäre für ihn und den Koch zu gefährlich gewesen. In einer Gaststätte fragte er danach, wie er für seine 50 DM einheimisches Geld bekommen könnte. Ein Junger Bursche war bereit das für ihn zu besorgen, ließ sich aber, nachdem er das Geld erhalten hatte, nicht mehr wieder . Am späten Abend zahlte dann ein italienischer Gast, dem er leid tat. seine Zeche und riet ihm zur Mission zu gehen, weil dort ein Deutscher sei, der ihm sicher weiterhelfen würde.

Da wir 5 Tage später unsere Kinder wieder am Ende der Sommerferien nach Addis Abeba in die Schule bringen mussten blieb er so lange bei uns. Es ergaben sich wertvolle Gespräche und auch einige meiner Bücher über das Handeln Gottes im Leben einzelner Menschen, interessierten ihn sehr. Er öffnete sich mehr und mehr dem Wort Gottes und dem Evangelium und wir konnten mit ihm beten. Da wir auf der Fahrt nach Addis Abeba für einen amerikanischen Missionar zwei Jagdgewehre mit den erforderlichen Papieren nach Dessie zu transportieren hatten, und uns die Beamten an den drei Kontrollpunkten auf der Straße dort hin zum Teil kannten, kümmerten sie sich um die Papiere für die Gewehre und nicht um den Fremden, der mit uns fuhr. Wir konnten unseren Gast ohne weitere Probleme auf die Deutsche Botschaft bringen. Er wohnte dann noch einige Tage bei uns im Missionshauptquartier bis ihn ein Flugzeug nach Frankfurt bringen sollte. In der Deutschen Botschaft hatte der ihn verhörende Beamte festgestellt, dass der junge Mann aus dem gleichen Dorf bei Bonn war, wie er und so bekam er auch ohne eigne Papiere einen deutschen Pass. Weil Äthiopien mit der französischen Regierung einen Vertrag zur Auslieferung für geflüchtete Fremdenlegionäre hatte, wurde er dann mit einem Wagen der Botschaft direkt zum Flugplatz gefahren und bekam erst im Flugzeug seinen Pass ausgeliefert.

Nachdem er die Heimat wieder erreicht hatte, schrieb er mir einen Brief, in dem er zum Ausdruck brachte, wie ihm doch klar geworden sei, auf welch wunderbare Weise Gott die Gebete seiner Mutter erhört hätte. Sie hatte ja ständig für ihn um Bewahrung gebetet und dass Gott ihn zum Glauben führen und sicher heim bringen möge. Nun hatte Gott auf so abenteuerliche Weise in seinem Leben gewirkt und ihre Gebete erhört.

Unsere Kinder kamen zweimal im Jahr zu uns auf die Station, einmal in den zwei Monaten während der Sommerferien und dann auch einen Monat in den Weihnachtsferien. Wir mussten sie dazu während unserer Zeit in Assab, in einer zweitägigen Fahrt von Addis Abeba abholen und wieder hinbringen. Wir benutzten diese Fahrt in den Sommerferien dann, dass wir mit ihnen unseren vierwöchigen Urlaub entweder am Kratersee nahe Bishoftu, 50 km östlich von Addis Abeba, oder am Langanosee, 210 km südlich von Addis Abeba, verbrachten. Als ich sie am Ende der zweiten Sommerferien unserer Zeit in Assab wieder nach Addis bringen wollte, machten wir uns schon früh vor 5 Uhr auf den Weg, um das heiße Salztal noch vor 10 Uhr durchqueren zu können. Im Morgengrauen durchfuhren wir die erste, etwa 105 km entfernte Ortschaft. Einige Kilometer hinter dieser Ortschaft lag in einer Kurve ein größerer Stein mitten auf der Straße, den ich im morgendlichen Zwielicht übersah. Er zertrümmerte mein linkes Vorderrad, und brachte den Wagen außer Kontrolle. Dabei prallte er frontal gegen einen über einen Meter großen Felsbrocken links neben der Straße. Dieser bewahrte uns vor dem Sturz in einen mehrere Meter tiefen Abhang. Bei dem Aufprall auf ihn kam ein Gegenstand von hinten an meinem Kopf vorbeigeflogen und durchschlug meine Hälfte der damals noch zweiteiligen Frontscheibe. Die beiden vollen Benzinkanister, die auf der hinteren Ablage über dem Heckmotor lagen, flogen nach vorn, verletzten aber niemand. Unser zweiter Sohn Friedemann und unsere Tochter Anne, die auf der hinteren Bank saßen, befanden sich plötzlich neben Wolfgang, der auf dem Boden schlief. Ich hatte die Mittelbank entfernt, um auf der Rückfahrt Schulbücher und anderes nach Assab zu bringen. Unser jüngster Sohn Eberhard, der neben mir vorn gesessen hatte, prallte mit dem Kopf gegen die Frontscheibe, zerschlug sie aber nicht, da er sich noch abstützen konnte. Der linke Scheinwerfer war aus der Halterung gerissen ohne die Leitungsdrähte zu zerreißen und strahlte frischfröhlich zum Himmel, als wollte er auf den hinweisen, der uns davor bewahrt hatte, dass auch nur einem von uns ein Leid geschehen war.

Während unser Friedemann beim Auto blieb, brachte ich die drei anderen Kinder zu Fuß zurück in die fast 3 km entfernte Ortschaft, wo kurz nach 7 Uhr der Linienbus nach Addis Abeba durchkommen musste. Wir erreichten ihn auch und der Herr schenkte es, dass sogar noch drei Plätze frei waren, so dass die Kinder mit ihm nach Dessie fahren konnten, wo sie übernachten mussten, um am nächsten Tag Addis Abeba zu erreichen.

Ich machte mich dann auf den Weg zurück zum Auto. Friedemann hatte inzwischen das zertrümmerte linke Vorderrad ausgebaut und wir stellten fest, dass nicht nur die Radaufhängung stark nach hinten verbogen, sondern auch das vordere Rahmenteil um gut 8 cm zusammengestaucht war, abgesehen von der Beschädigung der Frontverkleidung und Frontscheibe. Der Fahrer eines Lastwagens, der auf dem Weg nach Assab war, lieh uns eine Brechstange und einen hydraulischen Wagenheber, mit deren Hilfe wir die Radaufhängung ein wenig zurückbiegen und das Ersatzrad anschrauben konnten. Danach nahm er unseren Friedemann mit nach Assab, um meine Frau zu verständigen und wenn möglich Hilfe zu besorgen. Ich brachte den beschädigten Wagen, der sich praktisch nicht mehr schalten ließ und bei dem auch die Kupplung nicht mehr funktionierte, doch noch im Schritttempo zurück in die vorher durchfahrene Ortschaft. Dort versuchte ich die Fahrfähigkeit des Wagens noch weiter zu verbessern, was auch durch erneuter Benutzung einer Brechstange und meines Wagenhebers, sowie Kürzung des Kupplungsseiles, teilweise gelang. Ich entschloss mich nun hier zu übernachten und zu versuchen, Assab am nächsten Tag mit dem beschädigten Wagen zu erreichen.

Zu meiner Überraschung tauchte am Nachmittag unser Freund, Herr Mamo, der Direktor der Ölraffinerie, mit seinem VW-Käfer auf. Meine Frau hatte sich sofort nach Eintreffen von unserem Friedemann an ihn gewandt, und da gerade zwei arbeitsfreie äthiopische Feiertage waren, war er sofort die 105 km gekommen, um mir zu helfen. Wir ließen den beschädigten Wagen im Ort und fuhren zurück nach Assab. Dort fanden wir einen Lastwagenfahrer, der bereit war, am nächsten Morgen meinen Wagen auf seinem Verhältnismäßig flach beladenen Anhänger nach Addis Abeba zu transportieren, denn Herr Mamo meinte, dass es in Assab keine geeignete Werkstatt gäbe. Er befahl danach einem Kranfahrer der Ölraffinerie noch am Abend mit einem großen fahrbaren Kran über Nacht zu dem beschädigten Auto zu fahren, damit er es am nächsten Morgen auf den Lastwagenanhänger verladen könne. Er selbst fuhr früh am Morgen noch einmal mit mir zur Verladestelle, um sicher zu sein, dass alles klappte. Von Herzen dankte ich nicht nur Ato Mamo, sondern auch Gott für diese unerwartete Hilfe.

Ich benutzte dann am folgenden Tag mit unserem Friedemann einen Linienbus nach Addis Abeba, in der Hoffnung, mit dem reparierten VW-Bus die notwendigen Schulbücher nach Assab bringen zu können. Schon nach wenigen Tagen konnte ich meinen Bus als repariert in Empfang nehmen, doch zeigte sich bereits bei der ersten Kurve, dass etwas nicht stimmte, denn das linke Vorderrad schliff in Kurven am Fahrgestell. Man hatte den zusammengestauchten Teil des Rahmens herausgeschnitten und durch starkes eingeschweißtes Blech ersetzt, ohne die gestauchte Karosserie zu strecken. Ich konnte dann in der Werkstatt der Schule für unsere Missionarskinder die Sache noch etwas korrigieren und die Fahrt nach Assab wagen, musste aber in den vielen Kurven der Serpentinen sehr vorsichtig sein.

Bevor ich Addis Abeba verließ hatte Gott noch eine weitere Hilfe vorbereitet. Ich traf ganz „zufällig“ noch den Vater eines Klassenkameraden unseres Wolfgangs. Er war in Holeta, einem großen Ausbildungszentrum der äthiopischen Armee und Projekt der deutschen Entwicklungshilfe, beschäftigt. Er schlug mir vor, bei der VW-Niederlassung in Addis Abeba ein neues Rahmenteil zu bestellen, mir einige Tage Urlaub zu nehmen, nach Holeta zu kommen und in dem Entwicklungsprojekt, in dem er arbeitete, den Wagen in Ordnung zu bringen. Sie hatten dort fünf große modern eingerichtete Werkstätten, eine für Holzverarbeitung, die er leitete, eine für Metallberufe, eine für Elektroberufe, eine für Bauberufe und eine für Kfz-Reparaturen. Er sagte mir, dass sie immer Fahrzeuge für die praktische Ausbildung ihre Schüler suchten, und da ich ja Ingenieur und Gewerbelehrer sei, würde man mir einige der Auszubildenden geben, die unter meiner Anleitung das Fahrzeug reparieren könnten. So fuhr ich dann bald nach meiner Ankunft in Assab wieder nach Addis Abeba, bekam dort die bestellten Teile bei der VW-Niederlassung und fuhr damit nach Holeta. Mit den recht tüchtigen jungen Leuten konnte in der vorzüglich ausgestatteten Werkstatt der gestauchte Teil des Wagens hydraulisch gestreckt und das neue

Rahmenteil eingeschweißt werden. Nach 2 Wochen hatte ich ein völlig überholtes, neu lackiertes Auto. Auch dafür war ich Gott von Herzen dankbar.

Im zweiten Jahr unserer Zeit in Assab bat uns ein uns befreundeter deutscher Zahnarzt in Addis Abeba, der sich viel um unsere Kinder kümmerte, für ihn ein Auto nach Addis Abeba zu überführen. Ich sollte es in Assab aus dem Zoll holen, und wenn wir mit unseren Kindern nach den Weihnachtsferien wieder nach Addis Abeba fahren würden, mitbringen. Als es soweit war, fuhr unser Wolfgang dieses Auto mit den anderen Familiengliedern und ich folgte in unserem V.W.-Bus mit einem unserer äthiopischen Mitarbeiter.

Als wir uns am zweiten Tag gut hundert Kilometer vor Addis Abeba befanden, mussten wir einen Lastwagen überholen. Da die Asphaltstraße, die wir kurz vorher erreicht hatten, an beiden Seiten von Schlaglöchern übersät war, fuhr der Fahrer in der Mitte der Straße. Unser Wolfgang hatte ihn schon an einer günstigen Stelle überholen können, aber mein Hupen schien er nicht zu hören, weil sein Wagen auf der schlechten Straße zu viel Lärm machte. Endlich bog er nach rechts, um die Mitte frei zu geben. Sofort versuchte ich zu überholen, sah mich aber plötzlich einem entgegenkommenden Auto gegenüber, dem der Laster ausgewichen war, und das vorher für mich durch den Lastwagen verdeckt gewesen war, weil es auch in der Mitte gefahren war. Durch mein sofortiges Bremsen geriet mein Wagen ins Schleudern und ich sah keine Chance mehr, einem schweren Unfall zu entgehen.

Plötzlich hatte ich das Gefühl, als wenn andere Kräfte das Steuer meines Wagens, ja ihn selbst ergriffen, und wieder in die Fahrspur brachten, so dass er, nur wenige Zentimeter entfernt von den beiden anderen Wagen rechts und links, zwischen diesen hindurch kam. Wie der andere Wagen, der nach links ausgewichen war, sich mit nur zwei Rädern auf der Straße halten konnte und mein Fahrzeug nicht berührte, ist mir heute noch unverständlich. Ich bin überzeugt, dass hier Engel eingegriffen haben. Ich berichtete von diesem Ereignis im nächsten Rundbrief an unsere Missionsfreunde und wir erhielten kurz darauf von der Leiterin der Frauengruppe unserer Heimatgemeinde einen Brief, in dem sie uns mitteilte, dass sich die Frauengruppe bei ihrem Treffen an jenem Nachmittag gedrungen sah, in ganz besonderer Weise für uns zu beten.

Gut einen Monat vor Ende unserer Zeit in Assab war ich wieder einmal auf der Rückreise von Addis Abeba nach Assab mit meinem VW-Bus voll Schulbücher und einem unserer Lehrer, Ich hatte ihn in eines unserer Missionskrankenhäuser mitgenommen. Es war kurz vor den Sommerferien und unserem zweiten Heimaturlaub. Weil unser Wolfgang gerade im Abiturabschluss an der Deutschen Schule stand, war meine Frau mit nach Addis Abeba gekommen und jetzt zurückgeblieben. Sie wollte noch gern an der etwas später stattfindenden Abschlussfeier teilnehmen. Es gab für sie danach die Möglichkeit mit unserem stellvertretenden Feldleiter Herrn Cumbers mit einem Missionsflugzeug nach der Abschlussfeier nach Assab zu fliegen. Dieser wollte unsere Missionsstation einschließlich der beiden Schulen, als erste von unseren etwa 55 Missionsstationen der SIM in Äthiopien, voll in die Hände der einheimischen Gemeinde übergeben und deren Selbstständigkeit bestätigen. Gott hatte als Antwort auf unsere Gebete hin der Gemeinde in Assab sehr fähige einheimische Leiter und Mitarbeiter geschenkt.

Als ich mit dem Lehrer nach den ersten 130 km und dem Ende der Asphaltstraße gerade die Stadt Debre Berhan, in der unsere Sprachschule lag, passiert hatte, lief vor uns auf der rechten Straßenseite, etwa 2 m vom Straßenrand entfernt in Fahrtrichtung ein alter Mann. Ich hupte und wollte auf der linken Straßenseite an ihm vorbeifahren, weil er auf mein Hupen nicht reagierte. Als ich kurz hinter ihm war, versuchte er plötzlich, wahrscheinlich durch das Geräusch meines Wagens auf der Schotterstraße erschreckt, anstatt nach rechts zu gehen, die linke Straßenseite zu erreichen, und lief mir direkt vor den Wagen. Ich hatte schon vorher meine verhältnismäßig niedrige Geschwindigkeit noch herabgemindert. Trotz Bremsens und Ausweichens nach links traf ich ihn noch mit der rechten vorderen Kante meines Wagens, etwa einen Meter bevor mein Wagen zum Stillstand kam. Der Mann fiel hin und schaute mich im Sitzen verwundert an. Da ich fürchtete, dass er doch Schaden erlitten hatte, bestand ich darauf, ihn zurück nach Debre Berhan ins Krankenhaus zu bringen und half ihm ins Auto.

Inzwischen waren zwei junge Männer von vorn gekommen, die den Unfall beobachtet hatten und von hinten ein Auto mit zwei Männern, von denen der eine ein Staatsanwalt war. Dieser nahm ein Protokoll auf, notierte die Namen der beiden jungen Leute als Zeugen und fuhr mit uns zum Krankenhaus. Ich wollte sicher sein, dass ich nicht später für ein Leiden, dass nichts mit dem Unfall zu tun hat, zur Rechenschaft gezogen werde. Da der alte Mann aber unbedingt sofort nach Hause gehen wollte, hielt man ihn fest, dass ein Arzt ihn untersuche. Der Staatsanwalt fuhr mit mir zur Polizeistation, um auch da den Vorfall zu Protokoll zu geben. Die Polizei entschied, dass ich weiterfahren könne um in Assab das Schuljahr abzuschließen. Sie würden mich zu einer eventuellen späteren Gerichtsverhandlung benachrichtigen.

Kurz nach unserer Ankunft in Assab erhielt ich die Nachricht, dass der alte Mann tot sei, und ich so bald wie möglich nach Debre Berhan zur Polizei kommen müsse zwecks einer gerichtlichen Klärung. Am 3.Tag kam auch meine Frau mit dem einem MAF-Flugzeug und Herrn Cumbers. Nach der offiziellen Übergabe der Station konnte ich mit diesem nach Addis Abeba fliegen, von wo mich ein Linienbus nach Debre Berhan brachte. Dort wurde ich von der Polizei an den Staatsanwalt verwiesen, der den Unfall gesehen hatte, und dieser teilte mir mit, dass ich bis zu meinen Gerichtstermin ins Gefängnis gehen müsse, es sei denn, jemand würde für mich bürgen. Ein Verwandter des Toten, der zur dortigen Gemeinde gehörte, war dazu bereit. Dann mussten vor dem Gerichtstermin die Ansprüche der Angehörigen des Toten befriedigt werden. Die Versicherung der Mission stellte mir einen Rechtsanwalt zur Verfügung, und mit dessen Hilfe konnte die Befriedigung der Verwandten durch Zahlung von 200 Dollar, einem unwahrscheinlich niedrigen Betrag für einen solchen Fall, erreicht werden. Durch Daumenabdruck unterzeichneten die Angehörigen ein Schreiben, dass sie überzeugt seien, dass der Tod des alten Mannes seine eigene Schuld gewesen ist..

Der Verwandte, der für mich bürgte, erklärte mir dann im Vertrauen, dass die Angehörigen die Gelegenheit genutzt hätten, um bei diese Gelegenheit den alten unnützen Esser durch Gift los zu werden, da sie selbst kaum genug zu essen hatten. Er offenbarte mir auch, dass der Staatsanwalt ihm gesagt hätte, dass der Fall sobald nicht geklärt würde, wenn ich ihm nicht etwa 500 Dollar geben würde. Er habe diesem darauf gesagt, dass er das von mir als Missionar nicht erwarten könne. Weil ich dem Staatsanwalt nichts zahlte, versuchte dieser, als endlich der Gerichtstermin kam, mir die Schuld am Tode des alten Mannes anzuhängen. Der Lehrer, der mit mir im Auto gewesen war, und zum Gerichtstermin gekommen war, widersprach dem als Zeuge, wobei er auch auf das Schriftstück der Angehörigen und die anderen beiden Zeugen hinwies, von denen der Staatsanwalt dann behauptete, dass er sie nicht finden könne. Der Richter, der die Sachlage durchschaute, setzte für den nächsten Tag einen neuen Termin fest. Zu diesem musste ich den Hergang des Unfalls schriftlich in englischer und amharischer Sprache mit einer Zeichnung vorlegen. Nach dieser Verhandlung beantragte der Staatsanwalt, der dann merkte, dass der Richter sich nicht beeinflussen ließ, dass die Angelegenheit einem höheren Gericht übergeben werde, weil es sich um einen Totschlag handele. Von nun an durfte auch der bisherige Bürge nicht mehr für mich bürgen, sondern nur jemand, der eine bestimmte Menge Land besitzt und mit 5 000 Eth. Dollar bürgt. Der Schwiegersohn des Grundstückbesitzers der Sprachschule war dazu bereit, weil es sich, wie er sagte, um einen Missionar handele.

Das höhere Gericht kam leider nur alle drei bis vier Monate nach Debre Berhan. Das waren ja schlechte Aussichten, denn der Flug für unseren Heimflug war bereits gebucht. Ich aber durfte nicht einmal die Stadt verlassen, geschweige denn das Land. Mein Unfall war natürlich inzwischen in der ganzen Mission bekannt und auch unsere Missionsfreunde waren darüber informiert worden, so dass viele für mich und einen gerechten Ausgang beteten.

Zu meiner Überraschung dauerte es nur einige Tage, bis das höhere Gericht wegen eines schweren Mordfalles nach Debre Berhan kam. Aber dann kam die nächste Enttäuschung. Mein Rechtsanwalt musste am ersten festgesetzten Termin dringend nach Asmara, und so wurde der Termin auf einen der nächsten Tage verschoben. Dieser Termin fiel aber wieder aus, weil einer der drei Richter, die in diesem Gericht anwesend sein müssen, erkrankt war. Ein weiterer Termin wurde festgesetzt, einen Tag vor unserem gebuchten Heimflug. Am Vormittag des Tages vor diesem Termin kam einer von den Gemeindegliedern der dortigen Gemeinde aufgeregt zu mir, und sagte mir, dass sie den einen der beiden Zeugen gefunden hätten. Es sei ein sudanesischer Flüchtling, der hier die Oberschule besucht. Ich ging sofort zur Polizeistation und mit einem Polizisten konnten wir den jungen Mann in der Schule auffinden und als Zeuge für den nächsten Tag gewinnen.

Als ich am nächsten Tag mit meinem Rechtsanwalt, dem neuen Zeugen und unserem Lehrer vor dem Gericht wartete, kam auch ein für meinen Fall neuer Staatsanwalt. Als mein Rechtsanwalt ihn erblickte, lief er auf ihn zu und begrüßte ihn überaus herzlich, denn sie waren alte Freunde, die sich lange nicht gesehen hatten. Der Prozess nahm dann einen guten Verlauf, denn sowohl der Lehrer, der beim Unfall mit mir im Wagen saß, wie auch der nun gefundene Zeuge sagten beide für mich aus. Als der Sudanese nach seinen Aussagen gefragt wurde, wen er für den Schuldigen halte, sagte er fast empört: „Da gibt es doch keine Frage. Der alte Mann ist dem Weißen doch direkt vor das Auto gelaufen und der hat alles versucht, um den Unfall zu vermeiden.“ Selbst der anwesende Polizist gab zu Protokoll, dass sich der Mann auf der falschen Straßenseite befunden hätte. Am Tag, darauf, etwa zwölf Stunden vor Abflug unseres Flugzeuges nach Deutschland, wurde das Urteil gesprochen. Es lautete: „Freispruch und die Kosten für den Prozess übernimmt der Staat.“ Mir ist kein zweiter Fall in Äthiopien bekannt, in dem ein Weißer in einem solchen Fall in so kurzer Zeit ein so gerechtes Urteil erhielt. Missionar Gerd Bössler, der wegen einer ähnlichen Sache vor dem gleichen Gericht stand, fuhr mich dann in seinem Auto nach Addis Abeba, wo meine Familie auf mich wartete. Gegen 23 Uhr konnten wir mit dem Flugzeug in Richtung Deutschland starten.

Als wir so im Flugzeug saßen, wurde mir bewusst, wie Gott uns wieder einmal einen Blick in seine wunderbare Planung geschenkt hatte. Wäre der eine Richter nicht erkrankt, wäre der sudanesische Zeuge nicht vor der letzten Verhandlung gefunden worden. Auch ein anderer Staatsanwalt hätte die Anklage geführt und der Prozess hätte sich Monate hinziehen können. Mir wurde auch bewußt, dass Gott unseren Entschluss, es mit Ihm in Assab zu wagen, reich gesegnet hatte. Für mich war es auch eine Antwort auf die vielen Gebete.

Unsere ursprünglich geplante zweite Heimreise über Israel und von dort nach Volmarstein, war durch den Sechstagekrieg ins Wasser gefallen. Dafür hatten wir aber jetzt unseren Heimflug mit einer eintägigen Zwischenlandung in Athen gebucht, und freuten uns schon darauf, die Akropolis sehen zu dürfen. Mir wurde immer mehr bewusst, dass die letzten zwölf Jahre unseres Lebens zu den schönsten und erlebnisreichsten zählten, wenn sie auch manches Schwere gebracht hatten.

Die Baptistengemeinde Volmarstein, die uns seit unserem vorigen Heimatbesuch als Ihre Missionare betreute, hatte uns eine schöne Vierzimmerwohnung besorgt und eingerichtet. Wolfgang, der später als Flugzeugingenieur der MAF, der Missionsfliegerei, dienen wollte, begann ein Studium in Stuttgart an der dortigen Hochschule für Raumfahrttechnik. Als ihm bald bewusst wurde, dass ihm das später beim reparieren von Missionsflugzeugen wenig helfen würde, schenke ihm Gott nach einem ½ Jahr eine Spezialausbildung bei der Flugzeugfirma Focke Wulf in Bremen und diese verhalf ihm anschließend zu einem Praktikum in einer Schiffswerft und ein Studium an der Ingenieurschule für Flugzeugbau in Aachen. Weil er aber die geistliche Not in Deutschland und besonders in der Jugend sah, machte er nach seinem Ersatzdienst ein zweites Studium von 5 Jahren am Predigerseminar der Baptisten in Hamburg und wurde Pastor. Von unseren anderen drei Kindern besuchten während des Heimatjahres die beiden Jungen das Gymnasium und Anne noch die Grundschule.

Wechsel nach Sierra Leone.

Zu Beginn unseres zweiten Heimaturlaubs, lud man mich zu einem Gespräch mit dem damaligen Generalsekretär der Europäischen Baptistischen Mission (EBM) ein. Man bat mich den von den Engländern ausgeliehenen Feldleiter für die seit kurzen begonnene Missionsarbeit in Sierra Leone abzulösen und die moslemische Bevölkerung stärker mit dem Evangelium zu erreichen. Ich sagte zu, mit meiner Frau um Klarheit für einen solchen Schritt zu beten. In den folgenden Monaten zeigte uns Gott durch mehrere Ereignisse ganz klar, dass ein solcher Schritt nach Seinem Willen sei. Um uns die starke Gebetsunterstützung und vorbildliche Betreuung durch die DMG, unserer bisherigen sendenden Mission, zu erhalten, machten wir zur Bedingung, weiterhin Missionare der DMG bleiben zu dürfen, aber anstatt mit der SIM nun mit der EBM zu arbeiten. Die EBM, wie auch die DMG und die SIM, waren damit einverstanden.

Wieder waren wir an einem Oktobertag, am 22.10.1971 auf dem Wege nach Afrika, aber diesmal mit dem Flugzeug. Der Feldleiter, den ich ablösen sollte, Rev. Clifford Gill, empfing uns direkt am Flugzeug. Vom Flugplatz ging es zur Fähre, die die große Halbinsel, auf welcher der Flugplatz liegt, mit der Hauptstadt verbindet. Die Überfahrt über die trennende Bucht dauerte 40 Minuten. Gegen 2.oo Uhr nachts erreichten wir endlich unser Nachtquartier.

Die Missionsarbeit der EBM war ja vor sechs Jahren von einer englischen Missionsgesellschaft übernommen worden. Diese hatte seit einigen Jahren zwei alte Baptisten Gemeinden in Freetown betreut und dabei finanzielle, wie auch andere Probleme gehabt. Diese beiden Gemeinden führten ein stolzes Eigenleben und hatten nie versucht zusammen zu arbeiten und andere Bewohner des Landes mit dem Evangelium zu erreichen. Freetown mit seinen damals über 100 000 Einwohnern war zwar größtenteils christlich durch die von England befreiten und von Amerika eingewanderten Sklaven, aber die ursprünglichen Einwohner waren meist Heiden oder durch arabische Händler zum Islam gezwungene Moslem. Durch die vorherrschende „Anglican Church“ war aber der christliche Bevölkerungsteil mehr kirchlich, als wirklich gläubig. Außerdem gehörten gut 90 % der Bevölkerung der Stadt und auch des Landes verschiedenen Geheimbünden an und an vielen Stellen trafen sich die verschiedenen Freimaurergruppen. Außer den erwähnten zwei Baptistengemeinden gab es eine Reihe anderer Benennungen. Schon bevor die befreiten Sklaven kamen, versuchten einzelne Missionare aus verschiedenen Ländern und auch Deutsche, das Evangelium den Einwohnern Sierra Leones zu bringen. Aber sie erlagen meist sehr schnell dem mörderischen Klima und deshalb nennt man auch Sierra Leone „Das Grab des weißen Mannes“.

Die beiden älteren Buben hatten wir in Deutschland gelassen. Wolfgang machte ja in Bremen seine Ausbildung und Friedemann, war in Volmarstein geblieben, um das letzte Schuljahr vor dem Abitur in Deutschland zu vollenden. Eberhard hatte sich für eine Oberschule, die von irischen Mönchen geleitet wurde, entschieden. Sie hatte einen guten Ruf und er konnte sie mit dem Fahrrad erreichen. Unsere Anne mussten wir täglich in die einheimische Mädchenschule der Methodisten Mission fahren. In Freetown fanden wir sehr schnell gute Kontakte zu den anderen Missionen. Durch die Mithilfe unserer Missionsfreunde in Deutschland konnte uns die DMG auch bald das Geld zum Kauf eines Autos senden, denn das Auto der Mission war reif zum Verschrotten.

Bald machten wir uns auch auf den Weg zu der bisher einzigen, etwa 200 km nördlicher liegenden Station unserer Mission im fast rein moslemischen Mambolo, das etwa 3000 Einwohner hatte. Diese Station war auf Einladung des Gebietshäuptlings vor wenigen Jahren gegründet worden. Dieser hatte die Missionare um eine Klinik, eine Schule und eine Kirche gebeten. Jetzt gab es dort auf der Missionsstation eine Klinik und eine Oberschule neben einer kleine Gemeinde. Die Tochter des Häuptlings, die auch in der Klinik mitarbeitete, war als erste vor kurzem mit einigen anderen getauft worden. Der Häuptling selbst wollte aber als Moslem sterben, sicher weil er sonst durch die anderen Mosleme Probleme bekommen hätte und die Herrschaft über seine 36 000 Untertanen verloren hätte.

Auf der Missionsstation selbst arbeiteten zwei deutsche Krankenschwestern mit der Tochter des Häuptlings in der Klinik. Zwei deutsche und mehrere einheimische Lehrer und der deutsche Schulleiter, der gleichzeitig für die Station verantwortlich war, unterrichteten in der Oberschule. Dann waren da noch der liberianische Pastor mit seiner Frau, die die noch kleine Gemeinde betreuten. Eine der ersten Aufgaben nach unserem Besuch war dann, auf der Station die Wasserversorgung zu verbessern.

Ein besonderes Erlebnis für mich kurz vor Weihnachten war eine Fahrt nach Liberia. Ich sollte die Leiter der Bassagemeinde, die ja zum größten Teil aus liberianischen Seeleuten bestand, mit dem VW-Pritschenwagen der Mission, der eine Doppelkabine hatte, zu einer Konferenz dort hinbringen und gleichzeitig als zukünftiger Feldleiter der EBM teilnehmen. Eine Eisenbahn- oder Busverbindung gab es nicht und ein Flug wäre zu teuer gewesen. Da ein größerer Fluss die beiden Länder trennt, und es damals nur nahe der Ostgrenze eine Brücke gab, brauchten wir für die über 1100 km lange Strecke zwei Tage. In Monrovia wohnte ich direkt am Atlantischen Ozeans auf der großen Missionsstation der SIM mit ihren Sendeanlagen des Missionssenders „Elwa“, der seine Sendungen in etwa 40 Länder ausstrahlte. Dann gab es dort ein großes Krankenhaus und eine zwölftklassige Schule neben den Wohnhäusern der Mitarbeiter.

Am Abschlusssonntag der Konferenz hielt Dr. Tolbert der Staatspräsident die Festpredigt und lud mich und einige andere Personen danach zum gemeinsamen Mittagessen bei sich ein. Auf dem Rückweg nach Freetown hatten wir an der Grenze einige Probleme mit den Grenzbehörden, weil wir ihnen nicht die erwarteten Bestechungsgelder gaben. Wir übernachteten wieder, wie auf der Hinfahrt, bei katholischen irischen Priestern, mit denen ich sehr gute Gespräche führen konnte. Als Irländer war für sie nicht der Papst höchste Autorität, sondern Jesus Christus.

Weihnachten und den Jahreswechsel feierten wir mit den deutschen Missionaren auf der Station Mambolo, wo auch einige Mitarbeiter der Deutschen Botschaft auf dem großen, bewachten Missionsgrundstück in Zelten ihre Weihnachtsferien verbrachten. Ich konnte viele Informationen über das Land von ihnen bekommen, die mir später hilfreich waren. Ich erfuhr zum Beispiel, dass viele Menschen Sierra Leones durch einheimische Malariamedizin in ihrem Gehirn so geschädigt seien, dass sie nicht mehr rechts von links unterscheiden könnten und nach deutschem Maßstab arbeitsunfähig wären.

Vom 24-31. Januar besuchte uns der Generalsekretär der EBM, Helmut Grundmann, um die Übergabe der Leitung von Rev. Gill an mich zu vollziehen. Am 31. Januar verließ dann Rev. Gill die Mission, und wir konnten ins Hauptquartier einziehen. Es lag auf der Halbinsel „King Tom“, direkt an einer Bucht des Atlantischen Ozeans. Leider war das Wohnhaus mit einer großen überdachten Veranda und dem herrlichen Blick auf die Bucht, wo wir dann immer aßen, noch nicht ganz fertig. Das Gästehaus sollte, nachdem es fertig sein würde, vor allem unseren Missionaren in Mambolo dienen, wenn sie aus dienstlichen oder privaten Gründen nach Freetown kämen, oder einmal ein paar Tage ausspannen wollten. Es wurde aber später auch häufig von anderen Missionen benutzt. Ich hatte sehr schnell gute Kontakte zu den anderen Missionen gefunden.

Auf der Halbinsel King Tom, dicht neben uns, war auch das Hauptquartier der Polizei und viele der Polizisten wohnten hier mit ihren Familien in Baracken, die während des letzten Weltkrieges den Soldaten dieses damals englischen Stützpunktes als Wohnung gedient hatten. Wir versuchten nun diese Familien zu erreichen und besonders Brigitte bemühte sich um die Frauen und Kinder. Zweimal in der Woche versammelte sie eine Gruppe Kinder auf unserer großen Veranda und jede Woche ging sie in die Polizeibaracken, um deren Frauen in einer Bibelstunde das Evangelium zu bringen. Wir starteten auch einen Gottesdienst am Sonntagvormittag in der Polizeikantine, aber nach einigen Wochen zogen wir in die große Toreinfahrt mitten unter unserem Gästehaus, weil sich bald in der Polizeikantine einige Probleme beim Halten unserer Gottesdienste zeigten und diese nicht jeden Sonntag verfügbar war.

Gott schenkte es auch, dass wir über die Wochenenden zwei gute Studenten vom etwa 30 km entfernten Bibelkollegs für ihren praktischen Einsatz bekamen. Als ich aushilfsweise ½ Jahr am Bibelkolleg unterrichtete, konnte ich Silvanus Valkarcel, einen dritten Studenten, für ein Praktikum bei uns gewinnen, der sich sehr gut bewährte. Er wechselte bald in unsere Mission, weil sich seine Kirche absolut nicht um ihn kümmerte. Mehrere Jahre nach unserem Fortgang aus Sierra Leone wurde er zum Präsidenten des Bundes der Baptistengemeinden in Sierra Leone gewählt.

Für die wachsende Gemeinde brauchten wir immer dringender einen größeren Versammlungsraum, weil die Toreinfahrt zu klein wurde. Wir vergrößerten deshalb diese nach vorn und hinten zu einem etwa 90 m² großen Raum. Auch in Mambolo war man am Bauen eines Gemeindehauses, für das ich die Pläne gemacht hatte. Es sollte eine Pastorenwohnung, sowie einen Bücherladen und andere Nebenräume enthalten. Neben ihm sollte später die neue Kirche von Mambolo erstehen.

Es war einige Monate vor den Wahlen. Überall im Lande brodelte es. Auf den Straßen hatte man an vielen Stellen Kontrollpunkte mit Sperren errichtet, an denen die Fahrzeuge nach Waffen oder Propagandamaterial untersucht wurden, denn die herrschende Regierung duldete keine Werbung für eine andere Partei als nur für ihre eigene. Da ich häufig von Freetown zu unserer 240 km entfernten Station Mambolo fahren musste, kannten mich an den Kontrollpunkten schon viele der moslemischen Polizisten und behandelten uns meist recht freundlich. Sie nahmen sogar unsere Schriften an, und ich konnte mich sogar kurz mit einigen über Glaubensfragen unterhalten.

Eines Tages tauchte einer der Polizisten auf unserer Missionsstation in Freetown auf und erzählte uns Folgendes: Er wurde vor kurzem nach Freetown versetzt. Um dorthin zu gelangen bat er einen an seinem Kontrollpunkt durchfahrenden Fahrer eines kleineren Lastwagens ihn auf dessen Ladung mit nach Freetown zu nehmen. Offizielle Autobusse fuhren selten und auch die kleineren privaten Transportfahrzeuge, Potapota genannt, waren meist überfüllt und bei seiner geringen Besoldung wollte er das Fahrgeld sparen. Etwa nach Zurücklegung der halben Strecke nach Freetown verlor der Fahrer in einer Kurve die Kontrolle über sein Fahrzeug und stürzte mit dem Wagen in ein tieferliegendes Feld, wobei sich der Wagen überschlug. Der Polizist wurde von einem Teil der Ladung begraben. Die Säcke waren zwar nicht zu schwer, so dass sie ihm keinen ernstlichen Schaden zufügten, aber er konnte sich nicht mehr bewegen, weder seine Hände, oder die Füße, noch seinen Kopf. Die Ladung drückte auf seine Lungen und das Atmen fiel ihm sehr schwer. Dann schmerzten auch einige Glieder. Er fürchtete, dass er ersticken muss, bevor Hilfe kommt und ihn aus seiner fürchterlichen Lage befreit. In seiner Not und Todesangst besann er sich auf das, was er in den Traktaten und Schriften, die er von mir erhalten hatte, gelesen hat, und entschloss sich zu dem Jesus um Hilfe zu beten, von dem er gelesen und gehört hatte. Sein Gebet wurde erhört. Andere vorbeifahrende Fahrer holten Hilfe herbei und nach Stunden konnte er seine Fahrt nach Freetown mit zwar schmerzenden Glieder, aber sonst unbeschädigt, fortsetzen und suchte nun unsere Missionsstation auf, um mehr über diesen Jesus zu hören. Nach mehrfachen Besuchen mit Gesprächen und Teilnahme an Gottesdiensten meldete er sich zur Taufe. Am 24. September 1972 ließ er sich dann nach seinen Bekenntnis zum Glauben an Jesus Christus zusammen mit einem anderen Polizisten, sechs Frauen und einem ehemaligen Strafgefangenen im direkt neben der Station befindlichen Ozean taufen, um damit seinen Glauben an Jesus Christus zu bezeugen. Gottes Wege sind oft wunderbar.

Inzwischen hatte ich auch Verbindung mit den Missionaren der Nigerian Baptist Mission aufgenommen, die kürzlich ins Land gekommen waren und im Mai besuchte ich eine ihrer drei Stationen. Der eine von ihnen hatte in den 4 ½ Monaten seines jetzigen Einsatzes in der etwa 1000 Einwohner zählenden Stadt Bumbuna schon eine jede Familie besucht und die dadurch entstandene Gemeinde hatte bereits über 100 Mitglieder. Angeregt durch diesen Besuch dort organisierte ich für Mambolo eine zweiwöchige Evangelisation in der Palaverhalle des Häuptlings. Als Redner hatte ich Rev. Mans, den Generalsekretär der Bewegung „New life for all“ (Neues Leben für alle) eingeladen. Eine ganze Reihe Menschen kamen zum Glauben und unter ihnen einige unserer dortigen Oberschüler. Rev. Mans erzählte mir dabei von seinem Einsatz in einem Jugendkamp, das der englische Zweig des Bibellesebundes gerade durchgeführt hatte. Weit über100 Teilnehmern hatten sich dabei zu einer Nachfolge Jesu entschieden. Aber dann zeigte sich die ganze geistliche Not des Landes. Die jungen Bekehrten, meist Oberschüler und Studenten von Freetown, fragten, wo sie jetzt in Zukunft eine geistliche Heimat finden könnten, in der sie das Wort Gottes klar und wahr hören könnten. Sie klagten darüber, dass in ihren Kirchen alles in Formen erstarrt sei. Ein groß Teil der Pfarrer lebe im Ehebruch und es ist nicht selten, dass einer betrunken auf die Kanzel komme. Wie könnten sie Hilfe bekommen, um ihren Kirchen zu helfen?

Ein leitender Kirchenmann von Freetown beschrieb in einem Buch, das 3 Jahre vorher erschien, die Situation in Freetown, wo sich ja etwa die Hälfte Christen nannten, mit folgenden Worten: „Das Christentum ist eine lebendige Religion, aber der Durchschnittschrist hier scheint das nicht zu begreifen. Für ihn ist es lediglich eine Weltbewegung mit einer Niederlassung in Sierra Leone, in welcher er Mitglied ist. Diese örtliche Niederlassung hat Kirchen oder Versammlungsstätten, die er regelmäßig besucht. Er zieht dabei seine beste Sonntagskleidung an und geht durch eine Reihe von Ritualen in einer papageienhaften Weise. Er gibt seine Kirchenkollekte nicht in erster Linie aus Nächstenliebe oder um die Verkündigung des Evangeliums zu unterstützen, sondern hauptsächlich, um seine Mitgliedschaft in dieser Organisation aufrecht zu erhalten, und damit der erste Teil seiner Beerdigung in der Kirche stattfinde. Als Mitglied einer Kirche ist er eine ehrenhafte Person. Über dies hinaus ist ein christliches Zeugnis kaum bei ihnen zu finden.“ Ein erschütterndes Zeugnis, das aber weitgehendst den Tatsachen entsprach. Einem mir bekannten Bibelschüler wurden einmal weitere Dienste verboten, weil er über Sünde und das Fehlverhalten vieler Kirchenglieder gepredigt hatte.
Mich und den Leiter des englischen Bibellesebundes, Bill Roberts, mit dem ich inzwischen eine enge Freundschaft hatte, bewegten nach dem Gespräch mit Rev. Mans die geistliche Not der Jugend doch recht stark. Wir beschlossen deshalb gemeinsam etwas für die Jugend Freetowns zu tun. Unser Plan war ein Jugendzentrum zu schaffen, in dem den Jugendlichen neben praktischer Hilfe, vor allem geistliche Hilfe geboten wird. Weil es in Sierra Leone eine sehr gute Zusammenarbeit der Missionen über die Evangelische Allianz gab, brachten wir nach viel Gebet unser Anliegen bei der nächsten Sitzung vor die Leiter der anderen Missionen. Es fand große Zustimmung und ein Komitee zur Planung eines Jugendzentrums wurde gebildet, in dem ich den Vorsitz übernehmen musste.

Bill Robert und ich suchten und beteten nun für ein geeigneten Haus. Nach einiger Zeit zeigte mir Gott ein leeres dreistöckiges Gebäude, im Zentrum der Stadt, direkt neben dem Victoriapark. Da es uns geeignet erschien, gedachten wir es zu erwerben und entsprechend umzubauen. Wie wir erfuhren, gehörte es einem libanesischen Rechtsanwalt. Als ich ihn aufsuchte und sagte, was wir planten, erwiderte er, dass auch ihm das Problem der Jugend am Herzen liege und er das Gebäude mit dem gleichen Ziel bereits vor zwei Jahren der moslemischen Bruderschaft für ein ähnliches Projekt angeboten habe, aber nichts sei bisher geschehen. Er versprach mir, das Gebäude mit Grundstück für unseren Zweck zu dem sehr niedrigen Preis von etwa 125 000 DM zu überlassen. Gott hatte wunderbar geführt.

Kurze Zeit später bot ihm die größte Bank Sierra Leones den dreifachen Preis für das Grundstück wegen seiner guten Lage. Er lehnte das gegen den Willen seiner Brüder ab und stand zu seinem Wort, weil er der Meinung war, dass unser Vorhaben ein notwendiges und auch das wertvollere sei. Er flog sogar zu seinem alten Vater in den Libanon, um dessen Zustimmung und Unterschrift für den Verkauf an uns zu bekommen. Gott führte es auch, dass zu dieser Zeit Vertreter der Tindale House Foundation Freetown besuchten und ich mit ihnen ins Gespräch kam. Sie sandten uns dann den größten Teil des erforderlichen Betrags zum Kauf für das Grundstück. Damit war eines unserer dringendsten Gebetsanliegen erhört worden.

Man entschied aber dann das alte Gebäude abzureißen und ich wurde gebeten die notwendigen Entwürfe für ein neues Gebäude zu machen, das den Bedürfnissen entspräche. Ich machte die Entwürfe und sandte sie dem Bauingenieur Ulrich Rahn in Deutschland, bei dessen Familie unseren Friedemann wohnte. Dieser ließ dann kostenlos in seinem Büro die nötigen technischen Zeichnungen erstellen. Als nach mehreren Jahren die langsam gespendeten Mittel es erlaubten, wurde eine italienische Baufirma mit dem Bau eines vierstöckigen Gebäudes beauftragt. Gott hatte die dafür notwendigen Mittel geschenkt..

Am 30. Juli 1972 verließ uns unser jüngster Sohn Eberhard, um sich in Deutschland in den 2 letzten Jahren auf das Abitur vorzubereiten. Da unsere Tochter Anne in der Schule als Weiße ständig gemobt wurde, mussten wir sie in die Missionsinternatsschule im 350 km entfernten Kabala umschulen. Eine Gehirnhautentzündung kurz vorher ließ Gott rechtzeitig erkennen dass sie rechtzeitig und erfolgreich behandelt wurde.

Zur Weihnachtszeit 1973 besuchten uns für 4 Wochen zwei unserer treusten Missionsfreunde, Günther und Ingeborg Peek. Sie haben über viele Jahre unseren persönlichen Gebetsbrief drucken lassen und versandt. Auch unsere Lichtbildserien betreuten und versandten sie. Am ersten Weihnachtstag, feierten wir dann gemeinsam mit unserer Gemeinde von King Tom und vielen Gästen anderer Missionen und Kirchen auf dem Grundstück unseres Hauptquartiers gemeinsam das Weihnachtsfest.

Im Januar kam auch wieder unser Generalsekretär, diesmal mit dem Finanzverwalter der EBM, Manfred Otto. Mit den beiden und Herrn Peek erlebten wir es bei einer Besichtigung des Marktviertels, wie Herrn Otto von einem Dieb die umgehängte Kamera entrissen wurde. Ich verfolgte ihn sofort in eine recht einsame Nebenstraße, wo er über das verschlossene Eisentor einer stillgelegten Fabrik kletterte. Ich tat, für ihn sicher unerwartet, dasselbe. Plötzlich tauchten von links drei Männer auf, die, als ich „Dieb! Dieb!" rief, ihn halten wollten. Er bog nach rechts, um dort auf eine niedrige Mauer zu klettern und dann weiter über das niedrige Dach eines dahinter liegenden Hauses zu flüchten. Als ich ihm auch auf das Dach folgte, warnten mich die Männer laut vor einer weiteren Verfolgung, weil es hinter dem Haus wahrscheinlich für mich gefährlich geworden wäre. Sie riefen auch, dass er die Kamera hinter der Mauer hatte fallen lassen. Ich stieg vom Dach zurück und fand die Kamera in dem Spalt zwischen Mauer und Haus. Mir wurde dabei plötzlich bewusst, in welche Gefahr ich mich begeben hatte und wovor mich Gott bewahrt hatte. Die drei Männer begleiteten mich dann zurück zu Manfred Otto und er gab jedem von ihnen eine kleine Belohnung.

In den Osterferien besuchte ich mit zwei Bibelschülern und unserem Evangelisten Kamara mehrere moslemische Dörfer der Umgebung von Mambolo. Wir hielten dort Abendversammlungen und erlebten zum Teil erstaunlich positive Reaktionen. Ich war zwar ärgerlich, als uns der Evangelist eines Tages nicht in das geplante Dorf, sondern in die andere Richtung nach Malambi führte. Er behauptete den Dorfhäuptling vorher getroffen zu haben, und der habe ihn eingeladen. Als wir Malambi erreichten, verflog mein Ärger recht bald, als ich merkte, mit welcher Offenheit man uns hier empfing. Hier gab es schon eine Schule unserer Mission, und man hatte Stühle und Schulbänke vor die Schule gestellt. Der Häuptling ließ die große Trommel schlagen und etwa 85 Dorfbewohner kamen herbei, um den Evangelisten und die Gitarrenlieder zu hören. Da es nahe dem Äquator früh dunkel wird, stellte ich mein Auto so, dass man die bekannten Bilder vom menschlichen Herzen im Licht meiner Scheinwerfer gut sehen konnte. Die Leute lauschten mit großer Aufmerksamkeit und machten manche zustimmende Äußerung. Als der Evangelist es wagte schon bei diesem ersten Besuch dazu aufzufordern, dass die, die Jesus nachfolgen wollten, nach vorn kämen, war ich doch über die Anzahl derer, die nach vorn gingen, überrascht. Als, er dann um die Namen derer bat, die an einem Taufunterricht teilnehmen möchten, waren dies 22 Männer, darunter der Häuptling und zwei Lehrer. Sie baten sogar, dass der eine uns begleitende Bibelschüler, der zum gleichen Stamm gehörte, ständig bei ihnen bleiben möge. Als sie hörten, dass er seine Ferien benutzt um zu helfen, ihnen das Evangelium zu bringen, waren sie sehr beeindruckt. Sie verbrannten auch einige Dinge, die, wie sie erkannten, nicht zu ihrem neuen Glauben gehörten. Am 1. August bekam Malambi einen eigenen Evangelisten.

Da es inzwischen, einschließlich der nigerianischen, etwa 20 offizielle Baptistengemeinden in Sierra Leone gab, plante ich sie zusammen zu führen. Ich lud die Verantwortlichen der einzelnen Gemeinden zu einer Konferenz in unser Hauptquartier ein. Ich konnte dann auch Rev. Mans für unsere Arbeit gewinnen. Er als ehemaliger Moslem, der nach seiner Bekehrung in Amerika studiert hatte, war uns in unserer Arbeit dann eine große Hilfe und wurde später für mehre Jahre der erste Präsident der Vereinigung der Baptistengemeinden.

Rev. Mans brachte mich bald danach in Verbindung mit dem amerikanischen Jugendevangelisten Billy Hanks, den er in Äthiopien auf der Rückreise von einer Weltkonferenz getroffen hatte. Ihn hatte er gebeten, mich auf seiner Heimreise in Freetown zu besuchen, was er auch tat. In einem längeren Gespräch erklärte er sich zu einem zehntägigen kostenlosen evangelistischen Dienst in Freetown unter den folgenden Bedingungen bereit: er forderte wenigstens ein Jahr für die Vorbereitung der Evangelisation durch Ausbildung von genügend Seelsorgehelfer, sowie genug Nacharbeitszentren mit ausgebildeten, und geistlich klarstehenden Mitarbeitern. In der Evangelischen Allianz konnte ich das Anliegen den anderen Missionen beim nächsten Treffen vortragen. Ich erhielt freudige Zusage für eine volle Unterstützung und musste wieder den Vorsitz im sofort gegründeten Evangelisationskomitee übernehmen. Rev. Mans und ich konnten dann durch Besuche und Vorträge in den verschiedenen Kirchen etwa 240 Leute gewinnen, die sich als Seelsorgehelfer ausbilden ließen. Die Verwaltung Freetowns war dann bereit, uns das große Stadion günstig zu vermieten.

Eines aber machte uns persönlich Sorgen. Es hatte sich gezeigt, dass unser Eberhard, der jetzt die 12. Klasse in Bensheim besuchte, doch dringend wenigstens einen der Eltern brauchte. Deshalb entschied die Missionsleitung der DMG, dass Brigitte nach Deutschland kommen sollte. Sie hatte sowieso seit längerem wieder große Probleme mit dem stark verbreiteten Schimmelpilz, der ganze Häuser bedeckte und bei ihr eine schwere Infektion der Nebenhöhlen verursachte. In Deutschland hatte sie keine Probleme mehr. Weihnachten verbrachte ich dann mit unserer Tochter Anne, die ich für die Weihnachtsferien von Kabala nach Freetown geholt hatte. Wir vermissten natürlich dabei besonders die Mutti.

Im Februar bekam ich eine Einladung zu einer Hochzeit. Das junge englische Brautpaar hatte sich in unserem wöchentlichen Hausbibelkreis kennen gelernt. Unter den Hochzeitsgästen befand sich auch die Lehrerin der einzigen Blindenschule des Landes. Sie berichtete uns, dass es in Sierra Leone Dörfer gibt, in denen die Hälfte der Einwohner blind sei. Im ganzen Lande gäbe es auch nur eine einzige Augenklinik auf einer Missionsstation der Methodistenmission ganz im Südosten des Landes. Ein amerikanischer Augenarzt hätte dort neun junge Männer so weit ausgebildet, dass er die Klinik mit deren Hilfe betreiben könne. Sonst gäbe es nur In Freetown selbst im größten Krankenhaus eine Augenabteilung, in der man in leichteren Fällen die Augen behandeln und die

Werte der Gläser für notwendige Brillen ermitteln könne. Die ermittelten Werte würden nach England gesandt und nach etwa 6 Wochen könnte der Patient die bereits von ihm bezahlte Brille abholen. Sie bat mich dringend, doch während meines nahen Urlaubs in Deutschland nach einer Hilfe für die Augenkranken und Blinden zu suchen.

Inzwischen liefen die Vorbereitungen für die vom 19.2. - 3.3. geplante Evangelisation mit Billy Hanks auf Hochtouren. Dazu hatte ich mit Rev. Mans den Staatspräsidenten Siaka Stevens darüber zu informieren und seine Zustimmung einzuholen. Als wir ihn deshalb in seinem Amtssitz besuchten und er erfuhr, dass ich der Feldleiter der EBM sei, unterhielt er sich etwa eine ¼ Stunde mit mir über unsere Oberschule in Mambolo, die er vor kurzem mit dem Helikopter besucht hatte und die er als beste Oberschule in seinem Lande bezeichnete. Besonders beeindruckt hatte ihn die Tatsache, dass die Schüler nach den ersten drei Jahren gemeinsamen Unterrichts dann entsprechend ihrer Fähigkeiten in einen mehr praktischen und einen akademischen Zweig aufgeteilt wurden. Für den praktischen Zweig gab es zur Ausbildung eine Tischlerwerkstatt, eine technische Werkstatt, eine Töpferei und mehrere Webstühle, sowie eine große Küche mit 10 Kochstellen für die Mädchen. Die Schule schnitt auch bei den Abschlussprüfungen durch das „General Councel of Education" das die Prüfungsfragen für die Länder Westafrikas jährlich neu festlegte und durch versiegelte Briefe erst am Prüfungstag bekannt gab, stets als Beste des Landes ab.

Für die Evangelisation wurden dann etwa 240 Seelsorgehelfer ausgebildet. Die einheimischen Brüder hatten anfangs Sorgen, wo wir das Geld für die entstehenden Unkosten herbekommen würden. Aber Gott beschämte ihr geringes Vertrauen, denn selbst auch aus Deutschland kamen beachtliche Beträge von Leuten, die ich bisher nicht kannte, und am Ende hatten wir, nach Deckung aller Unkosten, etwa 130 DM übrig.

Der Evangelist Billy Hanks traf mit seinem Team von 5 weiteren Mitarbeitern schon 4 Tage vor Beginn ein und bereitete mit diesen die Seelsorgehelfer und die Leiter der 23 Nacharbeitszentren, sowie andere Mitarbeiter, auf ihre Aufgaben vor. Am 20. Februar begann dann die Evangelisation, um die in mehreren Ländern gebetet worden war, im fast voll besetzten Stadion von Freetown. Billy Simbo, einer unser besten Mitarbeiter, ein einheimisches Glied der amerikanischen Brüdergemeinden, wirkte als ein ausgezeichneter Übersetzer. Er brachte das Gesagte in der Landessprache oft noch besser auf den Punkt, als der Evangelist selbst, weil er seine Landsleute und ihre Probleme kannte. Aus Liberia war der Chor des dortigen Evangeliumsrundfunks ELWA angereist und hatte zwei liberianische Solisten mitgebracht und umrahmten mit persönliche Zeugnissen das Programm. Ich konnte meinen Augen kaum trauen, als schon am ersten Abend dieser zehntägigen Veranstaltung nach der Aufforderung des Evangelisten mehrere hundert Leute nach vorn kamen, um dadurch zu bekennen, dass sie mit Jesus Christus ein neues Leben beginnen wollen. Der Evangelist hatte in seiner Verkündigung keine Zweifel gelassen, um was es ging und vor leichtfertigen Entscheidungen gewarnt. Schon bei unserem ersten Gespräch mit mir hatte er betont, dass es ihm um das Gewinnen von Jünger Jesu ginge und nicht um Massen, die die Bänke der Kirchen füllen würden. Wir hatten zwar mit einer beachtlichen Zahl gerechnet, waren aber doch freudig überrascht, wie der Geist Gottes wirkte.

Die nach vorn gekommenen Personen wurden dann in einen großen Saal neben dem Stadium geführt. Dort wurde jeder von einem der 240 zugerüsteten Seelsorgehelfern betreut und je nach Wohnsitz, auf die einzelnen Nacharbeitszentren verwiesen. Man registrierte sie auch und unterschied zwischen denen, die erstmalig eine Entscheidung trafen und denen, die ihr Verhältnis zu Gott und Christus erneuern wollten. Zwei Männer des Teams hatten etwa 250 Kinder und Jugendliche unter 15 Jahre gleich am ersten Abend von den nach vorn gekommenen aussortiert und zu einem Gebäude im Stadium geführt, wo sie entsprechend ihrem Alter betreut wurden. Es zeigte sich, dass Menschen aus entfernten Teilen des Landes gekommen waren. Die einzelnen Abende waren zwar verschieden stark besucht, aber an jedem Abend kamen einige hundert Menschen nach vorn. Es wirkten an den verschiedenen Abenden auch über 15 verschiedene Chöre mit.

Das, was der Geist Gottes in diesen Tagen gewirkt hatte, hatte uns doch überrascht. Etwa 1300 Entscheidungen wurden registriert, die unter 15 Jahre alten nicht eingerechnet. Sie waren nicht registriert worden. In den 23 Nacharbeitszentren entschieden sich weitere Teilnehmer. Ein Zauberer und Teufelsanbeter vom Mendestamm, der zum Glauben kam, sagte auf seinem Heimweg zu einem Missionar: „Ich habe dieses Neue Leben dort im Stadium erhalten. Jesus Christus ist in mein Herz gekommen. Nun gehe ich zu meinen Leuten, um ihnen dieses neue Leben zu bringen.“ Selbst auf der Einwanderungsbehörde erlebte ich kurz danach eine Überraschung, als mich ihr Leiter in sein Büro rief und erklärte, dass er durch das Gesagte angesprochen sei und deshalb seinen Leuten befohlen habe, die üblichen Bestechungsgelder nicht mehr zu erwarten oder zu fordern oder anzunehmen. Ich habe das auch gleich bei der Beantragung der Ausreise- und Wiedereinreisevisen für mich und unsere Tochter Anne erfahren. Ich erhielt einen Geldbetrag zurück, weil Anne noch unter 15 Jahre war. Einige sprachen von einer geistlichen Wende in Sierra Leone, aber ohne die Gebetsunterstützung der vielen Beter in Afrika, Amerika und Europa, die um diesen Einsatz wussten, und durch die vorzügliche Unterstützung und Mitarbeit der Gläubigen in Freetown, wäre das Geschehene kaum möglich gewesen. Gott hatte durch viele und an vielen gewirkt und die vielen Gebete erhört.

Am Tag nach der Evangelisation brachte ich unsere beiden Bibelschüler Sylvanus und Leopold, die ihre letzten Semesterferien hatten, auf einer Mambolofahrt nach Lunsar. Lunsar war eine rein moslemische Stadt mit etwa 14 000 Einwohnern und einer großen Erzgrube im Tagebau. Leute aus verschiedenen Teilen des Landes arbeiteten hier und unter ihnen gab es auch etwa 17 Christen aus unterschiedlichen Stämmen und Kirchen. Sie hatten sich unter der Leitung von Mrs. Konte, die eine Bibelschulausbildung hatte, zusammengefunden und beteten seit etwa 10 Jahre, dass Gott doch jemand senden möge, der ihnen helfen würde eine lebendige Gemeinde zu gründen. An zwei Missionen hatten sie sich schon gewandt, aber deren viel zu wenige Missionare waren meist in der Betreuung von Schulen und Kliniken so eingebunden, dass man den Leuten in Lunsar nicht helfen konnte. Nun hatten sie sich an Rev. Mans gewandt, der mich informierte. Deshalb hatten wir in Lunsar eine Wohnung besorgt und ich brachte die beiden Bibelschüler nach dort. Silvanus als ehemaliger Lehrer für das Holzgewerbe baute ein 2 m großes Kreuz, das er am unteren Ende mit einem kleinen Rad versah und das er mit der Schulter trug. Leopold spielte seine Gitarre und so zogen sie durch die Stadt. Sobald die Gruppe der ihnen erstaunt nachfolgenden Kinder und Erwachsener groß genug war, blieben sie stehen. Sie fingen dann an zu singen und zu predigen und verwiesen die Leute auf das Haus, das wir für sie gemietet hatten, dass man dort mehr hören könne. Als ich nach wenigen Tagen besuchte, hatten sich schon 16 Moslem bekehrt. Während der sechs Wochen, die sie dort waren, bekehrten sich 62 Moslem und damit wuchs die Zahl der gläubigen Christe in Lunsar auf etwa 80. Nach Begin seines Abschlusssemester fuhr Silvanus jeden Freitag nach Schluss des Unterrichts mit einem der kleinen öffentlichen Transportautos die 120 km nach Lunsar, um am Sonnabend zu evangelisieren und am Sonntagvormittag den Gottesdienst zu halten. Am Nachmittag kehrte er wieder ins Bibelkolleg zurück. So erhörte Gott die Gebete der kleinen christlichen Gruppe in Lunsar.

Unser ältester Sohn Wolfgang hatte uns in einem Brief mitgeteilt, dass er uns mit zwei anderen Studenten während ihrer Sommerferien in Sierra Leone besuchen und beim Aufbau unserer Augenklinik helfen wollen. Ich machte mich deshalb eines Tages auf den Weg die Flugtickets für sie zu besorgen, die man in Sierra Leone billiger bekam als in Deutschland. Dazu musste ich zur Bank um das Geld für die Flugtickets zu holen, wollte aber auch gleichzeitig einen größeren Betrag für die Löhne der verschiedenen Angestellten abheben. Nachdem alles in der Bank erledigt war besorgte ich die Flugtickets und tat sie zu dem Geld in meine Aktentasche. Anschließend fuhr ich zum Geschäft eines der libanesischen Baustoffhändler im Zentrum der Stadt, die ich schon gut kannte, um noch einige Kleinigkeiten für den Bau in Mambolo zu besorgen. Anschließend fuhr ich nach Hause.

Als ich meine Aktentasche mit ins Haus nehmen wollte, stellte ich entsetzt fest, dass wohl die gekauften Kleinigkeiten auf dem Nebensitz lagen, aber von meiner Aktentasche mit all dem Geld und den Flugtickets fehlte jede Spur. Alles Suchen half nichts. Nach einem Gebet mit meiner Frau um Gottes Hilfe machte ich mich sofort auf den Weg zum Geschäft des Baustoffhändlers, weil ich annahm, dass ich die Aktentasche dort beim Hinaustragen der Kleinigkeiten liegen gelassen hatte. Dort angekommen, war meine Tasche nicht vorhanden und niemand, weder die beiden Verkäufer noch die Kunden im Laden wollten etwas von ihr wissen. Als ich noch verzweifelt bat mir zu helfen, kam ein junger Mann herein, klopfte mir auf die Schulter und fragte „Suchen sie ihre Aktentasche ?“. Als ich das erstaunt bejahte und die anderen es auch bestätigten, forderte er mich auf, ins gegenüberliegende Baumaterialgeschäft eines anderen Libanesen zu kommen.

Dort empfing mich der Besitzer, der mich von anderen Einkäufen auch gut kannte, und erzählte mir, dass er, als ich aus dem gegenüberliegenden Laden kam, „zufällig“ ohne jeden Grund, aus seinem Laden getreten war. Er beobachtete dabei, wie ich den anderen Laden mit der Tasche in der einen Hand und in der anderen die gekauften Kleinigkeiten verließ. Dann sah er, wie ich die Tasche neben dem Auto auf den Boden stellte, um die Wagentür aufzuschließen und danach in den Wagen stieg, um das Gekaufte auf den Nebensitz zu legen. Dann sei ich, ohne mich um die Tasche auf der Straße zu kümmern, fort gefahren. Er habe sofort einen seiner Verkäufer zur Tasche gesandt, um sie sicher zu stellen. Nach seinem Bericht holte er meine Aktentasche hinter dem Ladentisch hervor und übergab sie mir mit allem Inhalt. War es Zufall, dass er bei meinem Verlassen des gegenüberliegenden Ladens ohne Grund vor seinen Laden getreten war, oder hatte Gott hier seine Hand im Spiel? Auch dass er die Tasche mit dem vielen Geld nicht behielt war erstaunlich. Ich habe ihm herzlich gedankt, aber noch mehr mit meiner Frau unserem treuen Vater im Himmel.

Lunsar und die Augenklinik

Da es mir ein wichtiges Anliegen war noch vor meinem Urlaub die einzelnen entstandenen Baptistengemeinden zu einer guten Zusammenarbeit zu bringen, beschlossen wir beim 2. Treffen der Verantwortlichen in King Tom, uns alle vom 26-28. April während der Osterferien in der Schule in Mambolo zu treffen. Es wurde dort der „Bund der Baptistengemeinden in Sierra Leone“, gegründet. Rev. Mans wurde zum Präsident gewählt und ich zum General Sekretär, um eine gute Verbindung mit der Mission aufrecht zu erhalten. Die Gruppe Gläubiger aus Lunsar wurden als neue Gemeinde aufgenommen. Es wurde auch ein Fünfjahresplan für die Arbeit der Gemeinden beschlossen, darunter der Bau einer Augenklinik. Gott hat viel Gnade geschenkt, dass das meiste davon verwirklicht werden konnte, einiges sogar übertroffen wurde.

In Lunsar konnten wir dann von der Polizei zwei nicht mehr genutzte Gebäude zur Verfügung gestellt bekommen, um eine Augenklinik zu starten. Auch fanden wir eine in Augenmedizin ausgebildete Krankenschwestern. Mit Hilfe der Gemeindeglieder reinigten wir die zwei sehr verwahrlosten Gebäude, reparierten die Fenstern und Türen und machten mit einigen selbst gebauten Möbeln die beiden Gebäude als Behelfsaugenklinik brauchbar. Mrs. Konte, die in den vielen Jahren vorher die wenigen Gläubigen geistlich betreut hatte, stellte sich für die täglichen Andachten und die geistliche Betreuung der Patienten zur Verfügung und ein gläubiger pensionierter Finanzmann der Erzgrube übernahm die Finanzen und Rev. Mans die Verwaltung.

Für Mitte Mai war ½ Jahr Heimaturlaub geplant. Vor dem Abflug musste ich aber unsere Tochter Anne von der 350 km entfernten Internatsschule in Kabala abholen. Brigitte und die anderen Kinder waren ja in Deutschland. Etwa 70 km vor Kabala war die Brücke über einen kleinen Fluss zerstört und ich musste, wie all die anderen Fahrzeuge, neben der Brücke durch den Fluss fahren. Nach einigen km leuchtete meine rote Ölwarnlampe auf und ich stellte fest, dass ein Eisenteil im Fluss die Ölwanne des Motors beschädigt hatte und das Öl langsam heraus tropfte. Ich konnte den Wagen bei einem nicht zu weit entfernten Haus lassen und zwei katholische Priester nahmen mich in ihrem Fahrzeug mit nach Kabala zur Schule. Am nächsten Morgen brachte der Hausvater der Schule unsere Anne und mich zurück zu meinem Auto. Mit gut durchgekautem Kaugummi, der ja ölfest ist und durch Wärme aushärtet, verklebten wir die Schadensstelle und füllten meinen Motor mit mitgebrachtem Motoröl wieder auf. Ich konnte so die Rückfahrt antreten, so dass unserem Heimflug 2 Tage später nichts mehr im Wege stand.

Meine Frau Brigitte, die während des letzten halben Jahres mit unserem Eberhard in einem Gästezimmer der CBM gewohnt hatte, konnte eine Wohnung in Bensheim mieten. Unser großes Gepäck hatten wir in einer Tonne mit dem Schiff abgesandt. Als wir die Tonne nach ihrer Ankunft öffneten, bekam Brigitte nach etwa 4 Stunden wieder ihre Allergieanfälle. Nachdem wir dann mit einem besonderen Filter, das wir von der Universitätsklinik in Heidelberg erhielten, den Inhalt der Tonne abgesaugt hatten, erkannte man in Heidelberg um welche Allergieart es sich handelte. Man hatte aber noch kein Mittel gegen diese Art Erreger.

. Da ich Dr. Grüber, einen ehemaligen Missionar der DMG, persönlich kannte und dieser zur Zeit bei der „Christophel Blinden Mission", der CBM, für deren Arbeit in Afrika zuständig war, wandte ich mich wegen der Augenprobleme in Sierra Leone direkt an ihn. Nach längeren Verhandlungen zwischen der CBM, der EBM und Regierungsstellen in Sierra Leone, wobei uns der Verantwortliche für das Gebiet Lunsar, der Minister Bai Kobolo, half, erhielten wir die Erlaubnis in Lunsar, eine offizielle Augenklinik aufzubauen, die dann die CBM finanzieren wollte.

Weil unser Eberhard bei Ende des Urlaubs ein halbes Jahr vor dem Abitur stand, und meiner Frau wieder die Allergieanfälle, besonders in der ersten Jahreshälfte bei Besuchen in Freetown, drohten, entschied die Mission, dass sie mit unserm Eberhard nach seinem Abitur nachkommen solle. Ich flog also mit unserer Anne allein nach Freetown. Bei meinem ersten Besuch in Lunsar nach dem Urlaub, stand neben dem Wohnhaus von Silvanus Valcarcel, der nach Beendigung seines Studium die Gemeinde in Lunsar betreute, ein Versammlungsraum, den er mit der Gemeinde aus Baumstämmen und Wellblech gebaut hatte. Dieser war 2 - 2,5 m hoch und hatte einfache Holzbänke und wenn man sehr eng zusammenrückte, konnten 200 Personen einen Sitzplatz finden. Wenn mehr Leute kamen, standen sie innen oder außen an den Wellblechwänden. Ich konnte auch gleich in Lunsar eine Taufe in einem kleinen Flüsschen erleben.

Silvanus, bat mich kurz nach meinem Kommen, ihn doch auf einem evangelistischen Einsatz im 14 km entfernten Gbom Limba zu begleiten. Da man den Ort wegen einer 1 m breiten Brücke nicht mit dem Auto erreichen konnte, nahm er mich auf seinem Moped mit. Mehrere Gemeindeglieder kamen auch per Fahrrad oder zu Fuß und besuchten die einzelnen Familien dort und luden sie ein, am Nachmittag zur großen Veranda des Häuptlings zu kommen. Er war als Patient im Warteraum unserer Behelfsaugenklinik von der dortigen Evangelistin angesprochen worden und hatte uns in sein Dorf eingeladen. Es kamen zu meinem Erstaunen fast alle Dorfbewohner. Ein Teil von ihnen gehörte zum Temnestamm und ein anderer zum Limbastamm und so wurden die Predigt und auch die Zeugnisse der Gemeindeglieder in die jeweils andere Sprache übersetzt. Als Silvanus zum Schluss, meiner Meinung nach, den großen Fehler machte, in diesem rein moslemischen Dorf schon beim ersten Besuch zu fragen, ob jemand Jesus Christus nachfolgen wolle, war ich doch erschrocken. Zu meinem Erstaunen hoben nach und nach etwa 14 Personen ihre Hand, einschließlich dem Dorfhäuptling. Auf die weitere Frage von Silvanus, den das selbst erstaunt hatte, ob sie ihn auch recht verstanden hätten, erklärte der Häuptling, dass sie die Sendungen des Evangeliumssenders Elwa in der Temnesprache schon seit längerer Zeit hörten und darauf warteten, dass jemand käme, ihnen zu helfen eine Gemeinde zu gründen. Man beriet sie und drei Wochen später hatten sie schon einen Gemeindeleiter gewählt und einen jungen Mann zur theologischen

Ausbildung zu uns gesandt. Ein Jahr später konnte ich dabei sein, als der erste Spatenstich für ein Gotteshaus gefeiert und nach einem weiteren Jahr ihr neu gebautes Gotteshaus eingeweiht wurde. Es dauerte nur 2 ½ Jahre, bis sie einen eigenen Pastor selbst finanzierten .

Am 13. Februar zog ich dann selbst nach Lunsar. Wir hatten am Rande der Stadt, direkt an der Straße nach Makenni, ein Holzhaus sehr günstig erwerben können. Es gehörte der Universität in Freetown, wurde aber seit langem nicht mehr benutzt und war völlig ausgeraubt worden. Ich machte mich mit meinem, aus Freetown mitgenommenen sehr geschickten und zuverlässigen Hausburschen Lamina, sofort an die Renovierung. Nachdem wir einen neuen Stromanschluss bekamen und ich eine Wasserleitung von der Straße zum Haus verlegen konnte, wurde es bewohnbar. Bei einem späteren Buschbrand wäre es beinahe abgebrannt.

Während unseres Heimataufenthalts wurde ja beschlossen, dass die CBM bereit sei, in Lunsar den Bau einer neuen Augenklinik und deren Unterhalt zu finanzieren. Auch sollte die Zentrale der EBM nach dort verlegt werden, weil diese viertgrößte Stadt zentraler lag und ein besseres Klima hatte als Freetown. Ich machte mich also an die Planung der neuen Augenklinik. Weil der Augenarzt der einzigen kleinen Missionsaugenklinik des Landes nach Amerika zurückkehren musste, und die Methodistische Mission erfahren hatte, dass wir in Lunsar eine Augenklinik planten, bot sie uns die neun gut ausgebildeten einheimischen Mitarbeiter und die Ausrüstung ihrer Klinik an. Dankbar übernahm ich die angebotenen jungen Leute mit der Ausrüstung und diese erweiterten zunächst sehr die Behandlungsmöglichkeiten in den renovierten Polizeigebäuden.

Über das Gebiet um Lunsar herrschte der erwähnte Staatsminister Bai Kobolo, den sein Bruder während dessen Pflichten in Freetown, in Lunsar vertrat, und den Rev. Mans von der Schulzeit her kannte. Er hatte uns, wie schon erwähnt, bei den Verhandlungen wegen der Augenklinik mit der Regierung, die sie gern nach Freetown gehabt hätte, sehr geholfen. Als wir dann von Ihm die notwendige offizielle Erteilung der Erlaubnis zur Gründung einer Gemeinde und dem Bau einer Augenklinik in seinem Gebiet einholen wollten, entschied er, dass die Entscheidung darüber auf seinem Landsitz vor all den Häuptlingen der Ortschaften seines Gebietes geschehen solle. Es war Landessitte, dass bei einer solchen Angelegenheit der Antragsteller einen bestimmten Betrag, das sogenannte Handgeld, dem für das Gebiet Verantwortlichen überreichte und dieser dafür die offizielle Erlaubnis erteilte und die Verantwortung für die Sicherheit der Antragsteller übernahm. Ein solcher Antrag konnte natürlich abgelehnt werden und Minister Bai Kobolo, der eine katholische Schule besucht hatte, hatte bereits die Anträge von zwei anderen evangelischen Missionen abgelehnt. Als ihm nun auf dem geplanten Treffen Rev. Mans vor all den anderen Häuptlingen unseren Antrag überreichte und das Handgeld übergeben wollte, lehnte er zu unserem Entsetzen das Handgeld ab, was eigentlich eine Ablehnung des Antrags bedeutete. Rev. Mans bot dann an, es unter die anderen Häuptlinge zu verteilen. Darauf sagte Herr Bai Kobolo, dass er es grundsätzlich ablehne, dass die Missionare, welche Heimat und Freunde verlassen, um den Menschen in Afrika zu helfen, dafür noch bezahlen sollten. Er bedankte sich dann für unser Kommen und Handeln.

Danach wandte er sich an seine Häuptlinge und sagte: "Ich muss Euch etwas mitteilen und mein Bruder hier neben mir ist Zeuge, weil ich es ihm auch schon heute morgen erzählt habe. In dieser Nacht sah ich im Traum ein großes Feld auf dem viele in herrliche Gewänder gekleidete Priester standen. Plötzlich erschien ein Licht hoch am Himmel über ihnen. Das Licht kam immer näher und wurde immer heller und in ihm erschien plötzlich die Gestalt von Jesus Christus. Als es dann kurz vor mir plötzlich verschwand, blickte ich wieder zur Erde wo die vielen Priester noch standen, aber erbärmlich anzuschauen, weil all ihr Schmuck und ihre Herrlichkeit vom Licht verbrannt waren. Dies erschütternde Bild, erschreckte mich tief.“ Dann wandte er sich an uns und sagte: „Ich wünsche, dass ihr meinem Volk Jesus Christus das wahre Licht bringt. Alles Land das ihr braucht und das mir persönlich gehört, steht euch zur Verfügung.“ Wir waren doch sehr überrascht. Ich bat dann gleich um ein größeres Gelände für die neue Augenklinik und er sagte, dass ich es selbst wählen könne. Hatte Gott zu ihm gesprochen ?

Auf der anderen Straßenseite des von mir vor kurzem bezogen Hauses war ein großes noch freies Gelände das Minister Bai Kobolo gehörte . Auf ihm erhielt ich ein großes Stück Land dessenGröße ich wählen konnte. Er gab auch der Gemeinde an einer zentralen Stelle der Stadt ein ausgezeichnetes Grundstück für eine Kirche und zahlte den moslemischen Imamen etwa 20 000 DM zum Bau einer neuen Moschee, um ihren Unmut über sein Handeln zu besänftigen. Ich fertigte nun die erforderlichen Zeichnungen für die Augenklinik und die Kirche an, wobei mir meine Frau half, die ja Technische Zeichnerin ist. Sie war ja inzwischen auch mit unserem Eberhard nach Lunsar gekommen und hatte die Verwaltung der Behelfsaugenklinik übernommen. Die CBM hatte zwar bereits Pläne von einem deutschen Architekten für die Augenklinik machen lassen, die ich aber ablehnte, weil sie für unsere afrikanischen Verhältnisse ungeeignet und viel zu teuer waren. Ich baute dann die von der CBM gewünschten Gebäude wesentlich billiger.

Von unseren Missionsfreunden in Deutschland, und besonders von der Gemeinde Hermannshöhe in Bochum, erhielten wir die notwendigen Mittel für den Bau einer Kirche und so konnte ich auf dem geschenkten Grundstück in der Stadt eine große sechseckige Kirche mit 400 Sitzplätzen, einem Taufbecken und einem direkt angefügten Jugendzentrum, bauen lassen. Dessen Hauptraum mit weiteren 100 Sitzplätzen konnte durch große Türen an der Rückseite der Kirche mit dieser direkt verbunden werden.

Da es in ganz Sierra Leone keine Christliche Konferenzstätte gab, und man immer auf Schulräume in den Ferien angewiesen war, entwarf ich neben den Plänen für die Augenklinik und die Kirche auch ein Gebäude mit einem großen Versammlungssaal, 14 Schlafräumen mit je 4 Doppelstockbetten, also Möglichkeiten für 112 Teilnehmer, Wasch- und Toilettenräume, einem zusätzlichen Unterrichtsraum und einer Küche mit Vorratsraum. Da es auch als medizinisches Schulungszentrum benutzt werden sollte, konnte ich es auf dem Gelände für die Augenklinik bauen lassen und auch Gelder der CBM mit verwenden. Ostern 1975 konnten wir bereits in diesem Gebäude eine Osterkonferenz der Evangelischen Allianz durchführen. In ihm fanden dann auch andere Konferenzen, medizinische Kurse und sogar Jugendfreizeiten statt. Langsam entstanden auch ein Gebäude nach dem anderen für die Augenklinik mit Wohnräumen für die Mitarbeiter und Unterkünften für die Angehörigen der Patienten, die, wie in Afrika üblich, die Patienten zu verpflegen hatten, weil die verschiedenen Stämme andere Speisegesetze haben.

Die Gemeinde in Lunsar wuchs ständig. An 4 Tagen in der Woche fuhren mehrere Teams mit dem VW-Bus in die umliegenden Dörfer. Dort gingen sie von Haus zu Haus und luden für eine anschließende Versammlung ein. Durch ihre Zeugnisse kamen ständig Leute zum Glauben und kleine Gemeinden entstanden. In dem kleinen kaum 200 Leute fassenden Gottesdienstraum in Lunsar selbst hatte man vor Fertigstellung der neuen Kirche oft am Ende des Gottesdienstes den Eindruck in einer Sauna zu sitzen und man betete viel für ihre baldige Fertigstellung der neuen Kirche.

Für Mambolo, das jetzt auch Außenstelle des Bibelkollegs geworden war, konnte man mit 21 Studenten starten. Man hatte auch ein örtlich gebautes Boot mit einem 40 PS Motor erwerben können, in dem Elisabeth Eckel, die eine der Krankenschwestern, mit dem dortigen Evangelisten die Flussdörfer und die nicht zu fernen Inseln im Mündungsgebiet des Scarsiflusses besuchen konnte. Sie wären sonst über keine Straße zu erreichen gewesen. Bei ihrer 2. Besuchsfahrt zu dem einen Flussdorf warteten schon etwa 150 Patienten. Fünf Tage in der Woche war sie meist unterwegs und besuchte manchmal 2 der mohammedanischen Dörfer an einem Tag.

Der Bau der Augenklinik und der Kirche gingen gut voran. Für den Bau der Kirche in der Stadt hatte uns Gott einen örtlichen sehr fähigen Baufachmann geschenkt, der mich dort weitgehendst entlastete. Dieser hatte mir auch den Tipp gegeben, für die Zementhohlblocks, die wir selbst herstellten, den Abraum von der Erzgrube anstelle des Flusssandes zu benutzen. Durch den scharfkantigen Abraum sparten wir Zement und erhielten auch härtere Blocks. Den Abraum, den wir kostenlos bekamen, brachten uns die Lastwagenfahrer der Erzgrube am Feierabend auf ihrer Heimfahrt für geringen Lohn auf die Baustelle. Der übliche Flusssand war einschließlich Transport recht teuer. Durch einen Wechsel der Regierung in Nigeria wurde die Zementladung von drei Schiffen in Lagos verweigert und um sie zum weiteren Einsatz frei zu machen, brachte eines seine Ladung nach Freetown und bot sie dort kostenlos an. Ein befreundeter libanesischer Baustoffhändler brachte uns davon über 200 Sack. Wieder hatte Gott uns mit Baumaterial beschenkt.

Gott hatte ja auch unsere Gebete in Bezug auf unseren Eberhard erhört. Er war nach Abschluss des Abiturs für ein Jahr bis zum 1.7.1976 vom Militärdienst zurückgestellt worden, um uns in Sierra Leone zu helfen. So konnte meine Frau im Mai, direkt nach Abschluss der Abiturprüfungen, mit Ihm nach Sierra Leone kommen. Da er sehr am Kfz - Handwerk interessiert war, baute er sich neben unserm Haus eine Reparaturgrube und übernahm die Pflege und Reparatur unserer Missionsfahrzeuge. Mit unserem Hausburschen freundete er sich bald an und dieser bewahrte ihn einmal vor dem Angriff einer giftigen Kobra, die sie erschlugen.

Da wir immer wieder überrascht waren, wie die Moslem des Temnestammes durch die Radiosendungen von ELWA innerlich auf das Evangelium vorbereitet waren, fasste ich den Entschluss, ein Tonstudio zum Herstellen von Radiobotschaften auch in anderen der 16 Stammessprachen zu schaffen. Für die Sommerferien wollte ja unser ältester Sohn mit 2 anderen Studenten kommen, der inzwischen ein Studium am Theologischen Seminar in Hamburg begonnen hatte. Mit Ihm kamen zwei andere Studenten. Es waren der vielen bekannte Heiner Rust und der Elektronikspezialist Hans-Jürgen Meier. Ich bat sie, das notwendige Material für ein solches Studio mitzubringen. Ich konnte von einer anderen Mission ein Studiotonbandgerät erwerben, die Ähnliches geplant, aber aus Personalmangel aufgegeben hatte. Das Gebäude für das Studio wurde in kurzer Zeit auf dem Gelände der Augenklinik aufgebaut.

Als unser Sohn und die zwei anderen Studenten am 1. Juli kamen, konnten sie das Studio einrichten. Sie hatten auch die Bauteile für eine elektronische Orgel mitgebracht, welche die Gemeinde in Delmenhorst für die neue Kirche gespendet hatte. Sie bauten auch diese in Kürze unter Benutzung von schönem Edelholz zusammen. Für die Herstellung der Sendungen hatte Gott gerade rechtzeitig einen Mitarbeiter des Landesrundfunks geschenkt, dessen Frau Glied einer unserer Gemeinden in Freetown war, und der sich selbst Wochen vorher bekehrt hatte. Die drei Studenten waren uns auch sonst eine große Hilfe bei vielen praktischen Arbeiten. Gott hatte wieder für die notwendige Hilfe gesorgt.

Auf dem Klinikgelände hatte ich auch inzwischen ein Wohnhaus für Rev. Mans und seine Familie gebaut, weil unsere Missionszentrale nach Lunsar verlegt worden war. Er sprach außer mehreren Stammessprachen, auch fließend Englisch und etwas Deutsch. Er und einige andere besprachen nun die Tonbänder und fügten Lieder hinzu und sandten sie nach Monrovia zum Sender ELWA, der sie ausstrahlte. So konnten wir das Evangelium in noch unerreichte moslemische Dörfer senden lassen, in denen dann später wie uns berichtet, die Kinder die ELWA- Lieder auf der Straße sangen.

Bald konnten wir auch die ersten Gebäude der neuen Klinik in Benutzung nehmen und von der behelfsmäßigen Klinik in die neue umziehen. Meiner Frau Brigitte war ja nach ihrem Kommen die Verwaltung der entstehenden Augenklinik übergeben worden und Gott schenkte uns zu unseren bisherigen Mitarbeitern zwei gläubige einheimische Krankenschwestern, die beide für

Augenkrankheiten ausgebildet waren. Wir hatten aber auch ein großes Problem. Gewisse schwierige Operationen durfte unser Team nicht durchführen solange wir keinen Augenarzt hatten. Da sandte uns Gott einen sehr tüchtigen englischen Augenarzt. der einen freiwilligen halbjährigen Einsatz auf Hawaii machen wollte. Da dort nichts für seinen Einsatz vorbereitet war, kam es zu uns. Ich habe selten einen so angenehmen Engländer erlebt und durch ihn gewann die neue Klinik an Beliebtheit und Ansehen. Für seinen letzten Monat ließ er, wegen des großen Andrangs, sogar seine Frau, die auch medizinisch ausgebildet war, nach Lunsar kommen.

Unsere drei Studenten waren am Ende ihrer Ferien nach Hamburg zurückgekehrt. Bei einem Studententreffen berichtete unser Sohn mit Lichtbildern über die Augenklinik in Lunsar und bat, dass man doch vor allem um einen Augenarzt beten solle. Unter den Studenten war eine zukünftige Augenärztin im letzten Semester. Sie hatte schon über 10 Angebote für die Zeit nach Abschluss ihres Studiums. Aber nach dem, was sie über Lunsar hörte, war ihr klar, dass Gott sie dort gebrauchen wolle. Ihr Eintreffen anfangs Oktober sicherte dann auch die offizielle Anerkennung der Augenklinik durch das Ministerium für Gesundheit.

Unser Eberhard war uns wirklich eine ganz große Hilfe. Das, was wir den afrikanischen Arbeitern nicht zutrauen konnten, erledigte er. Da waren immer wieder Geräte zu reparieren. Er nahm mir nicht nur viele Autofahrten und Transportprobleme ab, sondern reparierte die Missionsfahrzeuge über der von ihm gebauten Reparaturgrube und schleppte liegengebliebene Fahrzeuge ab. Als die Frau des Schulleiters in Mambolo einmal mit ihren drei Kindern während der Regenzeit auf der Buschstraße zum 14 km entfernten Rokupur fuhr, um die Post zu holen, blieb ihr Auto auf einer überfluteten Brücke, wo das Wasser bis an die Autositze ging, stecken. Weil sie bis zum Abend nicht zurück kam fuhr ihr Mann sie zu suchen. Er fand sie und brachte sie und die Kinder nach Hause, musste aber den Wagen zurücklassen. Ein Bote wurde nach Lunsar gesandt, um Eberhard zu rufen. Drei Tage brauchte dieser, um den voll Wasser gelaufenen Motor auszubauen und trocken zu bekommen und den Wagen wieder flott zu machen. Er schlief in den zwei Nächten auf dem Rücksitz des Autos und die Moskito machten ihm schwer zu schaffen. Er sagte bei seiner Rückkehr, dass diese beiden Nächte nicht zu seinen schönsten Erfahrungen gehörten.

Am 25.Januar 1976 konnte dann die neue Kirche in Lunsar endlich offiziell eingeweiht werden. Hohe Regierungsvertreter von Freetown und verschiedene Kirchenführer, sowie Vertreter anderer Missionen, waren zur Einweihung gekommen. Bai Kobolo, der ja das Grundstück geschenkt hatte, schnitt zur Eröffnung das Band an einer der vier Türen eigenhändig durch. Was die hohen Herrn neben dem Gebäude selbst beeindruckte, war die Tatsache, dass zu dieser Kirche Glieder aus den verschiedenen Stämmen gehörten und Beiträge zum Programm in verschiedenen Stammessprachen gebracht wurden. Die Predigt wurde in Krio, der fast im ganzen Land gesprochenen Umgangssprache gehalten. In Sierra Leone, wie auch in Freetown hatte jeder Stamm gewöhnlich seinen eigenen Gottesdienst, manchmal auch mit einem anderen zu verschiedenen Zeiten, in der gleichen Kirche. Wir hatten dagegen zu Beginn des gemeinsamen Gottesdienstes immer eine „Chorus time“, in der Dankes- oder Loblieder in den verschiedenen Stammessprachen, auf Vorschlag von Gottesdienstbesuchern gesungen wurden. Dadurch fühlten sich die verschiedenen Stämme zugehörig. Im November konnten wieder 26 Menschen getauft werden. Auch die neue Kirche in Mambolo war inzwischen eingeweiht worden.

Seit Wochen machte mir meine linke Schulter zu schaffen. Die Schmerzen nahmen ständig zu und erfassten den ganzen Arm, so dass ich ihn kaum noch bewegen konnte. Wir baten unsere Missionsfreunde um Fürbitte. Ein amerikanischer Arzt ließ eine Röntgenaufnahme machen, die ich noch heute besitze, auf der sich ein starker Abnutzungsdefekt zeigte. Er sagte mir dann, dass man in Sierra Leone dagegen nichts machen könne und verordnete Schmerzmittel. Kurze Zeit danach bekamen wir eine Kassette von einem Familientreffen in Deutschland, auf der man mir versicherte, dass man täglich um Heilung für meinen Arm bete. Wir hatten zu dieser Zeit einen wöchentlichen

Gebetskreis mit Gliedern anderer Missionen und waren meist an die 20 im Kreis sitzende Teilnehmer. Es wurden dabei die Gebetsanliegen der einzelnen Missionen nacheinander genannt und dann jeweils dafür gebetet. Als wir wieder einmal beim Gebet an unseren Stühlen knieten, hatte ich den Eindruck, dass eine innere Stimme mir sagte, dass ich jetzt besonders für meinen Arm beten solle. Ich tat das still für mich und Gott erhörte mein Gebet und die Gebete all der anderen. Seit dem nächsten Morgen bis heute habe ich keine Schmerzen mehr in meinem Arm gehabt. Nach unserer späteren Rückkehr nach Deutschland stellte der Arzt im Tropeninstitut in Tübingen fest, dass im Schultergelenk wieder alles in Ordnung sei.

Weil meine Frau Brigitte in ihrer Aufgabe häufig nach Freetown musste, um Medikamente zu besorgen oder mit Behörden zu verhandeln, hatte sie bald wieder ihre Beschwerden. Diese wurden jedes Mal kritischer und reagierten nur noch auf Antibiotika. Die Leitung der DMG beschloss daher, dass wir im Mai mit unserem Sohn Eberhard zusammen Sierra Leone für einen neuen anderen Einsatz verlassen sollten. War unser Auftrag für Sierra Leone erfüllt und wollte Gott uns durch die Allergie meiner Frau in einen neuen Auftrag führen? Mit der Rückkehr von Schwester Schwermer aus dem Heimaturlaub, war auch eine Ablösung von Brigitte gesichert. Mich sollte Rev. Mans ablösen.

Was uns den näher rückenden Abschied von Sierra Leone erleichterte, war die Tatsache, dass Gott fähige und zuverlässige einheimische Mitarbeiter für den Bau seiner Gemeinde geschenkt hatte. Von überall aus den Gemeinden kamen frohmachende Nachrichten. In der Woche vor Ostern konnten wir im in Lunsar das erste Jugendlager durchführen und anschließend die jährliche Osterkonferenz der Evangelischen Allianz mit über 100 Teilnehmern. In der Gemeinde in Lunsar wurden dabei 8 junge Menschen getauft und In Freetown hatten wir eine weitere Taufe mit 12 Menschen.

Am 16. Mai 1976 verließen wir dann, nach mehreren herzlichen Abschiedsfeiern, Sierra Leone. Da die „Britisch Airlines“ bei Buchung eines Fluges nach London einen Freiflug von dort nach jedem gewünschten Flughafen Europas anbot, benutzten wir diese Fluggesellschaft. Wir besuchten in London Dr. Keast-Buttler und seine Frau, die uns freiwillig in Lunsar geholfen hatten und flogen von dort nach Paris, um den Präsidenten der EBM zu besuchen. Von dort ging es nach Dortmund, wo uns die beiden Verantwortlichen für Missionsarbeit von der Gemeinde „Hermannshöhe“ abholten um in dieser Gemeinde gleich den ersten Bericht von Gottes Handeln in Sierra Leone zu geben. Von Bochum ging es zum Buchenauerhof, der Missionszentrale der DMG, wo ein großes Dachzimmer auf uns wartete und ich, nach einem Schulungskurs in Bad Liebenzell, ab 1. Januar 1977 eine neue Aufgabe in der Missionsleitung übernahm.

Für meine Frau und mich waren die Jahre in Sierra Leone am „Grab des weißen Mannes“ sicher nicht leicht und mit mancher Mühsal und auch Enttäuschungen verbunden, aber das Positive und die Freude am Handeln unseres Herrn Jesus Christus haben doch bei weitem überwogen, wofür wir dankbar waren und die wir auch nicht missen möchten. Nachdem wir ein schönes sehr günstiges Einfamilienhaus mieten konnten, begann ich meine neue Aufgabe in der DMG-Zentrale. Dort arbeitete ich acht Jahre in mehreren Bereichen bis zu meiner Pensionierung.

Erlebnisse in vier Ländern

Vom 6.Jan – 13.Feb. 1982 sollte ich im Auftrag der DMG und der EBM 4 Länder in Afrika aus verschiedenen Gründen besuchen und dabei einen 16 mm Farbfilm drehen. Meine Frau Brigitte durfte mich begleiten. Als wir am Abflugtag morgens beim Frühstück saßen, erschreckte mich ein Aufschrei meiner Frau. Entsetzt starrte sie auf eine ihrer Zahnkronen, die sie zwischen ihren Fingern hielt. Eigentlich war das ja kein großes Unglück, aber wir mussten uns nach dem Frühstück auf den Weg machen, weil wir am frühen Nachmittag unser Flugzeug von Stuttgart nach

Amsterdam zu erreichen hatten, um am nächsten Morgen weiter nach Sierra Leone in Westafrika zu fliegen. Leider war unser Zahnarzt gerade in Skiurlaub und um einen anderen aufzusuchen reichte die Zeit nicht. So machten wir uns mit der provisorisch auf den Zahn gesteckten Zahnkrone auf den Weg. Unser Auto konnten wir in Stuttgart bei unserem Freund und ehemaligen Studienkameraden Gerhard Ziegler, dem bekannten Komponisten vieler Lieder des Hänssler Verlages, lassen. Er brachte uns auch zum Flugplatz. Wir hatten dann einen guten Flug nach Rotterdam, das wir am frühen Abend erreichten, und wo uns die Fluggesellschaft in ein Hotel einwies, weil unser Flug nach Sierra Leone erst am nächsten Morgen startete.

Beim Einsteigen ins Flugzeug am nächsten Morgen erlebten wir eine kleine Überraschung. Drei Reihen vor uns saß Bill Roberts, mit dem ich das Jugendzentrumsprojekt gemeinsam betrieben hatte. Da neben ihm 2 Plätze frei waren, setzte ich mich zu ihm. Plötzlich hörte ich, dass sich ein älteres Ehepaar hinter uns über Missionsstationen unterhielt. Neugierig geworden fragte ich, ob sie Missionare seien. Sie verneinten das, teilten mir dann aber mit, dass sie in Sierra Leone einige Missionsstationen der Wesleyan Methodist Church besuchen wollten. Sie erzählten mir dann auch, dass auf der anderen Seite des Ganges ein Zahnarztteam mit ihnen reise, das seinen Urlaub dazu benutzen wolle, die Kinder in den Schulen ihrer Mission kostenlos zu behandeln. Dieses Zahnarztteam hätte auch eine vollständige mobile Zahnarztausrüstung bei sich. In einem Gespräch mit den beiden Zahnärzten, denen wir das Problem meiner Frau mitteilten, erfuhren wir, dass sie ihr erstes Quartier in der Augenklinik unserer Mission in Lunsar haben würden, wo auch wir unsere erste Unterkunft haben sollten.

Vom Flugplatz Lungi holten uns zwei frühere Mitarbeiter ab. In Freetown konnte ich meinen alten sierraleonischen Führerschein wieder erneuern lassen, und man stellte uns einen Geländewagen zur Verfügung, mit dem wir dann mit all unserem Filmgepäck zur 130 km entfernten Augenklinik in Lunsar fahren konnten. Dort trafen wir die Zahnärzte wieder, die meiner Frau dann fachgerecht ihre Krone auf dem Zahn befestigten. Unser himmlischer Vater hatte wieder einmal dafür gesorgt, dass das Zahnproblem meiner Frau so schnell selbst in Afrika gelöst werden konnte.

Mit dem zur Verfügung gestellten Geländewagen konnten wir dann unsere nördlichste Missionsstation in Mambolo besuchen. Was uns auf dieser Fahrt erschütterte war, dass die vor einigen Jahren neu ausgebaute und asphaltierte Straße dort hin, jetzt fast aus lauter Löchern bestand. Die Klinik in Mambolo wurde zur Zeit von einer einzigen deutschen Krankenschwester mit einheimischen Helfern betreut. Der Paramountchief, hatte der Schule ein ungenutztes Sumpfgebiet überlassen. Die Schüler hatten dann in ihrer Freizeit das Sumpfgebiet entwässert, und jeder hatte ein Stück Land davon bekommen, das er unter Anleitung der Lehrer bebaute. Die geernteten Früchten durften sie für die eigene Ernährung benutzen oder verkaufen und damit auch ihr Schulgeld bestreiten. Man hatte auch für die Schüler, die von außerhalb kamen, bewusst kein Schülerwohnheim gebaut, weil diese oft Brutstätten für manches Übel sind. Anstelle dessen hatte man die Glieder der örtlichen Gemeinde ermutigt die Schüler, die von entfernteren Gebieten kamen, in ihre Häuser aufzunehmen. Die Schule stellte ihnen Darlehen zur Verfügung, mit denen sie zusätzliche Schlaf- und Wohnräumen an ihre Häuser für je 3-4 Schüler anbauen konnten. Für deren Betreuung wurde ihnen laufend ein festgelegter Betrag des Darlehens getilgt. Nach der Tilgung desselben erhielten die Betreuer oder Pflegeeltern für weitere Betreuung einen dafür vereinbarten Betrag.

Wieder zurück in Lunsar konnten wir auch am Gottesdienst teilnehmen. Im Laufe der letzten Jahre war die Gemeinde auf 360 Mitglieder angewachsen und hatte inzwischen durch ihren Einsatz in den umliegenden Dörfern 10 neue Gemeinden und 7 weitere Predigtplätze gründen können. Die im Tonstudio hergestellten Sendungen wurden vom Missionssender ELWA bereits in 7 der 16 Stammessprachen ausgestrahlt, so auch in den Sprachen dieses Gebietes. Auch in der Augenklinik hörten die Patienten in den täglichen Andachten das Evangelium und luden oft zum Kommen in ihr Dorf ein.

Die Augenklinik in Lunsar, die jetzt immer noch einzige in Sierra Leone und den Nachbarländer, war vor einem Jahr mit ihren drei ausländischen Augenärzten und einem gut geschulten Personal zu einem Augenkrankenhaus erweitert worden. Selbst aus den näher liegenden Ländern kamen Patienten nach Lunsar, da sich die nächste Augenklinik in Kano im Norden Nigerias befand. Während unseres Aufenthalts in Lunsar konnten wir auch an einem Einsatz eines Teils der Mitarbeiter des Augenkrankenhauses in einer ferneren Stadt teilnehmen. Schon morgens vor 5 Uhr ging es mit dem VW-Bus, und Frau Dr. Köth und mehreren Mitarbeitern dort hin. Über Radio hatte man an den Vortagen den Besuch angekündigt und die Räume einer größere Mittelschule standen für unser Kommen bereit. Überrascht waren wir über die hohe Zahl der Leute die kamen. Es wurden 430 Patienten registriert und behandelt, darunter eine Reihe Blinder, die herbeigeführt wurden. Alle Schüler der benutzten Schule wurden auch untersucht, und so weit notwendig, behandelt und mit Medikamenten versorgt. Sehr viele die kamen litten an der Flussblindheit, sehr oft schon in fortgeschrittenem Zustand. Durch Medikamente kann man deren Erreger abtöten und so die Augen vor weiterer Zerstörung bewahren. Denen, die eine Operation benötigten, riet man das Augenkrankenhauses in Lunsar aufzusuchen und ermutigte sie dazu. Meine Frau half fleißig mit, während ich Filmaufnahmen machte. Der ganze Einsatz dort dauerte etwa 10 Stunden und gegen 23.30 Uhr waren wir wieder zurück.

Große Freude hatten wir auch beim Besuch eines Gottesdienstes in Gbom Limba, der ersten Tochtergemeinde von Lunsar, über deren Entstehung ich bereits berichtete. Sie war inzwischen selbständig geworden und war dabei, sich ein neues, weitaus größeres Gemeindehaus zu bauen, weil ihre Mitgliederzahl ständig wuchs. Uns fiel bei unserem Besuch am Sonntag etwas auf, was wir noch nirgends erlebt hatten, nämlich dass alle Leute nach Ankunft im Gottesdienst dort still beteten bis der Gottesdienst begann. Auch als die kleine Kirche voll war, stellten sich die weiteren Besucher außen an die Fenster und beteten dort bis zum Beginn des Gottesdienstes, dem sie über Lautsprecher folgten. Nach dem Gottesdienst gab es aber dann ein um so froheres Grüßen und Austauschen.

Der eigentliche Anlass unseres Besuches in Sierra Leone war die Eröffnung und Einweihung des endlich fertiggestellten großen Jugendzentrums in Freetown. Da ich ja mit dem Missionar, den wir im Flugzeug getroffen hatten, das Jugendzentrum geplant, sowie das Grundstück besorgt hatte, und auch sonst wesentlich an seinem Entstehen beteiligt war, hatte man mich gebeten, bei der Einweihung die Schlüssel an den jetzt verantwortlichen Sierraleoner zu übergeben. Es war frohmachend während der Einweihungsfeier all die vielen Jugendlichen, von denen viele schon gläubig waren, bei ihren musikalischen und anderen Darbietungen zu bewundern und auch ihr großes Interesse an dieser, für sie geschaffenen Stätte zu sehen. Frohmachend war auch das Zeugnis einiger, die bezeugten, wie Gott doch so wunderbar beim Bau dieses vierstöckigen vielfach nutzbaren Jugendzentrums, trotz seiner mehrjährigen Bauzeit, geführt und geholfen hatte.

Nach unserem dreiwöchigen Aufenthalt in Sierra Leone flogen wir weiter nach Monrovia, der Hauptstadt Liberias, um da im Auftrag der DMG den Einsatz der ersten, von ihr in diesem Land eingesetzten Missionarin, vorzubereiten und einige Fragen dazu zu klären. Leider hatte sich der Missionar, der uns am Flugplatz abholen wollte, verspätet. Wir standen nun mit unseren 70 kg Gepäck in der bereits fast leeren Wartehalle und warteten. Ich ging dann hinaus um mich draußen umzuschauen, ob dort eventuell jemand nach uns suchte. Brigitte, die allein bei dem Gepäck blieb, sah plötzlich zwei kräftige jüngere Männer, die sie beobachteten und sich in verdächtiger Weise langsam näherten. Ihr war klar, dass sie nichts machen könnte, wenn einer ein Gepäckstück ergreifen würde und damit fortlief, denn sie konnte das andere Gepäck nicht dem zweiten überlassen. Nach einem Gebet um Bewahrung gab ihr Gott die Idee den Riemen von meinem

Kamerastativ durch alle Tragegriffe der Koffer zu ziehen und sich darauf zu setzen. Daraufhin entfernten sich die beiden Burschen.

In Monrovia, das ich ja schon ein wenig kannte, konnten wir das nahe am Strand liegende und mit einer Klimaanlage ausgerüstete Gästehaus der SIM benutzen. Mit einem Geländewagen fuhr uns dann früh am nächsten Tag der Feldleiter für Liberia zu der Missionsstation, auf der unsere neue DMG Missionarin Renate Isert eingesetzt werden sollte. Die Straßen, oder sagen wir besser, die mit einem geeigneten Fahrzeug benutzbaren Wege, waren auch nicht viel besser als in Sierra Leone. Auf der Station selbst, waren schon zwei Familien eingesetzt, von denen wir die eine noch von Äthiopien her kannten. Diese arbeitete in der bereits vorhandenen Klinik. Eine Schule wurde vom zweiten Ehepaar vorbereitet. Renate sollte nun vor allem im Gemeindebau eingesetzt werden. Erstaunt waren wir, dass man immer noch, anstelle des zweiten Wohnhauses, einen ungewöhnlich großen Campinganhänger mit einem Vorbau benutzte. Wie hatte man den nur hierher über diese Straßen bringen können?

Nach gut einer Woche in Liberia flogen wir weiter nach Benin, dem ehemaligen Dahome, um die Radlingmairs, unsere dortigen DMG Missionare, zu besuchen und einiges zu klären und ihre Arbeit zu filmen. Wir hatten keine Ahnung, was uns dort erwartete. Vor gut 4 Wochen hatten wir einen Luftpostbrief an die SIM in Kotonu, der Hauptstadt des Landes, gesandt und den Zeitpunkt unserer Ankunft mitgeteilt. Nachdem wir alle Kontrollen am Flugplatz passiert und unser Gepäck erhalten hatten, standen wir am Ausgang des Flughafens und niemand war da, um uns abzuholen. Dafür bestürmten uns etwa sechs Taxifahrer, deren Französisch wir kaum verstanden und denen wir klar zu machen versuchten, dass wir abgeholt würden. Wir wussten ja nicht, dass unser Luftpostbrief noch nicht eingetroffen war. Als wir lang genug gewartet hatten wandten wir uns an die Taxifahrer. Leider wusste keiner von ihnen, wo das SIM Quartier sei. Zu den Taxifahrern gesellte sich dann einer, der leidlich englisch sprach und behauptete zu wissen, wo die SIM sei. Da wir ja afrikanische Verhältnisse kannten, machten wir mit ihm einen festen Preis für die Fahrt aus, bevor wir uns ihm anvertrauten.

Nach einer viertelstündigen Fahrt zur Stadt hielt er vor einem Geschäft, um sich dort zu erkundigen, wo die SIM zu finden sei. Aber dort wusste man es auch nicht. Ich bat dann, das im Raum vorhandene Telefon benutzen zu dürfen, und man fand in einem alten Telefonbuch sogar die Nummer der SIM. Doch leider war die Leitung dorthin gestört, so dass ich nichts erreichte. Auch die Leitung zur American Baptist Mission, die wir herausfinden konnten, war gestört. Der Taxifahrer erhielt dann von dem Geschäftsinhaber die Adresse der Methodistenmission und entschloss sich dahin zu fahren, in der Hoffnung, dass man dort etwas über die SIM wisse. In der Methodistenmission trafen wir als Einzigen einen älteren afrikanischen Pastor an, der erst seit zwei Wochen in der Stadt war und uns auch nicht helfen konnte. Nachdem er uns freundlich mit kalten Getränken bewirtet hatte, konnten wir erfahren, wo eine katholische Mission sei. Wir fanden sie auch, doch leider sprach man dort Italienisch. Dort war aber der amerikanische Ehemann einer Italienerin, der wusste, wo die amerikanische Baptisten Mission war. Mit seinem Motorrad führte uns hin. Dort kannte man die SIM sehr gut und der Missionar, mit dem wir sprachen, riet uns zunächst den Taxifahrer zu entlassen, der uns praktisch 2 ½ Stunden umhergefahren hatte. Dieser forderte dann einen der Fahrzeit entsprechenden Betrag von uns. Da wir aber den Fahrpreis am Flughafen fest gemacht hatten, und er uns durch eine Lüge zu dieser Fahrt gezwungen hatte, weigerten wir uns die geforderte hohe Summe zu zahlen, zahlten dann aber doch etwas mehr, weil der Mann uns letztlich leid tat. Der amerikanische Missionar lud uns dann mit unserem Gepäck in sein Auto und fuhr uns zur SIM.

Als wir dort ankamen, gab es eine große Überraschung, denn uns öffnete der Missionar Fritz Radlingmair, den wir auf seiner etwa fünfhundert km entfernten Station besuchen wollten. Als er uns erblickte, sagte er nur. „Das ist vom Herrn“. Er war nämlich nicht unseretwegen hier, denn man hatte den vor vier Wochen abgesandten Luftpostbrief noch nicht erhalten. Der Grund, warum er hier in Kotonu war und nicht auf seiner Station, war fast noch abenteuerlicher als unser Erlebnis. Fünf Wochen früher war der Bibelübersetzer Rudi Kassühlke in Kotonu angekommen, um auf der einzigen Bahnlinie des Landes die Station Tchatchou der Radlingmairs, zu der auch wir jetzt wollten, und die am Ende der Bahnlinie lag, zu besuchen. Ihm war es dabei so ähnlich ergangen wie uns, dass er nämlich keinen fand, der die SIM kannte, wo er übernachten wollte. Er fand außerdem kein freies Zimmer in einem der Hotels, bis er mit einem guten Bestechungsgeld endlich kurz vor Abend ein Dachzimmer fand. Am nächsten Morgen stellte er dann beim Verlassen seiner Unterkunft fest, dass er keine hundert Meter von der SIM entfernt geschlafen hatte. Erschüttert machte er sich dann mit der Bahn auf den langen Weg nach Paraku, wo er per Telefon Fritz Radlingmair erreichte, der ihn auf seine 20 km entfernt Station holte. Über vier Wochen arbeiteten sie dann gemeinsam an einer notwendigen Korrektur der Übersetzung der Bibel in die Fulaniesprache.

Am Tage seiner Rückreise nach Kotonu brachte ihn Fritz am Nachmittag nach Paraku zum wöchentlich zweimal verkehrenden Schnellzug, der einige klimatisierte Wagen hatte und hier am Ende der Bahnlinie schon stundenlang vorher bereit stand. Er sollte abends um 20.oo Uhr abfahren und am nächsten Morgen in Kotonu sein, so dass Rudi Kassühlke sein Flugzeug am Mittag erreichen könnte. Missionar Radlingmair ließ ihn im Zug und fuhr zur Station zurück. Als der Zug um 22.oo Uhr immer noch stand, ging Rudi Kassühlke zum Bahnhofspersonal und erfuhr dort, dass auf der eingleisigen Strecke ein Gegenzug entgleist sei, und es deshalb wahrscheinlich mehrere Tage dauern würde, bis die Strecke wieder frei sei. Sofort machte er sich auf den Weg zur Station einer anderen Mission in der Stadt und der dortige Missionar fuhr ihn zur Station von Radlingmairs, wo er etwa um 2.oo Uhr nachts eintraf. Fritz, aus dem Schlaf geschreckt, machte sich sofort mit ihm auf den Weg, und sie erreichten gerade noch das Flugzeug am Mittag kurz vor dem Abflug. Fritz Radlingmair suchte dann die SIM in Kotonu auf, um nach Post zu fragen, verschiedene Sachen für seine Station mitzunehmen und einiges zu erledigen. Da das länger als erwartet gedauert hatte und er sich nach der nächtlichen langen Fahrt sehr erschöpft fühlte, entschied er sich gegen 16 Uhr nicht am selben Tag zurückzufahren, sondern bei der SIM in Kotonu zu übernachten. Eine halbe Stunde nach dieser Entscheidung standen wir vor der Tür. Auch hier sahen wir wieder die wunderbare Führung und Planung unseres Vaters im Himmel.

Fritz nahm uns am nächsten Tag mit auf seine Station und ersparte uns nicht nur das Warten bis die Bahnlinie wieder frei sein würde, sondern auch viele Schwierigkeiten mit unserem 70 kg Gepäck. Auf der Station, wo Radlingmairs mit ihrer Tochter Heidi als einzige Weiße lebten, wurden wir Zeuge der Ausbildung von einheimischen Pastoren, Evangelisten und anderer Mitarbeiter der Gemeinde. In diesem kommunistischen Land waren die meisten Bewohner Moslems, die zum größten Teil vor vielen Jahren von arabischen Händlern zum Islam gezwungen wurden, und stecken vielfach noch heute tief im Heidentum. Wir konnten auch Missionar Radlingmair beim Brunnenbau in einem Dorf beobachten, wie er selbst tief unten zwischen den von ihm gegossenen Betonringen die Pumpe montierte. Dann konnten wir ihn auch bei der Übersetzungsarbeit in die Fulanisprache mit einem einheimischen Helfer filmen, und eine Getreidemühle besichtigen, die Missionsfreunde aus Deutschland gesandt hatten, um den Frauen die schwere Arbeit des Mahlens abzunehmen. Er hatte diese nun in einem kleinen Häuschen aufgestellt, wo sie ein Gemeindeglied betreute. Das geringe Entgelt, das die Frauen für das Mahlen bezahlten, bekam die einheimische Gemeinde. Auf der Fahrt in ein entfernteres Dorf trafen wir Viehhirten der Fulaniis, die um ein Radio saßen und den Botschaften des Missionssenders ELWA lauschten.

Die Rückfahrt nach Kotonu war auch ein Erlebnis. Fritz Radlingmair brachte uns zum Bahnhof, wo er für uns Plätze in einem klimatisierten Wagen besorgt hatte. Stellenweise fuhr der Schnellzug dann aber nur zehn bis zwanzig km/h wegen des schlechten Zustands der Schienen und wir kamen uns oft vor wie in einem Boot bei Wellengang. Diesmal wurden wir nach zwölf Stunden Bahnfahrt vom Bahnhof abgeholt und der Luftpostbrief, der über unsere Ankunft informieren sollte, war vor 2 Tagen nach fast 5 Wochen auch schon eingetroffen.

Die letzte Station unserer Reise war Nigeria. Mit einem größeren Flugzeug einer nigerianischen Fluggesellschaft machten wir uns auf den Weg nach Lagos, der großen Hafenstadt Nigerias. Von dort wollten wir weiter nach Kano fliegen, wo uns Missionar Windisch von der Deutschen Missionsgemeinschaft erwarten wollte, um uns dann etwa 300 km nach Kafanchan, seinem Einsatzort, in der Nähe von Kaduna, zu fahren. Beim Abflug in Kotonu waren wir über die geringe Zahl der Fluggäste erstaunt. Aber schon nach 80 km landete die Maschine wieder in Porto Novo, dicht vor der Grenze zu Nigeria. Was wir dann erlebten war einmalig. Viele Dutzend Männern und Frauen stürmten laut diskutierend in das Flugzeug, beladen mit Körben und Säcken voll von allen möglichen Handelswaren. Diese waren in Benin sehr viel billiger als in Nigeria, und der Gewinn musste wesentlich höher sein, als das Flugticket. Als wir uns von diesem Schreck erholt hatten, und uns wunderten, warum der Flug zum 120 km entfernten Lagos so lange dauerte, erfuhren wir von den Händlern, dass das Flugzeug, erst zum fast 500 km entfernten Port Harcourt fliegt wo es die Händler verließen.

Mit dem nun wieder fast leeren Flugzeug flogen wir zurück nach Lagos. Wir landeten zu unserem Erstaunen nicht auf dem Internationalen Flugplatz, sondern auf dem Flugplatz für einheimische Flüge. Dort gab es weder Pass- noch Zollkontrolle, was uns später Probleme machte. Natürlich war dort auch nicht unser Anschlussflugzeug nach Kano zu finden. Nach vielem Hin und Her wurde uns gesagt, dass wir mit einem Taxi zum Internationalen Airport fahren müssten. Wir fanden eines, dass uns dorthin bringen wollte. Der Taxifahrer verschloss vor der Abfahrt alle Türen, wobei er uns erklärte, dass wir durch ein verrufenes Stadtviertel fahren müssten. Dort bestünde die Gefahr, dass wir bei einem Halt an einer Ampel bestohlen werden könnten. In diesem besagten Stadtviertel stoppten uns plötzlich zwei Soldaten. Sie kontrollierten unsere Papiere und unser ganzes Gepäck nach Schmuggelwaren, wie sie sagten, und ließen uns endlich weiterfahren. Wir hatten danach wenig Hoffnung, unser Anschlussflugzeug noch rechtzeitig zu erreichen.

Aber unsere Sorge war unnötig, denn im Internationalen Airport erfuhren wir, dass wegen des Hamatan zur Zeit kein Flugzeug ins Landesinnere fliege und auch wir warten müssten, bis unser Flug möglich sei. Der Hamatan ist ein, meist wochenlang anhaltender, leichter Sturm mit feinsten Sandkörnern, der im Januar von der Wüste kommt. Er reicht meist bis in große Höhen, und nimmt, wie dichter Nebel, den Flugzeugen die Sicht. Da die lokalen Flugplätze nicht für Blindflug eingerichtet waren, lähmte der Hamatan den Flugverkehr. Hunderte von Reisenden warteten deshalb in den Warteräumen auf einen Flug. Die Gepäckannahme arbeitete auch nicht. Doch endlich nach Stunden gelang es mir das größere Gepäck für den nächsten Flug nach Kano abzugeben. Zu essen gab es natürlich auch nichts.

Gegen Abend hieß es plötzlich, dass der Flugplatz in Kano für einen Anflug frei gegeben sei, aber alle Zwischenlandungen wegen der dort herrschenden Sichtprobleme ausfallen würden. Als man dann bekannt gab, dass die Passagiere für Kano zum Flugzeug dürften, entstand ein unkontrollierter Wettlauf über das Rollfeld zum Flugzeug Dabei stürzten Menschen und wurden überrannt und verwundet. Die Flugzeugbesatzung, die die Anstürmenden kommen sah, sperrte sofort den Einlass zum Flugzeug und forderte Polizei an. Diese erreichte es, dass die vielen Menschen sich in einer Schlange anstellten. Jeder wurde auf sein Ticket geprüft und zunächst nur die zugelassen, die für diesen Flug nach Kano gebucht hatten. Wir als Europäer waren zum Glück einige der ersten, die einsteigen durften weil es das Flugzeug war, für das wir gebucht hatten.

Gegen 23.oo Uhr erreichten wir Kano, wo uns Friedrich Windisch erwartete. Unser Gepäck wurde zwar vom Flugzeug zum Warteraum auf großen Transportkarren gefahren, aber dort mussten wir es selbst heraussuchen. Zum Glück fanden wir alles. Weil es inzwischen fast Mitternacht war, waren auch der Zoll und die Einwanderungsbehörde geschlossen und wir bekamen weder einen Einreisestempel, noch die notwendige Bescheinigung für unser eingeführtes Geld. Froh waren wir, als uns Friedrich zur SIM gebracht hatte und wir Gott für die Bewahrung bei all dem Chaos dieses Tages danken konnten. Da der nächste Tag ein Sonntag war und die SIM es nicht gern sieht, wenn am Sonntag gereist wird, konnten wir noch an einem Gottesdienst in einer der nigerianischen Baptistengemeinden teilnehmen. Wir waren besonders von der Gebetsgemeinschaft am Ende des Gottesdienstes und dem Frauenchor beeindruckt. Auch das größte Augenkrankenhaus Westafrikas hier in Kano konnten wir am Nachmittag noch besuchen, und die Ausbildung einiger unserer Helfer von Lunsar besprechen und fest machen..

Nachdem uns Friedrich am Montagmorgen wenigstens zu einem Einreisestempel verholfen hatte, machten wir uns mit seinem Auto auf den Weg nach Kaduna. Die über 300 km lange Fahrt war recht unangenehm, da sich der Hamatan inzwischen wieder in voller Dichte zeigte, und wir außer einen Teil der Straße vor uns kaum etwas anderes zu sehen bekamen. Da die Nigerianer häufig sehr leichtsinnig fahren, hatten wir allen Grund auf dieser Fahrt um Bewahrung zu beten. Friedrich brachte uns aber sicher ans Ziel auf seine Station. Am nächsten Tag fuhren wir zum nicht allzu weit entfernten Kaduna. Dort gabt es neben dem Krankenhaus auch ein Bibelkolleg, an dem unter anderen eine Chinesin unterrichtete und auch die Frauen der Studierenden ausgebildet wurden. Ich hatte ein sehr interessantes Gespräch mit dem Leiter des Kollegs und am Nachmittag trafen wir uns mit den anderen Missionaren die dort eingesetzt waren, zu einer frohen Gemeinschaft.

Friedrich, der Tropische Landwirtschaft studiert hat, nahm uns auch zu zwei Einsätzen mit und zeigte uns, wie er die dortigen Menschen in der Tierhaltung und Landwirtschaft unterrichtet und ihnen bei der Einführung neuer Methoden hilft. Dabei nutzt er die Gelegenheit, ihnen als Moslems, das Evangelium nahe zu bringen. Erstaunlich war für uns, dass die meisten Teilnehmer der sehr interessanten Ausbildungskurse Frauen waren. Das war auch nicht verwunderlich, da in einer moslemischen Gesellschaft die Hauptlast der Arbeit auf den Feldern und im Haushalt auf den Frauen liegt. Sie zeigten sich auch der begleitenden Verkündigung des Evangeliums recht offen. Zwischendurch hatten wir wieder sehr gute Gemeinschaft mit den anderen Missionaren in Kaduna. Leider konnten wir in der örtlichen Bank kein Geld eintauschen, weil die Einfuhrbescheinigung des Flughafens fehlte.

Bei der Rückfahrt nach einigen Tagen hatte sich der Hamatan weitgehendst verzogen und wir konnten die interessante, zum Teil bergige Landschaft mit ihren, aus Lehm gebauten Häusern und Mauern einzelner Ortschaften, bewundern. Aber wir sahen auch die vielen Wracks unzähliger Autounfälle am Straßenrand liegen. Viele Menschen konnten sich durch den entstandenen Ölboom seit kurzer Zeit ein Auto leisten und die verhältnismäßig guten Straßen verleiteten bei wenig Schulung und Fahrpraxis zum Rasen und unvernünftigem Überholen an unübersichtlichen Stellen. Wer sollte nun die Wracks forträumen, nachdem der Besitzer meist tot war? Auf dieser Fahrt nach Kano besuchten wir auch noch eine größere Missionsstation mit einem Krankenhaus, in dem wir nicht nur Missionare trafen, die wir von früheren Einsätzen kannten, sondern wo man uns für eventuelle Fälle einen Geldbetrag gegen spätere Verrechnung lieh.

Vor dem Abflug in Kano erlebten wir im Flughafen eine sehr strenge Kontrolle. Für uns hätte es fast ein Problem gegeben, weil keine Bescheinigung über die Einfuhr unseres Geldes vorhanden war, und wir deshalb auch keines ausführen durften. Aber nachdem der Leiter der SIM-Station, der uns zum Flugplatz gebracht hatte, dem Beamten alles erklärte und bestätigte, dass wir ehemalige Missionare der SIM seien, lief alles ohne weitere Kontrolle für uns. Die einheimischen Fluggäste wurden scharf kontrolliert und mussten vielfach sogar ihre Schuhe ausziehen und in Kammern kommen, in denen sie und ihr Gepäck sehr gründlich untersucht wurden.

In Amsterdam übernachteten wir wieder in einem Hotel auf Kosten der Fluggesellschaft. In Stuttgart holte uns Gerhard Ziegler wieder vom Flughafen ab und brachte uns zu unserem Auto, mit dem wir wohlbehalten unser Heim erreichten. Froh, wieder zu Hause zu sein, waren wir dankbar für alles Erlebte und alle Bewahrung.

Das Wunder von Sydney

Wenige Tage nach meiner Pensionierung erhielt ich einen Brief von einem jungen Schweizer, den ich in der schweizer Bibelschule in Walzenhausen kennensgelernt hatte. Ich hatte dort in den letzten Jahren jeweils im November oder Oktober eine Woche Unterricht in missionarischem Gemeindebau gegeben. In dem Brief bat er mich, ihn auf seine Kosten auf einer Reise nach Neuseeland zu begleiten. Er habe dort einiges Besitztum, dass er auflösen wolle, um jetzt nach dem Tod seiner Mutter in der Schweiz zu bleiben. Da er Epileptiker sei und auch das Englisch nicht genug beherrsche, sollte ich ihm dabei behilflich sein. Weil unser 2. Sohn zu dieser Zeit in Sydney in Australien wohnte, und wir dort umsteigen müssten, fragte ich, ob meine Frau mitkommen dürfe, was er bejahte. Er bot sogar an, auch ihren Flug zu bezahlen. Als unser Missionsfreund, Sepp Adams, der einen großen Bauernhof besitzt, davon hörte, bat er, dass er uns begleiten dürfe, um einen Kriegskameraden, mit dem er vieles gemeinsam erlebt hatte, in Melbourne besuchen zu können.

Nachdem wir gemeinsam drei unserer Missionarsfamilien auf den philippinischen Inseln besucht hatten und die Angelegenheiten des Schweizer Freundes in Christchurch auf Neuseeland erledigt hatten, besuchten wir drei Wochen lang unseren Sohn in Sydney. Sepp wollte nun seinen Kriegskameraden in Melbourne besuchen. Da er kein Englisch sprach, besorgte ich ihm die Fahrkarten für einen Schnellzug, der recht früh am Morgen Sydney verlassen sollte. Dazu mussten er und unsere Schwiegertochter, die ihn zum 14 km entfernten Bahnhof fahren wollte, sehr früh aufstehen. Leider verschliefen alle an diesem Morgen, weil die Tochter des Hauses den Wecker um eine Stunde falsch eingestellt hatte. Unsere Schwiegertochter versuchte den Sepp ungewaschen und ohne Frühstück trotzdem noch zum Zug zu bringen, denn die Fahrkarte für seinen reservierten Platz galt nur für diesen Zug und es gab keine Erstattung, wenn sie nicht benutzt wurde. Trotzdem sie versuchte den Hauptverkehr zu umgehen kam sie in einen Stau. Voller Frust wollte sie umkehren, weil sie es für unmöglich hielt, den Zug noch zu erreichen. Sepp aber betete und bat sie daraufhin weiter zu fahren.

Vier Minuten nach Abfahrtzeit des Zuges erreichten sie den Bahnhof und eilten verzweifelt zur Fahrkartenkontrolle, in der Hoffnung, dass der Zug noch da sei. Zu ihrer Überraschung war der Zug noch da, setzte sich aber gerade, als sie die Kontrolle passiert hatten, in Bewegung. Als der verantwortliche Beamte mit der roten Mütze, der das Abfahrtsignal gegeben hatte, die beiden ankommen sah, blies er in seine Signalpfeife und brachte den Zug dadurch noch einmal zum Stehen, und Sepp konnte einsteigen. Als unsere Schwiegertochter die Kontrolle dann wieder passierte, sagte der Beamte dort zu ihr: „Das war aber eben ein wirkliches Wunder, denn ich habe es noch nie erlebt, dass ein einmal angefahrener Zug wieder hält.“ Unsere Schwiegertochter, die leider nicht gläubig ist, hat es sehr bewegt, dass das Gebet von Sepp beantwortet wurde und sprach von Weißer Magie als sie davon berichtete. Sepp hatte eine gute Reise und war nach drei Tagen wieder bei uns.

Die Mission ruft wieder.

Gut zwei Jahre war es her, dass wir nach meiner Pensionierung Dez. 1984 am 1. Apr. 1985 nach Brackenheim gezogen waren. Die kleine Gemeinde dort hatte keinen Pastor, weil sie sich finanziell keinen leisten konnte, denn sie half 6 Missionare der DMG mit zu finanzieren. Ich hatte ja meine Rente und konnte so kostenlos der Gemeinde dienen. Auch eine sehr günstige Wohnung hatte man uns dort besorgt mit Garage und Garten. Das war eine angenehme Abwechslung nach den letzten acht Jahren mit dem vielfältigen Dienst in der DMG, die damals schon etwa 300 Missionaren hatte. Jetzt kam in diese Ruhe eine Frage der SIM, ob wir bereit wären, ihr mit einem kürzeren Einsatz wieder in Äthiopien zu helfen.

In Äthiopien herrschte seit der Revolution im Jahr 1974 eine kommunistische Regierung und die meisten Missionare hatten das Land verlassen, da alle Missionskrankenhäuser und die meisten Schulen enteignet wurden. Es wurden aber keine Missionare des Landes verwiesen, weil man ihren bisherigen hilfreichen Einsatz sehr schätzte. Fast alle Bibelschulen waren aber geschlossen und zerstört worden und als Baumaterial für andere Häuser und Dorfstraßen benutzt worden. Auch das Bibelkolleg in Jimma war geschlossen worden und ihr Leiter, einer unserer ehemaligen Lehrer in Assab, ins Gefängnis geworfen worden. Inzwischen hatte sich aber in den bisherigen 13 Jahren kommunistischer Herrschaft einiges geändert. Es wurde seit kurzem erklärt, dass keiner mehr um seines Glaubens willen verfolgt werden solle. Aber religiöse Versammlungen waren weiterhin offiziell verboten. Wie weit das Verbot eingehalten wurde, lag an den jeweils Verantwortlichen der einzelnen Gebiete. In Hosanna hatte der ehemalige Leiter des Bibelkollegs von Jimma, nachdem er aus dem Gefängnis entlassen war, ein „Führungskräfte Ausbildungszentrum" geschaffen und betreute auch einige weitere neu entstandene Untergrundbibelschulen. In Dilla war nun auch ein solches „Ausbildungszentrum" im Entstehen.

Durch die langsame Veränderung hatten auch eine Reihe von Missionaren Aufenthalts- und Arbeitserlaubnisse erhalten, wenn sie an Entwicklungsprojekten arbeiteten. So hatte auch ein junger Missionar, den wir als Kind ein halbes Jahr in der Internatsschule für Missionarskinder betreut hatten, eine Arbeitserlaubnis für das Gebiet um Dilla bekommen. Offiziell war er für die Wasserversorgung und den Brunnenbau dieses Gebietes verantwortlich, hatte dabei aber gleich die Leitung des sogenannten „Ausbildungszentrums für Führungskräfte" übernommen, was eigentlich seine Hauptaufgabe wurde. Für ihn und seine Frau sollte ich nun ein völlig verkommenes ehemaliges Missionshaus wieder bewohnbar machen und ein weiteres Gebäude als Gästehaus ausbauen. Auch andere Dinge mussten in Dilla dringend repariert werden. Wir sagten zu.

Durch einen gläubigen Reisebürobesitzer bekamen wir einen billigen Flug mit Sudan Airlines. Die erste Überraschung auf dem Flug nach Äthiopien war, dass wir in Frankfurt fünf Stunden auf unser Flugzeug warten mussten, das von London kam. Beim Einsteigen stellten wir dann fest, dass die Sitze verschiedenfarbige Bezüge hatten und die Schalter für die Sitzbeleuchtung nicht immer mit den Sitzen übereinstimmten. In Kairo verließ ein groß Teil der Passagiere das Flugzeug, und die verhältnismäßig wenigen Leute, die noch im hinteren Teil des Flugzeugs saßen, mussten ins Vorderteil umziehen. Dann wurden eine große Anzahl lärmender Araber mit viel Gepäck in das Hinterteil eingelassen.

In Khartum hatten wir das Flugzeug zu wechseln. Mit dem Zoll und der Einwanderungsbehörde in Addis Abeba gab es dann keine Probleme. Vom Flughafen Bole wurden wir von einem Missionar der nun neuen jungen Generation abgeholt und ins Hauptquartier der SIM gefahren. Zu unserer großen Freude trafen wir dort einige unserer früheren Mitmissionare, und mehrere ihrer Kinder, die nun mit einer guten Ausbildung in das Land ihrer Jugend als Missionare zurück gekommen waren, um die Arbeit ihrer Eltern fortzusetzen. Aber auch viele der früheren äthiopischen Mitarbeiter begrüßten uns herzlich. Einen Tag später konnte ich einen äthiopischen Führerschein erwerben und für uns beide die offizielle Reiseerlaubnis zum Aufenthalt in den 3 Provinzen des Landes, die wir besuchen würden. Man wollte eben alles unter Kontrolle haben.

Ich fuhr dann am nächsten Tag zunächst allein mit dem Bus zur 370 km entfernten Missionsstation in Dilla, um festzustellen, was alles zur Renovierung der alten Häuser notwendig sei. Dabei wurden wir mehrfach an Kontrollpunkten aufgefordert den Bus zu verlassen, und wir und dieser wurden gründlich kontrolliert. Mich als Ausländer mit einer gültigen Reiseerlaubnis behandelte man dabei recht wohlwollend, denn zur kommunistischen Zeit waren Ausländer meist Glieder irgendwelcher Hilfsorganisationen. Nach meiner Rückkehr nach Addis Abeba machten wir uns daran, die für die Renovierung erforderlichen Werkstoffe und Werkzeuge zu besorgen und für uns Lebensmittel einzukaufen, da man vieles außerhalb der großen Städte nicht bekommen konnte. Auch borgten wir uns von anderen Missionaren einen zur Zeit nicht benutzten Kühlschrank, einige Möbel, Geschirr und andere Dinge. Von der SIM bekamen wir einen Geländewagen zur Verfügung gestellt, den wir dann mit all dem Erworbenen und Zusammengesuchten beluden und machten uns eine Woche nach unserer Ankunft auf den langen Weg nach Dilla.

Unterwegs mussten wir wieder eine Reihe der üblichen Straßensperren passieren an denen längere Reihen von Autos und Lastwagen standen, die gründlich kontrolliert wurden. Da unser Auto ein besonderes Nummernschild als Kennzeichen einer Hilfsorganisation hatte, wurden wir als zwei ältere Weiße überall ohne Kontrolle durchgewinkt. Da die Missionsstation, wie ich von meinem ersten Besuch wusste, am Rande der Stadt Dilla an der Hauptstraße nach Kenia lag, und wir erst kurz nach Einbruch der Dunkelheit dort ankamen, wurden wir am Kontrollpunkt am Ausgang der Stadt gestoppt. Als wir aber unsere Papiere zeigten und sagten, dass wir zur Missionsstation wollten, die ja ganz nahe war, ließ man uns weiter fahren, ohne unsere Ladung zu kontrollieren. Man hatte uns aber darauf aufmerksam gemacht,, dass unsere Papiere nicht in Awasa geprüft und abgestempelt seien, was ich vergessen hatte, und was wir so bald wie möglich nachholen sollten. Der Leiter der Missionsstation, Ato Werreku, der ein gutes Verhältnis zu den örtlichen Behörden hatte, konnte das dann in Dilla regeln.

Das Haus, das ich renovieren sollte und in das wir zunächst einzogen, war erschreckend verkommen. Die Wände musste ich zum Teil neu verputzen und die Küche mit Spülbecken und Abfluss erneuern. Die Toilette war völlig unbenutzbar, weil ihr alter Abfluss mit Wurzeln und Erde verstopft war. Ich legte einen völlig neuen Abfluss an. Im Toilettenraum fand ich auch in einem Seitenschrank ein Rattennest mit vier oder fünf jungen Ratten und beseitigt auch andere aus dem Gasherd und sonstigen Löchern mit einer Falle. Die Dachrinnen, die das Regenwasser in zwei große Behälter zur Versorgung mit Brauchwasser leiten sollten, mussten erneuert werden. Es gab auf dem großen Grundstück auch einen Brunnen, der im tiefer liegenden Teil lag. Eine elektrische Pumpe, die aber nicht mehr arbeitete, versorgte früher den unteren Teil der Station mit Wasser. Ich konnte sie reparieren. Durch den Einbau einer zweiten Pumpe, die ich auf dem halben Weg zum oberen Teil des Grundstücks einbaute, bekam die ganze Station Wasser. Auch die Elektroanlagen waren ein weiteres Problem. Zwar bekam man den Strom von der Stadt, aber die ganze Verteilung war erschreckend. Schräg stehende, abgefaulte und gestützte Masten, sowie offene Sicherungs- und Verteilerkästen und schlecht isolierte Leitungen waren an mehreren Stellen zu finden. Ich brauchte Tage, um da Ordnung und mehr Sicherheit zu schaffen.

Der erste Gottesdienst, den wir in Dilla besuchten, war ein Erlebnis. In einem umgebauten großen Schuppen neben der Missionsstation trafen sich in drei Gottesdiensten von je zwei bis zweieinhalbe Stunden nacheinander etwa 2000 Menschen, weil die fast 100 kleineren Kirchen der Umgebung geschlossen waren. Doch dann erlebten wir an meinem Geburtstag, einem Donnerstag im November, eine große Überraschung. Herr Werreku, der äthiopische Stationsleiter, kam ganz außer Atem zu meiner Frau und sagte: „Schwester Hagen, heute haben wir einen großen Sieg errungen. Ich war gerade bei den kommunistischen Verantwortlichen für unser Gebiet um ihnen zu sagen, dass wir doch seit einiger Zeit religiöse Freiheit haben, und Haile Mariam, der oberste Parteichef, nicht mehr will, dass Leute um ihres Glaubens willen verfolgt werden. Seit kurzem gibt es sogar einen Minister für religiöse Angelegenheiten. Deshalb möchte ich gern anordnen, dass alle unsere Gemeinden in unserem Gebiet die noch bestehenden Gotteshäuser säubern und am Sonntag wieder mit ihren Gottesdiensten beginnen. Die Parteigenossen antworteten mir: "Wenn du mit Addis Abeba keinen Ärger bekommst, ist uns das egal.“ Drei Tage später hielten dann im Gebiet um Dilla wieder etwa fünfzig Gemeinden in ihren schnell reparierten und gereinigten Versammlungsräumen öffentlich ihre Gottesdienste. In den nächsten Wochen folgten noch weitere Gemeinden, so dass die Zahl der wieder geöffneten Gemeinden während unseres dortigen Einsatzes auf etwa 90 von den früheren etwa 100 gestiegen war. Unendlich viele Gebete der Gläubigen dieses Gebietes wurden damit von Gott beantwortet.

Während der Zeit in Dilla besuchten wir auch die 35 km entfernte Missionsstation Jerga Chaffa. Dort stand das Trinkwasserprojekt der Mission, das 12 000 Menschen mit sauberem Trinkwasser versorgen sollte, kurz vor der Vollendung. Der junge Missionar Bill Hardings, der es leitete und gleichzeitig Direktor der dortigen kleinen inoffiziellen Bibelschule war, gehörte auch zu denen, die wir 1960-61 in der Schule für Missionarskinder in Addis Abeba betreut hatten. Bei seiner Ankunft in dieser Stadt vor vier Jahren erlebte er bittere Feindschaft von den Vertretern der kommunistischen Partei. Bis tief in die Nacht hinein durchwühlten sie fast alle Sachen seiner Familie nach eventuellem Propagandamaterial. Er konnte dann drei Quellen in den Bergen, die von bösen Geistern besetzt sein sollten, einfassen und das Wasser in, von ihm aus der Hauptstadt herbeigebrachten Rohren, in die Stadt leiten. Dort war man jetzt dabei viele Zapfstellen zu installieren. An ihnen sollte die Bevölkerung ihren Bedarf an sauberem Wasser decken können. Bis jetzt hatte man für die Wasserversorgung fast nur unzureichende kleine Brunnen und Regenwasser gehabt, das man in Erdgruben, Zisternen und Behältern auffing. Bald würde für alle ausreichend sauberes Wasser vorhanden sein, und die meisten Bewohner der Stadt betrachteten ihn jetzt als einen zuverlässigen Freund. Die damals verfolgte Gemeinde der Stadt hatte Ansehen und Anerkennung bekommen.

Von dort besuchten wir die 15 km entfernte Station Biyo, wo Gerd Bössler arbeitete, der mich damals nach der Gerichtsverhandlung nach Addis Abeba gefahren hatte Auf der Fahrt dorthin konnten wir die, unter Leitung von Missionar Gerhard Bössler, durch die Berge gebaute Straße benutzen. Sie war während der Hungersnot in diesem Gebiet durch „Lebensmittel für Arbeit", die von Hilfsorganisationen gespendet wurden, gebaut worden. Auf der Fahrt dorthin zeigte man uns eine Stelle, wo er beim Bau der Straße mit seinen Geländewagen und dem einheimischen Fahrer, beim Abrutschen der Straßenseite, fast 100 m tief abgestürzt war. Der Fahrer war sofort tot und Gerd bewusstlos. Man informierte seine Frau und diese brachte ihn ins Krankenhaus nach Dilla. Er bekam dort sein Bewusstsein wieder und konnte bald von seinen ständig nachlassenden Behinderungen geheilt werden. Die Tatsache, dass sein Gott ihn so bewahrt hatte und diesen Sturz lebend überstehen ließ, brachte viele, der bis dahin dem christlichen Glauben gegenüber doch sehr negativ eingestellten Bevölkerung, zum Glauben an den Gott der Christen. Jetzt gab es dort lebendige Gemeinden, die selbst schon junge Männer als einheimische Pastoren und Evangelisten ausbilden ließen.

Am 23. Dezember war mein Auftrag in Dilla erfüllt und das Weihnachtsfest konnten wir dann mit anderen Missionaren und den äthiopischen Mitarbeitern in Addis Abeba feiern. Beeindruckend waren aber auch die Gottesdienste der Internationalen Gemeinde, die damals noch im Gottesdienstraum des Missionshauptquartiers stattfanden. Wegen der Diplomaten, die sie auch besuchten, wie der Botschafter in Rotterdam, hatten diese Gottesdienste bisher keinerlei Beschränkungen durch die Kommunisten gehabt. Aber auch dort musste man den Andrang der Besucher durch drei Gottesdienste pro Sonntag bewältigen. Ich konnte von den, in vielen anderen Räumen neben dem Hauptgottes stattfindenden Sonntagsschulklassen für Kinder und Erwachsene, und von den Bibelstudiengruppen für Interessierte und für Taubstumme, sowie von den vielen, auf den folgenden Gottesdienst Wartenden, viele interessant Aufnahmen machen.

In der Woche nach Weihnachten wurden wir noch in einen Hauskreis eingeladen. Dort trafen sich heimlich Glieder einer der von den Kommunisten in Addis Abeba noch verbotenen Gemeinden. Diese war in den ersten Tagen der kommunistischen Revolution gegründet worden, und als sie nach kurzer Zeit auf etwa 150 Glieder anwuchs, geschlossen und verboten worden. Der Leiter und Gründer Herr Lako wählte danach sieben Männer der Gemeinde aus, die sich jeden Montag heimlich bei ihm trafen. Mit ihnen arbeitete er jeweils einen Predigttext durch und diese gaben den Predigtinhalt im Laufe der Woche jeder an jeweils sieben oder acht Leiter kleiner Hauskreise weiter. Diese trafen sich dann am Sonntag in etwa 50 Häusern als „Familienfeier" zum Gottesdienst. Dadurch war die Gemeinde inzwischen auf etwa 350 Glieder gewachsen. Überrascht waren wir, als wir in dem Hauskreis, den wir besuchten, einen Offizier der äthiopischen Armee trafen, der sogar missionarische Schriften an einige seiner Soldaten weitergab.

Am Silvestertag, der in Äthiopien kein besonderer Tag ist, weil das äthiopische Jahr 13 Monate hat und im September beginnt, ging es mit einem kleinen Flugzeug zu einem neuen Einsatz nach Arba Minch, 500 km südlich von Addis Abeba. Die Fahrt mit dem Auto über die schlechten Straßen hätte dreimal so viel Kilometergeld gekostet als der Flug für uns beide und hätte wenigstens anderthalb strapaziöse Tage gedauert. In Arba Minch zwischen dem Abayasee und dem Chamosee, mit herrlichem Blick auf die Berge und den Chamosee, war eine Missionsstation im Bau. Der verantwortliche Arzt für dieses Gebiet, ein Missionar, sollte dort zunächst wohnen. Sein Haus, das erste auf dem Grundstück, war so weit fertig, dass ich die Elektroleitungen einziehen und die Elektroanlagen einbauen sollte. Unser Quartier waren zwei Container mit einem überdachten Zwischenraum, von denen der eine als Schlafraum, der andere als Küche und der Zwischenraum als Wohnzimmer dienten. Sie wurden sonst von einem amerikanischen Medizinstudenten benutzt, der jetzt während unseres Einsatzes in einem Zelt schlief. Er leitete jetzt den Aufbau der Station und hatte schon zwei jeweils einjährige freiwillige Hilfseinsätze in Äthiopien hinter sich. Im ersten half er im Hungergebiet im Norden Äthiopiens und danach leitete er den Bau eines Staudamms zum Umleiten eines kleinen Flusses der jetzt 18 000 Menschen und ihre Felder mit Wasser versorgte..

Von einer Lehrergruppe aus Addis Abeba, die mit dem jungen Studenten befreundet war und eine Ferienreise in dieses Gebiet machte, bekamen wir eine Einladung, in einem gemieteten Stahlboot die Krokodile des Chamosees mit zu besichtigen. Es sollte dort noch weit über tausend von ihnen geben. Wir sahen dann auf einer Sandbank etwa 100 dieser Reptile, sowie viele andere im Wasser, die sogar auf das Boot zuschwammen. An anderer Stelle trafen wir Scharen von großen Wasservögeln und 2 Nilpferdherden. Den Fischreichtum des Sees haben auch wir genossen. In Arba Minch besuchten wir auch eine Ausbildungswerkstatt der Norwegischen Mission und am Sonntag ihren Gottesdienst. Einige hundert Besucher im Innern und vielleicht 100 außerhalb der großen Kirche, lauschten hier einer klaren Verkündigung des Wortes Gottes, weil die meisten anderen Kirchen dieses Gebietes noch geschlossen waren.

Von Arba Minch flog meine Frau zurück nach Addis Abeba und ich verließ das Flugzeug schon in Soddu, um dort nach dem Generator des ehemaligen Missionskrankenhauses zu sehen, da dort wieder ein Missionsarzt arbeitete. Die Situation im Krankenhaus hatte sich in den vergangenen Jahren unter der kommunistischen Leitung und koreanischen Ärzten so verschlechtert. dass die Bevölkerung bei der Regierung in Addis Abeba die Rückgabe an die Mission forderte. Nachdem eine Kommission der Partei und eine zweite des Gesundheitsministeriums den schlechten Zustand überprüft und bestätigt hatten, bot man der Mission an, das Krankenhaus wieder zu übernehmen. Da das aber die Übernahme der Altersversorgung aller jemals dort Angestellter mit beinhaltete, lehnte die Mission das Angebot ab, bot aber an, medizinisches Personal zu stellen. Ich fuhr dann von Soddu mit dem Leiter der SIM-Hilfsprojekte noch einmal nach Dilla, um dort einen neuen automatischen Schalter für die Wasserversorgung der Station einzubauen und dann in Jerga Chaffa die offizielle Eröffnung des vorher erwähnten und nun vollendeten Wasserprojektes zu erleben. Es verblüffte doch manchen, als bei der Eröffnungsfeier nach all den Ansprachen und dem Dank des Bürgermeisters an die Mission, Missionar Bill Harding nach seiner Ansprache einen von ihm eingeladenen Evangelisten aufforderte, Gott für das Gelingen des Werkes und für die nun folgende Festmahlzeit zu danken. Ein neben mir sitzender Polizeioffizier, sagte zu seinen anderen

Tischnachbarn, dass er es das erste mal erlebe, dass in einer, von der Partei veranstalteten Versammlung, gebetet werde.

Für die letzten Tage hatte Gott dann noch ein besonderes Geschenk für uns. Da wir für den Rückflug mit einem Flugzeug der Sudan Airways gebucht waren, das schon, wie wir bei der Bestätigung unseres Rückfluges erfuhren, seit Monaten nicht mehr flog, bekamen wir in Addis Abeba eine andere, drei Tage spätere Buchung mit freier Übernachtung in Kairo und von dort einem Flug mit Lufthansa nach Frankfurt. Dadurch war es uns möglich noch an der SIM-Jahreskonferenz teilzunehmen, auf der sich fast alle 100 der zur Zeit in Äthiopien arbeitenden Missionare der SIM trafen. Die Gemeinschaft mit den anderen Missionaren war für uns sehr köstlich.

Auf dem umgebuchten Heimflug hatte das von Nairobi kommende Flugzeug in Addis Abeba fast eine Stunde Verspätung und wir fürchteten um unseren Anschluss in Khartum. Das zeigte sich aber wieder als völlig unbegründet, denn in Khartum war am Vormittag ein irakischer Diplomat erschossen worden und deshalb der Flugplatz für alle Abflüge gesperrt. Uns wurden bei der Ankunft am frühen Nachmittag als einzigen Ausländern des Fluges unsere Pässe und Flugkarten abgenommen und wir mussten auf den Blechbänken im Wartesaal auf die kommenden Ereignisse warten. Gegen Mitternacht wurde bekannt gegeben, dass um 3 Uhr nachts ein Flugzeug nach Kairo fliegen würde. Als man dann eine gute halbe Stunde vorher zum Einsteigen aufrief, hatte niemand unsere Pässe und Flugkarten zurück gebracht. Ich suchte mit Brigitte die Flugplatzleitung auf, die uns dann zur Flugplatzpolizei brachte. Dort wusste man nichts um uns, weil am Abend die Schicht gewechselt hatte. Man öffnete dann aber doch bei der Polizei einen Safe und da lagen unsere Papiere. Als uns der Vertreter der Flugplatzleitung nun zur Wartehalle zurück brachte, entdeckte Brigitte, dass in einem Seitengang unsere zwei Aluminiumkoffer völlig allein standen. Der uns begleitende Herr wollte zunächst nicht glauben, dass das unsere sind, aber die Namensschilder an den Koffern überzeugten ihn und leicht schockiert ließ er sofort zwei in der Nähe befindliche Gepäckträger kommen und die Koffer ins Flugzeug bringen. Er selbst brachte uns dann auch zum Flugzeug und wir konnten noch kurz vor dem Start einsteigen. Gott hatte uns damit vor dem Verlust unserer Koffer bewahrt.

In Kairo landeten wir wieder nicht auf dem Internationalen Flugplatz, weil unser Flug nicht ein normaler internationaler Flug war, sondern auf dem für Inlandflüge. Nach Kontrolle unseres Gepäcks und einigem Bemühen unsererseits fuhr man uns mit einem Elektrogepäckkarren zum nahen Internationalen Flugplatz. Dort folgte wieder eine sehr gründliche Kontrolle unseres Gepäcks, weil die Zöllner dort entweder gerade Langeweile hatten oder bei uns Drogenschmuggel vermuteten. Danach durften wir bis zum Abflug unseres Flugzeugs 2½ Stunden auf Blechstühlen sitzend warten. Nach einer dritten Kontrolle des Gepäcks mit den anderen Fluggästen, saßen wir endlich in einem Lufthansa Flugzeug und dankten Gott von ganzen Herzen, dass wir uns jetzt in Sicherheit fühlen konnten. Wir hatten dann einen angenehmen Flug und wurden von unserer Tochter Anne mit ihrer kleinen Tochter vom Flugplatz abgeholt. Dann holten wir im März Brigittes 88 jährigen Vater aus dem Pflegeheim auf seine dringende Bitte hin zu uns, weil die Pflege dort aus Personalmangel manchmal zu wünschen übrig ließ. Er starb nach einem Jahr im Frühjahr 1989 in den Armen von Brigitte.

Neue Elektroprobleme

Im Sommer 1991 wurden die kommunistische Regierung in Äthiopien gestürzt und die neue Regierung stand der Missionsarbeit wohlwollend gegenüber. Es boten sich ungeahnte Möglichkeiten den Menschen dort geistlich und materiell zu helfen. Es mussten auch die Folgen des 29 jährigen Krieges mit Eritrea und Somalia beseitigt und die von den Kommunisten zerstörten Kirchen und Bibelschulen wieder aufgebaut werden. Wo waren die Menschen, um die neuen missionarischen Möglichkeiten zu nutzen? Deshalb kam auch an uns die dringende Bitte der SIM um einen erneuten, mehrmonatigen Einsatz. Dazu waren wir bereit, aber mit Rücksicht auf unsere Gemeinde, entschieden wir uns nur zu einem dreimonatigen Einsatz. Meine Vertretung in der Gemeinde wollten zwei Mitglieder der Gemeinde, und wenn notwendig, auch Pastoren der Nachbargemeinden übernehmen. Aber Gott hatte schon vorgesorgt. Einen Monat vor unserer Abreise meldete sich ein junger Theologiestudent, der die F.T.A. in Gießen abgeschlossen hatte und wieder in seinem erlernten Beruf als Programmierer in einer Bank arbeitete. Er war bereit seine Anstellung dort abzubrechen, in unserer Stadt eine Halbtagsarbeit zu suchen und mich zu vertreten. In kurzer Zeit bekam er eine Halbtagsstelle in einer nahen Bank, und konnte so nebenbei als Pastor die Gemeinde betreuen. Unsere Flugscheine bekamen wir wieder von einem Reisebüro in Regensburg, das einem Missionsfreund gehörte, der auf den Gewinn verzichtete.

Am 11.11. 91, 2 Tage vor meinen 70. Geburtstag starteten wir erneut von Frankfurt nach Addis Abeba. Nachdem alle Formalitäten dort erledigt waren zogen wir am nächsten Tag in die Bingham Academy, die ehemalige Internatsschule für Missionarskinder am Stadtrand von Addis Abeba, wo unser nächster Einsatz sein sollte. In der kommunistischen Zeit war diese in eine Internationale Schule umgeändert worden, und besaß jetzt gut 150 Schüler. Davon waren fast die Hälfte Kinder von Diplomaten oder in Addis Abeba eingesetzter Missionare. Die anderen 55% waren Kinder von wohlhabenden, einflussreichen Äthiopiern. Die Schule war jetzt als beste Schule Äthiopiens bekannt und die meisten Lehrkräfte, sowie die Schulleitung, waren, neben gläubigen äthiopischen Lehrern, Missionare der SIM.

Dort hatte man die ehemaligen Internatsräume umgebaut und mit einem neuen Gebäude 15 Wohnungen geschaffen, in denen die Lehrer und Missionare wohnten, die in der Hauptstadt an Hilfsprojekten und anderen Aufgaben der Mission arbeiteten. Seit langem aber hatte man dort ein Problem. Es gab für das gesamte Grundstück nur einen 380 V. Zähler für den eingeleiteten Dreiphasen Drehstrom. Dieser wurde dann in einzelnen Phasen zu 220 Volt in die Wohnungen geleitet. Außerdem war die gesamte Elektroanlage durch die vielen Umbauten und Ergänzungen ein undurchsichtiges Wirrwarr geworden. Die einzelnen Familien hatten jeweils mehr oder weniger Elektrogeräte in Benutzung. Sie kochten zum Teil mit Strom und zum Teil mit Butangas und verbrauchten einen sehr unterschiedlichen Anteil an Strom. Dann liefen ja auch alle Schulräume und die Werkstatt über den einen Zähler.

Man hatte mich nun gebeten, neben noch anderen notwendigen Reparaturen herauszufinden, wie viel % die einzelnen Anteile der 15 Familien betragen, um eine einigermaßen gerechte Bezahlung zu erreichen. Das lehnte ich wegen der laufenden Veränderungen als unbrauchbar ab. Ich schlug dafür vor, die gesamte Anlage zu überholen, und mit der Äthiopischen Elektrizitätsgesellschaft zu Verhandeln, dass jeder der 15 Haushalte einen eigenen 220 Volt Zähler bekäme. Dabei war noch zu bedenken, dass in Äthiopien der 380 V Kraftstrom wesentlich teurer war als der 220 V Strom. Die Elektrizitätsgesellschaft war einverstanden und versprach sogar die 15 Zähler kostenlos zu liefern.

Gleich in den ersten Tagen wurde ich zu dringenden Elektroarbeiten auf dem Grundstück der Missionsdruckerei gerufen. Hier mussten die Elektroanlagen von drei neuen Häusern für Mitarbeiter fertiggestellt werden und auch in der Druckerei hatte man einige dringende Elektroprobleme. Dabei half mir der Sohn eines der Drucker, der im letzten Semester seiner Ausbildung als Elektroingenieur stand. Da er wegen der Überfüllung der Universität nur nachmittags Vorlesungen hatte, war er bereit, mir vormittags auch bei meinen weiteren Arbeiten in Bingham zu helfen und freute sich darauf, dabei praktische Erfahrungen zu sammeln. Er war mir eine sehr große Hilfe, besonders auch bei den Verhandlungen mit den Behörden. Als die Renovierungsarbeiten beendet waren verzögerte der Verantwortliche für die Zähler immer wieder die Auslieferung der 15 Zähler, weil er zuvor einen Geldbetrag für sich erwartete. Doch die SIM hatte seit je Bestechungen verboten.

Da unser, bereits um einen Monat verschobener Rückflug immer näher rückte, wandte ich mich mit meinem jungen Helfer an den Vorgesetzten dieses Mitarbeiters. Als der hörte, dass ich Missionar der SIM sei, bat er mich, ihm eine Bibel in der Landessprache zu besorgen, die er gern kaufen wolle. Ich hatte, wie häufig, mit anderer christlicher Literatur eine Bibel bei mir und schenkte sie ihm. Er stand daraufhin auf, legte seine Hand auf meine Schulter und sagte: „Komm mit“. Er ging dann mit uns zu dem Angestellten, der die Auslieferung so lange verzögert hatte, und befahl ihm, dass spätestens am nächsten Tag alle 15 Zähler von seinen Leuten an die vorbereiteten Stellen montiert sein müssen. Am nächsten Mittag waren tatsächlich alle 15 Zähler von seinen Leuten angebracht. Für uns war das Verhalten des Vorgesetzten eine Gebetserhörung.

Während der Wartezeit für die Zähler hatte ich die Möglichkeit in das Gebiet zu fliegen, in dem nach der großen Dürre von der SIM 103 000 Hungernde in den schwer zugänglichen Bergen im Norden Äthiopiens versorgt wurden. Wir flogen über den Tanasee nach Gondar, jene berühmte Kaiserstadt, wo man uns mit dem Auto abholte. Die alten Schlossbauten waren schon beeindruckend, aber die Stadt selbst deprimierend. Dann ging es weiter in den Norden nach Debark zum großen Verteillager für die Hilfsgüter. Von dort wurden das Getreide und das Speiseöl mit Spezialllastwagen über die gefährlichen Bergstraßen in die anderen Verteilstellen gefahren. Hier holten sie die Bevölkerung mit Maultieren und Eseln in ihre oft drei Tagesreisen entfernten Dörfer, die mit keinem Fahrzeug zu erreichen waren. Mir war nicht ganz wohl beim Befahren der einzigen Straße dieses Gebietes, welche die Italiener, mit vielen Todesopfern der einheimischen Arbeiter, gebaut hatten, Die Abgründe neben diesen Schotterstraßen sind oft über 100 m tief. Haile Mariam, der frühere kommunistische Herrscher und Staatschef, soll unliebsame Widersacher hier häufig gefesselt in Fahrzeuge gesetzt haben, die dann in die Tiefe gestürzt wurden. Zurück fuhren wir zunächst nach Baher Dar südlich am großen Tanasee, wo wir übernachteten. Diese Stadt machte mit ihren breiten asphaltierten Straßen einen recht modernen Eindruck. Am nächsten Tag ging es an den berühmten Wasserfällen vorbei und über die von Soldaten bewachte Brücke über den Blauen Nil, zurück nach Addis Abeba.

Eine andere Abwechslung war ein fünftägiger Einsatz im mir bekannten Soddu, wo ich eine Hobelmaschine für eine Werkstatt der Mission installieren sollte. Sie war eine Gabe einer berliner Jugendgruppe zur Ausbildung von jungen Äthiopiern. Dazu musste auch eine gut 100 m lange 380 Volt Drehstromleitung von einem anderen Punkt des Grundstücks zur Werkstatt hingeführt werden. Während der wenigen Tage in Soddu konnte ich auch an einer 20 km von Soddu stattfindenden Konferenz mit etwa 1000 Besuchern teilnehmen. Anschließend ging es gleich in ein anderes 30 km entferntes Dorf, wo die Taufe von 1237 Täuflingen aus 41 Gemeinden stattfand. Es war die einmal im Jahr stattfindende Taufe für die Gemeinden dieses Bezirkes an einem kleinen Fluss, der jetzt genug Wasser führte. Am Nachmittag des Vortages kamen die ersten weiter entfernten Gemeinden mit ihren Täuflingen, die dann alle noch einmal in einem Gespräch mit je zwei oder drei Ältesten einer anderen Gemeinde geprüft wurden. Sie hatten vorher wenigstens ½ Jahr Taufunterricht erhalten, der mit einer Prüfung durch die Ortsgemeinde abgeschlossen wurde. Die Prüfungen am Taufort dauerten meist wegen der vielen Täuflinge bis tief in die Nacht und auch am nächsten Vormittag kamen noch immer wieder singende Gruppen aus näher liegenden Gemeinden mit ihren Täuflingen.

Am Nachmittag, zu dem auch meine Frau mit dem Hauptredner von Soddu gekommen war, wurden die 1237 Täuflinge entlang dem Fluss von ihren Pastoren und Ältesten vor über 5000 anwesenden Gemeindegliedern getauft. Anschließend nahmen sie auf einer großen Wiese sitzend, gemeinsam das Abendmahl. Dabei gingen die Gemeindeältesten durch die Reihen und reichten die üblichen Brotfladen und danach aus gebrauchten Konservendosen Honigwasser anstatt des Weins. Für die Getauften war nicht die Form wichtig, sondern die Bedeutung des gemeinsamen Males zur Erinnerung an das, was ihr Herr und Heiland für sie getan hatte.

Beeindruckt waren wir auch von all den anderen Gottesdiensten die wir während dieses viermonatigen Aufenthalts, kurz nach der kommunistischen Zeit, besuchen konnten. Die Zahl der Gläubigen war während der 17 Jahre kommunistischer Herrschaft, wo man sich vielfach im Untergrund traf, unglaublich gewachsen. Eine der in Addis Abeba neuentstandenen Gemeinden, die wir besuchten, hatte beim ersten Jahrestag nach ihrer Entstehung bereits über einhundert Mitglieder. Weil das gemietete Gebäude für ihre Gottesdienste bereits zu klein geworden war, hatte man einfach einen Teil des Grundstücks davor mit einem leichten Plastikdach und zwei Wänden aus Wellblech versehen. Die eine Seitenwand blieb völlig offen. Beeindruckt hat uns dort besonders die Disziplin der Kinder in dem über 2 Stunden dauernden Gottesdienst.

Die größte Kirche der E.K.H.C in Addis Abeba, mit der wir ja gearbeitet hatten, hatte zwei Gottesdienste am Morgen und einen am Nachmittag.. Im halb in der Erde befindlichen Untergeschoss befanden sich acht Klassenräume für die von der Gemeinde betriebene Schule, sowie ein Schulbüro und ein Jugendraum. Diese wurden während der drei Gottesdienste als Gebetsräume, Bibelstudienklassen und für den Kindergottesdienst benutzt. Man hatte inzwischen auch auf dem Grundstück hinter der Kirche acht weitere Klassenräumen gebaut, die alltags als Schule und Sonntags für die verschiedenen Gruppen benutzt wurden. An dem Sonntag, an dem wir diese Kirche besuchten, entschieden sich am Ende des ersten Gottesdienstes 39 Menschen Jesus Christus als ihren Heiland und Herrn anzunehmen. Sie bekannten dies, indem sie nach einem Aufruf des Predigers, nach vorn gingen und es damit öffentlich bezeugten. Auch in anderen, von uns besuchten Kirchen, erlebten wir es, wie sich meist junge Menschen für Jesus entschieden. Der Kommunismus, der 17 Jahre geherrscht hatte, hatte einen großen geistliche Hunger erwirkt, der sich jetzt überall auswirkte.

Oft hörten wir während dieser vier Monate auch die Frage: „Warum bleibt ihr nicht länger" oder „Wann kommt ihr wieder?". Wir wiesen dann auf unser Alter hin und ermutigten die Frager, dass man doch um weitere Mitarbeiter, vor allem um jüngere, beten solle. Uns wurde immer deutlicher bewusst geworden, dass die jungen, ständig wachsenden Gemeinden, gerade unter den jetzt vorhandenen Umständen die Hilfe erfahrener Christen brauchten. Aber daran mangelt es ja weltweit, und der Auftrag Jesu und Seine Bitte um Arbeiter in die Ernte, wird in nur wenigen Kirchen und Gemeinden befolgt. Mit dem Gedanken, dass es unser letzter Einsatz in Äthiopien gewesen sei, und dankbar für alles Erlebte, flogen wir wieder heim.

Der Mensch denkt, aber Gott lenkt

Zwei Mitglieder unserer damaligen Gemeinde sind heute noch Missionare in Malawi. Wir hatten ihnen bei ihrer ersten Ausreise mit ihren zwei kleinen Kindern versprochen, dass wir uns für ihren Heimaturlaub nach 4 Jahren Einsatz, um eine Wohnung kümmern würden. Etwa ½ Jahr vor ihrer geplanten Rückkehr fingen wir damit an. Unsere Bemühungen waren trotz vieler Gebete vergeblich. Es gab wohl freie Wohnungen, aber keine geeignete für eine Familie mit nunmehr drei kleinen Kindern, und ohne Möbel und das zu einem für sie noch erträglichen Mietpreis. Meine Suche musste ich unterbrechen, weil ich mit Brigitte zu einer Freizeit auf der Insel Korsika im Mittelmeer als Mitarbeiter eingeladen war. Als ich dort eines Nachts aufwachte und mich wieder die Frage der Wohnung für unsere Missionsfamilie bewegte, machte mir eine innere Stimme klar, dass wir ja unsere Wohnung der Missionarsfamilie zur Verfügung stellen könnten, und selbst in der Zeit ihres Heimaturlaubs noch einmal nach Äthiopien gehen. Mein Herz war ja noch immer in Äthiopien, wo wir so viele Jahre gelebt hatten und ich um den Mangel an Mitarbeitern wusste. Aber wie sollte ich das meiner Frau klar machen ? Als wir von unserem zweiten Einsatz nach meiner Pensionierung von Äthiopien zurück kamen, hatte sie ja geäußert, dass sie nun an keinem weiteren Einsatz mehr interessiert sei.

Mir ließ der nächtliche Gedanke aber keine Ruhe und als wir am Nachmittag des folgenden Tages wieder am Strand saßen, versuchte ich das Gespräch vorsichtig auf die Frage der Wohnung für Steiners zu bringen. Ich sagte Brigitte, dass mir die Situation um Steiners Wohnung doch einige Sorgen mache. Brigitte antwortete zu meinem Erstaunen, dass es ihr genau so ginge und sie neben unseren gemeinsamen Gebeten auch noch zusätzlich selbst um eine Lösung bete. Ich fragte sie dann zögernd, ob sie sich vorstellen könnte, dass wir noch einmal, diesmal für 10 Monate, nach Äthiopien gingen und Steiners unsere, für sie gut geeignete Wohnung, mit allen Möbeln zur Verfügung stellen sollten. Sie antwortete: „Darauf habe ich gewartet“ und das in einem so überzeugenden Ton, der mich erstaunte. Und dann erzählte sie mir, dass, als sie wieder einmal vormittags bezüglich der Wohnung betete, ihr eine innere Stimme sagte: „ Was betest du um eine geeignete Wohnung für Steiners? Eure Wohnung ist doch gerade das Richtige für sie und Ihr solltet noch einmal nach Äthiopien gehen, wo man euch dringend benötigt.“ Sie sei dann erschrocken gewesen und habe dem Herrn in ihrem Gebet gesagt, dass er doch das nicht mehr verlangen könne in unserem Alter und dass wir doch gerade erst von einem Einsatz zurück gekommen wären. Aber die innere Stimme ließ sie nicht los. Da sagte sie dem Herrn, dass sie nicht ungehorsam sein wolle, und bat darum, wenn es wirklich Sein Wille sei, Er mir das Gleiche sagen möge als Zeichen, dass es von Ihm sei. Sie wollte kein Wort davon mir gegenüber verlieren. Und jetzt kam ich mit dieser Frage, auf die sie gewartet hatte.

Am Tag nach unserer Rückkehr von der Freizeit erhielten wir einen Brief aus Äthiopien von einer jungen deutschen Missionarin, die wir mit ihrem Mann und den drei kleinen Mädchen in unserem letzten Einsatz nach dem Abschluss ihres Sprachstudiums kennen gelernt hatten. Sie schrieb, dass sie mit ihrem Mann eine, von den Kommunisten zerstörte Missionsstation, wieder aufbauen sollen. Die örtliche Bevölkerung hätte darum gebeten, weil zu der Station, wie gewöhnlich, eine Klinik und eine Schule gehörten, die beide zerstört wurden. Man wollte sie gern wieder in Betrieb haben. Sie schrieb weiter, dass sie große Furcht vor dieser Aufgabe habe, da ihnen noch alle Erfahrung fehle. Es wäre ihr eine große Gebetserhörung, wenn wir kommen und ihnen ein halbes oder ein viertel Jahr zur Seite stehen könnten. Gott sprach damit wieder zu uns. Ich rief sofort am nächsten Morgen die Zentrale der SIM in Addis Abeba an, um deren Stellungnahme und eventuelle Zustimmung zu erfahren. Man bat mich, so schnell wie möglich zu kommen, da man auch in der Missionsleitung Bedenken hätte, zwei so unerfahrenen jungen Leuten diese Aufgabe zu übertragen, aber man hätte niemand anderen. Als ich dann zu Brigitte zum Frühstückstisch zurückkehrte und wir unsere Morgenandacht hielten, hieß die Tageslosung im Losungsbuch: „Geh und sieh, wie es um deine Brüder steht“, was Jakob seinem Sohn Josef sagte, als er ihn zu seinen Brüdern schickte. Uns war jetzt gewiss, dass Gott uns zu einem weiteren Einsatz in Äthiopien haben wollte, denn deutlicher hätte Er es uns kaum sagen können.

Eines bereitete mir allerdings Sorgen. Seit unserem letzten Einsatz hatte ich ständig Schmerzen im Rücken. Bei der üblichen Untersuchung im Tropeninstitut in Tübingen hatte man festgestellt, das zwei oder drei Wirbel am unteren Teil der Wirbelsäule durch die schlechten Straßen in Äthiopien recht abgenutzt waren. Man hatte mir von einer Operation abgeraten und Mittel gegen die Schmerzen verordnet, die aber nur teilweise halfen. Wie würden sich die äußerst schlechten Straßen in Äthiopien nun auf meine Wirbelsäule auswirken? Ich sagte mir aber dann, dass die Schmerzen in Äthiopien nicht unbedingt größer sein müssten als in Deutschland und ich ja vieles Reisen auf den schlechten Straßen vermeiden könne. Außerdem vertraute ich Gott, dass Er mich weitgehendst bewahren würde.

Kurz nachdem Steiners kamen flogen wir wieder nach Äthiopien. Meine Frau blieb zunächst mit der jungen Frau, die uns geschrieben hatte, und mit ihren drei kleinen Töchtern in Addis Abeba. Ich fuhr mit ihrem Mann die 240 km zum Langanosee, um dort für uns zwei Familien Wohnmöglichkeiten zu schaffen. Die Station lagt in einem herrlichen Waldgelände direkt am großen Langanosee und war ursprünglich als Freizeitplatz für Jugendliche und Tagungsort für die äthiopischen Gemeinden und die damals etwa 250 Missionare unserer Mission geplant. Zu ihr hatten außerdem eine vierklassige Schule und eine kleine Klinik für die dort lebende moslemische Bevölkerung gehört. Die kommunistische Regierung hatte sie nach ihrer Machtergreifung enteignet und der Luftwaffe als Ferien- und Erholungsstätte gegeben. Bei ihrem Zusammenbruch mit dem damit verbundenen Kriegsende wurden die noch vorhandenen Gebäude von herumstreunenden Soldaten geplündert und teilweise zerstört, doch bald von der dortigen Bevölkerung bewacht. Ihre Vertretung forderte dann das Gelände von der neuen Regierung zurück und bat die Mission zur Rückkehr, um ihr die ehemalige Station wieder zu übergeben. Das geschah dann auch in einem feierlichen Akt, bei dem man sogar eine Erweiterung des Geländes anbot, damit die Mission eine größere Klinik und eine neue achtklassige Schule auf dem erweiterten Gelände aufbauen könne.

Nachdem wir für uns und unsere Familien die erforderlichen Wohnräume geschaffen und diese wohnlich gemacht hatten, holten wir sie nach Langano. Zu meiner Verwunderung nahmen meine Rückenschmerzen durch die notwendigen Fahrten auf den schlechten Straßen und Buschwegen langsam ab, anstatt dass sie, wie erwartet, stärker wurden. Ich war darüber recht verwundert, dankte aber Gott von ganzem Herzen, dass ich jetzt bei gewissen Bewegungen geringere Schmerzen hatte und weitgehendst ein voller Einsatz wieder möglich war. Wir konnten zunächst die alte Klinik wieder benutzbar und einsatzbereit machen. Auch die stark zerstörte Schule konnten wir so weit reparieren, dass wir sie mit einheimischen Lehrern und der Mithilfe meiner Frau wieder in Betrieb nehmen konnten.

Weil der bisherige offene Brunnen nur begrenzt Wasser gab, baten wir ein Brunnenbauteam der Mission uns einen neuen Brunnen zu bohren. In einer Senke auf dem Grundstück fanden wir eine gute Wasserader die wir für unseren neuen Brunnen nutzen konnten. Wir versahen ihn mit einer Elektropumpe und befestigten einen großen Wassertank hoch in einem daneben stehenden Baumriesen. Dann legten wir Rohre zu den einzelnen Gebäuden. Mit einem fahrbaren Generator, den der junge Mitmissionar nach dem Zusammenbruch der kommunistischen Regierung von der aufgelösten DDR-Botschaft in Addis Abeba erworben hatte, konnten wir die Elektropumpe in Betrieb nehmen und für Strom zur abendlichen Beleuchtung und für unsere elektrischen Geräte und Werkzeuge sorgen.

Die zerstörten Bibelschulen

Fünfeinhalbe Monate nach unserer Ankunft in Langano bat die Missionsleitung meine Frau und mich zu einem anderen Einsatz in Soddu. Wir kannten ja Soddu von der Erneuerung der dortigen Elektroanlagen. Soddu ist die Hauptstadt der Wolaittaprovinz mit ihren damals fast 800 Gemeinden und 17 Gemeindebezirken. Von diesen Bezirken hatte früher jeder eine eigne kleine Bibelschule zur Ausbildung der Pastoren und anderer Mitarbeiter der sehr schnell wachsenden Gemeinden. Nun hatten aber die Kommunisten 16 von den 17 dieser Bibelschulen neben hunderte von Kirchen zerstört. Ich wurde nun gebeten, den Aufbau von 16 neuen Bibelschulen im Wolaittagebiet und einiger in Nachbarprovinzen zu organisieren und zu leiten. Kanadische Kirchengemeinden hatten Holz für die Fenster, die Türen und die Schulmöbel, sowie die Dachbleche gesandt. Das Material für das Fundament und die Wände, sowie das Holz für die Dächer sollten die Gemeindebezirke selbst erbringen.

In Soddu erwarteten uns zwei nebeneinander liegende Räume eines aus Baumstämmen und Lehm gebauten Gästehauses für einheimische Gäste. Man hatte für uns nun einfach einen Durchbruch in die Zwischenwand zweier Räume geschlagen, so dass wir einen Schlafraum mit zwei Betten und einem aus Kisten gemachten Kleiderschrank, sowie einen Wohnraum mit einem Butangaskocher, einem Tisch und zwei Stühlen hatten. Das Wasser mussten wir etwa 15 m herbeitragen und als Toilette diente ein etwa 2½ m^2 großer Raum hinter dem Gästehaus mit einem Loch in einer Zementplatte am Boden über einer tiefen Grube, den wir mit den Einheimischen Nachbarn teilten.

Der einzige Komfort war die Dusche mit warmem Wasser, die wir im nächsten Missionshaus benutzen durften. Nach einigen Wochen wurde eins der drei Missionarshäuser frei, in das wir dann einziehen konnten.

Kurz nach unserer Ankunft konnte ich in der Nachbarprovinz eine dort bereits im Bau befindliche Bibelschule besichtigen. Die Wände aus rohen Stämmen von Eukalyptusbäumen standen schon und warteten bereits auf den Lehmbelag. Da man annehmen musste, dass die Termiten in 5-12 Jahren das Holz soweit zerfressen haben würden, dass Einsturzgefahr bestünde, entschied ich mich, die neuen Bibelschulen mit Zementhohlblocks bauen zu lassen, da ich ja gute Erfahrungen mit Hohlblocks aus unsere Zeit in Sierra Leone hatte. Bei ihrem monatlichen Treffen aller Gemeindeleiter des Gebietes zur Schulung und zum gemeinsamen Gebet, konnte ich sie davon überzeugen, dass das bauen mit Zementhohlblocks, wenn günstiger Sand vorhanden ist und diese selbst hergestellt werden, billiger werden würde, als mit der traditionellen Bauweise mit den nicht billigen und spärlich vorhandenen Baumstämmen. Ich bot ihnen an aus jedem ihrer 17 Bezirke zwei junge Männer zu senden, die ich in einem mehrwöchigen Kursus im Herstellen der Zementblocks, wie auch im Bau der Bibelschulen ausbilden würde. Die Formen für die Zementblocks wollte ich ihnen aus Hartholz machen. Der Vorschlag wurde einstimmig angenommen.

Mit 34 jungen Männern, die die Gemeinden ausgesuchten hatten, begann ich dann einen mehrwöchigen Baukurs. Sie lernten die Fundamente auszumessen und zu legen, mit den aus Hartholz gefertigten Formen verschieden gestaltete Zementblocks zu stampfen, mit diesen Wände zu errichten, und diese dann zu verputzen. Auch das Herstellen von Dachbindern aus örtlichem Holz, das richtige Anbringen der Dachbleche, die Zementfußböden sauber einzubringen, Türen und Fenster richtig einzusetzen und gerade Decken einzuziehen gehörten zur Ausbildung. Nach Abschluss dieser Kurse erhielten sie ein Zeugnis und gingen in ihre Bezirke zurück. Ich besuchte danach ständig einen Bezirk nach dem anderen, um sie für die örtliche Situation zu beraten und beim Legen der Fundamente und beim Bau zu helfen.

Ein besonderes Problem war der Bau der Bibelschule im 73 km entfernten Kindo in den dortigen Bergen. Der unbefestigte Weg dorthin und seine Brücken waren seit Jahren mehr und mehr zerfallen und für die letzten 35 km gab es nur einen Bergpfad, der selbst für Geländefahrzeuge unpassierbar war. Das meiste Baumaterial, wie Zement und die von Kanada gespendeten Dachbleche und anderes Baumaterial, mussten in mehrstündigen Märschen von den Gemeindegliedern und ihren Eseln zur Baustelle getragen werden. Kurz nach Beginn des Baues schenkte es Gott aber, dass die Deutsche Kindernothilfe den dicht an Kindo vorbei führenden Weg zu einem ihrer Einsatzorte wieder befahrbar machte. Die Gemeinden um Kindo verbesserten dann das Anschlussstück dass es für meinen Geländewagen befahrbar wurde. Dadurch konnte ich einen großen Teil des erforderlichen Zements, sowie die von uns in Soddu gefertigten Fenster, Türen und Schulmöbel mit meinem Auto nach Kindo bringen.

Leider musste der erforderliche Bausand für das Fundament, für die Hohlblocks und für den Bau- und Putzmörtel vom vier Stunden entfernten Omofluß über mehrere Berge herbei getragen werden. Jeden Mittwochmorgen trafen sich deshalb einige Monate lang Männer, Frauen und Kinder der umliegenden Gemeinden mit irgendwelchen Gefäßen, marschierten 4 Stunden zum Omofluß hinab, füllten ihre Gefäße mit Sand, und stiegen dann in 4 ½ Stunden wieder hinauf nach Kindo. Für sie war das auch ein Gottesdienst und wurde natürlich nicht bezahlt. Ich habe da oft an unsere Christen in Deutschland denken müssen, wie weit sie zu einem solchen Dienst für ihren Herrn und Heiland bereit wären.

Im Oktober 1994 hatte ich etwas in Addis Abeba zu erledigen. Ich besuchte dabei unseren Missionsarzt zu einer Überprüfung meiner Gesundheit. Er entdeckte einen Knoten an meiner Prostata und vermutete beginnenden Krebs. Da er kein Spezialist auf diesem Gebiet war, sandte er mich zu einem gläubigen amerikanischen Spezialisten, der eine Frauenklinik in Addis Abeba leitete. Dieser bestätigte seine Vermutung. Er riet mir, so schnell wie möglich nach Nairobi in Kenia oder nach Deutschland zu fliegen, um dort entsprechende Maßnahmen ergreifen zu lassen. Brigitte und ich entschieden uns daraufhin anfangs Dezember zum Weihnachtsfest nach Deutschland zu fliegen. Wir informierten sofort unsere Missionsfreunde über den Befund der Ärzte und baten um Fürbitte. Im November erlebten wir noch die Fertigstellung mehrerer Bibelschulen und an meinem 73. Geburtstag die Einweihung der ersten von den neu gebauten. Dabei strömten Hunderte von Gliedern der Nachbargemeinden herbei, oft viele Kilometer zu Fuß. Sie brachten viele Geschenke für die Ausstattung und Versorgung der Bibelschule, um damit Gott ihren Dank und ihre Freude zu zeigen.

Anfang Dezember flogen wir dann heim. Aber weder bei der ersten Untersuchung durch unsern Hausarzt, noch bei einer zweiten Untersuchung durch einen hinzugezogenen Spezialist konnte etwas von dem Knoten an meiner Prostata festgestellt werden. Gott hatte die Gebete der vielen Missionsfreunde und auch unsere erhört. Ich habe bis heute keine Probleme mit meiner Prostata. Auch meine Rückenschmerzen waren im letzten Halbjahr unseres Einsatzes in Soddu nicht mehr aufgetaucht. Wir hatten dann vier schöne Wochen, da unsere Wohnung ja wieder frei war und konnten mit einigen unserer Kinder und Enkel ein frohes Weihnachtsfest feiern.
Aber im Soddugebiet warteten mehrere Gemeindebezirke darauf, dass wir ihnen helfen würden, die im Bau befindlichen Bibelschulen zu vollenden. Am 11. Januar 1985 waren wir wieder auf dem Weg nach Äthiopien. Bald nach unserer Ankunft dort konnten wir in Soddu an der großen jährlichen Konferenz mit 30 000 Besuchern aus allen Gemeinden des Wolaittagebietes teilnehmen. Die Predigten wurden meist übersetzt, da viele Redner aus anderen Stämmen oder dem Ausland kamen. Einheimische Chöre in ihrer jeweiligen Chorkleidung boten mit selbstgemachten Liedern neben Gesangs- und Musiksolisten reiche Abwechslung. 140 junge Menschen meldeten sich bei dieser Konferenz zur Ausbildung für den vollzeitlichen Dienst in Gemeinden oder auch als Evangelisten. Die Gemeinden verpflichteten sich, deren Ausbildung zu finanzieren und sie zu betreuen. Interessant war auch, was an Gaben zur finanziellen Unterstützung der Gemeinden und zur Ausbildung und zum Unterhalt der Evangelisten gegeben wurde. Da brachte man neben Geld auch Lebensmittel, Kleidungsstücke, Gebrauchsgegenstände und sogar einige Rinder, Ziegen und Schafe.

Im Laufe der folgenden Monate erlebten wir die Fertigstellung der letzten Bibelschulen und eine Reihe weiterer Einweihungen. Bei jeder dieser Einweihung strömten wieder Hunderte von den Nachbargemeinden herbei und brachten ihre Geschenke für die Ausstattung und Versorgung der so lang erbetenen Bibelschulen.

Eines Tages wurde ich gebeten, den Hauptredner, sowie eine Sängerin und zwei weitere Begleiter zu einer Konferenz nach Laha zu bringen und die Gemeinde dort gleich für den Bau einer kleinen zweiklassigen Bibelschule zu beraten. Laha liegt 250 km von Soddu entfernt hoch in den Berge.. Da einer meiner Begleiter aus Laha war und den Weg gut kannte, schafften wir die letzten 80 km und 1500 m Höhenunterschied dorthin in 5 Stunden. Manchmal fuhr unser Auto so schräg am Berghang, dass ich Angst hatte umzukippen. Die Konferenz war ein Erlebnis für sich. In einem Zelt hatte man mir sogar mit einer heugestopften Matratze ein Lager bereitet und ich konnte zwei der ersten Christen des Gebietes kennen lernen, die jetzt als Evangelisten dienten. Die Konferenz dauerte drei Tage und war gut besucht.

Bei Antritt unserer Rückfahrt fing es ganz leicht an zu regnen, und mehrfach blieben wir auf dem glitschigen Lehmboden stecken und konnten nur mit Hilfe vorbeikommender Einheimischer steilere Wegstrecken passieren. Nach dem Durchfahren eines größeren Flusses, der zum Glück noch nicht angeschwollen war, mussten wir den steilen Hang an der anderen Seite erst für uns befahrbar machen. Wir dankten Gott, als wir diese Stelle passiert hatte. Als wir die Straße in Bulki erreichten fing es an heftig zu regnen, und wir dankten Gott noch einmal, dass der heftige Regen nicht früher gekommen war. In Bulki besuchten wir noch das neue Gotteshaus, das man direkt neben dem alten, jetzt zu kleinen, aufgebaut hatte. Auch hier war die Gemeinde stark gewachsen. Ohne weitere größere Probleme erreichten wir dann Soddu.

Nach meiner Rückkehr nach Soddu startete ich, unter Mithilfe von zwei bereits von mir ausgebildeten Helfern, einen neuen Baukurs mit 26 Männern aus verschiedenen Teilen Äthiopiens, die alle von ihren Gemeinden gesandt waren. Die jungen Leute lernten dabei auch, wie man neben einfachen Außentoiletten auch solche mit Wasserspülung und septischer Klärgrube bauen kann, weil diese in den Dörfern vieler Gebiete noch unbekannt waren. In vielen Teilen Äthiopiens hatte man zu dieser Zeit auch noch keine Ahnung vom Bau mit Zementblocks und auch Wellbleche für Dächer waren weitgehendst unbekannt und nicht verfügbar. Nach einigen Monaten waren endlich auch die letzten Arbeiten an den neuen Bibelschulen der Nachbargebiete fertig und diese konnten auch eingeweiht werden.

Für unseren Abschied gab man dann ein gemeinsames Mahl mit all den Verantwortlichen und Mitarbeitern in Soddu und überreichte meiner Frau als Dank für unsere Hilfe eine goldene Halskette mit einem goldenen Anhänger und mir einen großen handgewebten Baumwollumhang, den man als Kleidungsstück, wie auch als Decke beim Schlaf benutzen kann, und einen goldenen Ring. Am 18.7. flogen wir wieder dankbaren Herzens nach Deutschland zurück. Unsere Wohnung fanden wir bei unserer Heimkehr wohlbehalten .

Ein neues Projekt mit Problemen

Kurz vor unserer Rückreise nach Deutschland bat mich der Präsident der Wollaitagemeinden, Ato Wadja, für die Bebauung eines 18 000 m² großes Grundstück der Gemeinde am Rande der Stadt die Baupläne zu machen. Es sollten darauf eine große Konferenzkirche mit mehreren tausend Sitzen, die Gebäude für das entstehende Bibelkolleg einschließlich der Wohnräume für die Studenten, ein Kindergarten für 150 Kinder und einige andere Gebäude entstehen. Auch Pläne für eine Ausbildungswerkstatt in Terre Pesa, dem 4 km außerhalb der Stadt liegenden Zentrum der Wollaitagemeinden sollte ich ihnen nach unserer Heimkehr zeichnen und senden. Ich machte mich also ans Planen.

Da der letzte 2 ¼ jährige Einsatz in Äthiopien uns beide doch etwas angegriffen hatte, wollte uns unser Hausarzt in eine Kur schicken. Gott schenkte aber gerade zu dieser Zeit die Möglichkeit für uns, drei Wochen im Zusammenhang mit Predigtdiensten in der Gemeinde in Westerland auf Sylt kostenlos auf dem Gemeindegrundstück zu wohnen. Unser Arzt verschrieb uns deshalb je zwölf von drei verschiedene Behandlungen, um uns die spätere Möglichkeit einer Kur offen zu halten. Als der Masseur dort auf Sylt meinen Rücken massierte, befragte er mich nach einer Verdickung am Unterteil meiner Wirbelsäule. Als ich ihm deshalb von meinen früheren Rückenproblemen erzählte und deren Verschwinden während unserer Einsätze in Äthiopien, erklärte er mir, dass durch das Fahren mit dem neuen gut gefederten Geländewagen auf den schlechten Straßen die vielen Schlaglöcher wie eine ständige Massage gewirkt hatten und sich zusätzlich stützende Muskeln entwickelt hätten. Dadurch sei der vorhandene Verschleiß der unteren Wirbel kompensiert worden und deshalb hätte ich auch jetzt keine Schmerzen mehr. Wären wir also damals nicht nach Äthiopien gegangen, so hätte ich wahrscheinlich noch immer meine Rückenschmerzen. Auch das sah ich wieder als Geschenk Gottes.

Neben meiner Zeichnerei für die gewünschten Bauten in Soddu durfte ich für die Vorbereitung des Pro Christ Einsatzes in drei Orten die Seelsorgehelfer schulen, was mir auch viel Freude machte. Dabei kam ich mit dem Besitzer der Firma Weber Hydraulik zusammen, der mir eine, gerade durch eine modernere ersetzte, gebrauchte Zeichenmaschine schenkte, was mir meine Arbeit beim Planen und Zeichnen sehr erleichterte. Ich entwarf also zunächst eine sehr einfache Kirche mit 3000 Sitzen, die mir dann unser Gemeindeleiter, ein Diplomingenieur für Baustatik, kostenlos berechnete. Dazu fertigte ich die anderen gewünschten Zeichnungen an. Einen Plan für den Kindergarten entwarf Brigitte als Technische Zeichnerin.

Nach einem ½ Jahr waren die Zeichnungen fertig und am 11. Januar 1996 flog ich wieder nach Äthiopien, um den Bau der neuen großen Kirche zu starten. Brigitte konnte mich diesmal nicht begleiten, da sie in letzter Zeit gesundheitliche Probleme hatte und noch in ärztlicher Behandlung war. Am Tag nach meiner Ankunft in Soddu suchte ich die neue Baustelle auf, da ich sie noch nicht gesehen hatte, und von der ich nur wusste, dass sie 18 000 m^2 groß ist. Als ich sie sah, war ich doch erschrocken, denn das ganze Gelände fiel nach zwei Seiten in ein Flusstal ab. Es gab praktisch keine ebene wagerechte Stelle für den neuen Kirchenbau und man hätte entweder die eine Seite der geplanten und berechneten Kirche mindestens 2 m in die Erde legen, oder unter die andere Seite entsprechend hohe Fundamente anordnen müssen. Auch für die anderen geplanten Gebäude war das Gelände ein Problem. Nach Rücksprache mit der Kirchenleitung und gemeinsamer Suche einer günstigen Lösung wurde entschieden, die schräge Geländelage dadurch zu nutzen, dass man das Bibelkolleg mit all seinen Räumen unter zwei abschüssige Seiten der Kirche anordnen sollte. Dadurch sparte man das Fundament und das Dach für dasselbe. Außerdem war es im Kirchengebäude sicherer gegen zukünftige Zugriffe durch den Staat, besonders nach einem eventuellen Regierungswechsel. Dafür musste aber dann später zu Hause ein völlig neuer Plan entworfen und berechnet werden.

Doch über Langeweile brauchte ich in Soddu nicht zu klagen, denn es sollten zwei neue Kliniken im Raum von Arba Minch gebaut werden und ich wurde gebeten die nötigen Vorbereitungen zu treffen und an Ort und Stelle die Gemeinden zu beraten und die notwendigen Vermessungen durchzuführen. Dann sollten die Behelfsräume einer größeren Bibelschule im 124 km entfernten Durami durch neue ersetzt werden und eine weitere in der Nachbarprovinz gebaut werden. Auch das erforderte neue Zeichnungen und mehrere Besuche, um zu vermessen und zu beraten. Daneben war der Bau der Ausbildungswerkstatt in Soddu begonnen worden. Geplant waren ein großer Raum mit 4 Ausbildungsplätzen für Tischler, zwei kleinere Räume für zwei Elektriker und drei Mechaniker und eine Autowerkstatt mit ebenfalls drei Ausbildungsplätzen.

Vor meiner geplanten Rückreise nach Deutschland im März machte ich auf dem Markt noch Videoaufnahmen. Natürlich zog das sofort viele Neugierige an, die sich um mich drängten. Dabei wurde mir meine Geldbörse mit meinem äthiopischem Führerschein und einigen anderen Papieren gestohlen. Natürlich baten wir unseren Vater im Himmel um Seine Hilfe. Am nächsten Tag rief die Polizei beim Herrn Wadja an, dass man auf ihrem Grundstück dicht am Zaun meine Geldbörse gefunden habe und ich sie abholen könne. Das Geld war natürlich weg, aber die Papiere hatte man mir gelassen, worüber ich besonders froh war und Gott dankte.

Mehrere Wochen früher hatte ich vom Präsident der evangelikalen Kirche Eritreas eine Einladung erhalten. Ich sollte mit dem für die missionarische Arbeit Verantwortlichen eine Reihe Gemeinden besuchen um die Aufbauarbeit derselben kennen lernen und bei ihrer Unterstützung helfen. Am 5. März verließ ich dann Soddu, um am 9. März von Addis Abeba für 10 Tage nach Asmara zu fliegen. Der für den Gemeindebau Verantwortliche Dr. Birhane, ein ehemaliger Arzt, der sich nach dem 29-jährigen Krieg gegen Äthiopien ganz in den Dienst Jesu gestellt hatte, fuhr mit mir zu einer Reihe Gemeinden. Was mich zunächst erstaunte war, dass es in Eritrea keine Bettler gab, wie man sie zu Tausenden in Äthiopien findet, weil betteln in Eritrea verboten ist und mit Gefängnis bestraft wird. Das Land hatte ja unter dem bis 1991 währenden neunundzwanzig Jahre währenden Krieg mit Äthiopien sehr gelitten und überall sah man die Leute wegen der vielen Zerstörungen beim Wiederaufbau.

Wir besuchten als erstes eine neu entstandene Gemeinde nördlich von Asmara. Junge Leute der Gemeinde in Asmara waren hier im Einsatz um ganze Berghänge mit selbst gezüchteten Bäumchen zu bepflanzen, und der Korrosion durch Regen Einhalt zu gebieten und damit auch das Regenwasser gehalten wird. In ihrer Freizeit nach der Arbeit besuchten sie die anderen Bewohner des Ortes in dem sie jetzt untergebracht waren und sprachen mit ihnen über den Glauben. Am Sonntag vor unserem Besuch waren die ersten 14 der hier neu entstandenen Gemeinde getauft worden.

Die folgende Fahrt nach Massaua, dem großen Hafen, war auch beeindruckend. Mehr als 2000 m fällt, wie schon früher erwähnt, die dorthin führende 120 km lange, von den Italienern gebaute, Straße ab. Sie führt in den ersten 60 km in phantastischen Windungen durch die hohen Berge an tiefen Schluchten vorbei, um die letzten 60 km durch flaches Land zum Meer zu laufen. Massaua war durch die Kämpfe noch immer sehr zerstört und dort soll es bei den entscheidenden Endkämpfen etwa 10 000 Tote gegeben haben. Jetzt waren schon ganz neue Siedlungen entstanden und in einem fast völlig zerstörten Gebiet hatte man die ersten neuen Häuser gebaut. Dort hatte die entstehende Gemeinde begonnen ein weniger zerstörtes Haus als Gottesdienstraum auszubauen. Die Wohnung des Gemeindeleiters, oder besser gesagt, seine Notunterkunft in einem anderen Teil der Stadt, die wir besuchten, bestand aus Brettern und Wellblech, in denen noch Löcher von Einschüssen zu sehen waren. Wir hatten mit ihm eine feine Gebetsgemeinschaft. Auf dem Rückweg konnte ich Videoaufnahmen von einer Gruppe junger Menschen machen, die die Straße an einer gefährlichen Kurve erweiterten. Mit Picken schlugen sie von der Bergseite Erde und weiches Gestein ab und trugen es in Plastikbahnen auf die andere Straßenseite, um es dort in den tiefen Abhang hinunter zu schütten. In Eritrea mussten zu dieser Zeit alle Jungen und Mädchen 18 Monate dienen, sechs davon in einer militärischen Ausbildung und 12 im Aufbaudienst.

Südlich von Asmara besuchten wir dann auch die große Waisenhausanlage der Mission in Dekamare, nahe der Hochebene, in welcher die entscheidende Panzerschlacht kurz vor Kriegsende stattgefunden hatte. Bei den Kämpfen hatte Gott das Grundstück wunderbar bewahrt. Mehrere hundert Waisenkinder, die ihre Eltern während des Krieges verloren hatten, wurden hier betreut und auch ausgebildet. Ihr prächtiger Gemüsegarten hat mich sehr beeindruckt. Weiter südlich besuchten wir eine Gemeinde, die von einer jungen Frau mit Bibelschulausbildung betreut wurde. Drei mal waren die Gemeindeglieder schon aus ihren gemieteten Versammlungsplätzen auf Betreiben von Priestern der auch in Eritrea herrschenden Koptischen Kirche vertrieben worden. An anderer Stelle, so wurde mir berichtet, hätten sich aber Priester evangelikalen Gemeinden angeschlossen. In der dann besuchten Stadt fanden wir eine Gruppe junger Leute aus der Gemeinde in Asmar. Die örtliche Gemeinde hatte von der Stadtverwaltung ein größeres, steinübersätes Gelände bekommen, um dort eine Schule, eine Klinik und eine Kirche in freiwilligem Einsatz aufzubauen.

Gegen Abend erreichten wir zwischen gewaltigen Felsen die Stadt Adi Quala nahe der äthiopischen Grenze, die auch stark zerstört war. Am Rande der Stadt stand ein weniger zerstörtes Gebäude, das als Gottesdienstraum der Gemeinde diente und das mir Herr Dr. Birhane zeigen wollte. Als wir es erreichten, war es offen und innen befanden sich ein alter Mann, zwei junge Leute und eine Mutter mit ihrem Baby, die im Raum verteilt knieten und für die Menschen der Stadt beteten. Das hat mich doch tief bewegt. Wir übernachteten dann in einem wieder aufgebauten Hotel für etwa 12 DM. Unser Besuch hatte sich unter den Gläubigen schnell herum gesprochen und so traf man sich am nächsten Vormittag zum Gottesdienst, den Herr Birhane leitete. Das Gebet nahm dabei einen großen Teil der Zeit ein.

Auf dem Rückweg stoppten wir noch in Mendesera, wo die hier schon recht große Gemeinde am Stadtrand, der nicht so zerstört war, ein Grundstück mit mehreren dicht beieinander liegenden Gebäuden hatte. Diese plante man in eine Kirche umzubauen, In der Stadt selbst wurde überall gebaut und das Wasser in Tankwagen vom einem nahen Fluss herbeigefahren. Gegen Abend erreichten wir wieder Asmara. Ein, auf dem Rückflug nach Addis Abeba geplanter Besuch der Gemeinde in Assab, wo wir ja vor vielen Jahren zwei Jahre eingesetzt waren, konnte nicht gemacht werden, weil das nach Assab gebuchte Flugzeug ausfiel. Mit dem nächsten Flugzeug hätte ich meinen bereits gebuchten Flug nach Frankfurt nicht mehr erreicht. Leider hat sich die Situation in Eritrea durch die jetzigen Verfolgung der Gemeinden erschreckend verändert.

Ein neuer Plan und neue Probleme

Zu Hause ging es wieder ans Planen und Zeichnen für den neuen Kirchenbau mit dem integrierten Bibelkolleg. Ich plante aus Standfestigkeitsgründen gegen Sturm und eventuellen Erdbeben ein kreuzähnliches Gebäude, das im Zentrum einen großen Raum von 22 x 22 m haben sollte, und an drei Seiten je einen Flügel von fast 140 m^2 mit je einem großen Balkon von 160 m^2 über den drei Seitenflügeln. Der Frontflügel sollte das Podium mit Kanzel und Taufbecken, den Chor und mehrere Nebenräume aufnehmen, und im Geschoss darüber dann einen Balkon mit mehreren Sitzreihen und Gästeräume für Gastlehrer des Bibelkollegs oder für fremde Konferenzredner. Unter dem Südflügel waren die drei Klassenräume des Bibelkollegs geplant und unter dem Ostflügel zwei Büros für die Kollegleitung, ein Schulbüro, das Lehrerzimmer, ein Studierraum für die Schüler und die Bücherei. Ein Bücherladen, sowie die Toiletten, waren auch im Untergeschoss vorgesehen. Einfache Holzbänken sollten 4000 Sitzplätze bieten. Da ich kein Bauingenieur bin, aber mit vielen praktischen Bauerfahrungen, bat ich den Diplomingenieur für Baustatik Manfried Schulte aus Gevelsberg, der zwei Kinder in der Mission hat, um Hilfe. Er machte mir kostenlos die statischen Berechnungen für das Gebäude, außer für das Dach, und beriet mich auch später mehrfach. Darüber verging etwa ein Jahr.

In diese Zeit fiel auch ein vierwöchiger Besuch von Herrn Desalegn Enaro, dem Generalsekretärs der Kirchen in Wollaita. Ich hatte ihn eingeladen mit mir zehn Gemeinden und sechs Bibelschulen in Süddeutschland, der Schweiz und Österreich, die Zentrale für Entwicklungshilfe der Evangelischen Kirchen in Bonn, sowie das Herbstmissionsfest der DMG und Hilfe für Brüder in Stuttgart zu besuchen, um für Unterstützung der Bauprojekte zu werben. Hilfe für Brüder sagte dann auch eine größere Summe zu. Als ich mich beim Besuch der ersten Gemeinde in Lahr, nahe der französischen Grenze, vergewissern wollte, ob alles mit dem Pass von Herrn Desalegn in Ordnung sei, stellte ich fest, dass er wohl ein Visum für die Schweiz und ein Mehrfachvisum für Österreich hatte, aber für Deutschland nur eines für eine einmalige Ein- und Ausreise. Wie sollte er, wenn wir in die Schweiz fuhren und dabei Deutschland verließen, aber er nicht ein zweites mal einreisen durfte, sein Flugzeug in Frankfurt erreichen? Sofort besuchten wir mehrere Behörden in Lahr, einschließlich der Grenzbehörde, und baten um Hilfe, aber überall bedauerte man, dass man uns nicht helfen könne, da nur die ausstellende Behörde ein Visum ändern dürfe. Man gab uns den Rat, bei unserem Besuch der Schweiz in Bern die Deutsche Botschaft aufzusuchen und um ein neues Einreisevisum für Deutschland zu bitten.

Vor unserem Grenzübertritt in die Schweiz besuchten wir noch Missionar Liebenau, durch dessen Dienst Gott uns nach Äthiopien gerufen hatte, und baten Gott gemeinsam, doch dieses Problem lösen zu helfen. Als wir auf diesem Umweg die schweizer Grenze bei Waldshut erreichten und noch einmal Gott um Hilfe gebeten hatten, erklärte ich den dortigen Grenzbeamten unser Problem, welches durch die falsche Eintragung in der Botschaft in Addis Abeba entstanden war. Darauf hin holte einer ihren Vorgesetzten. Als dieser uns angehört hatte, nahm er Desalegns Pass in sein Büro, änderte das Einfachvisum in ein Mehrfachvisum und erklärte auf der Nebenseite des Passes, warum er das getan hatte, und versah alles mit Stempeln und Unterschrift. Wir dankten Gott von ganzem Herzen. An anderen Grenzübergängen hätte das sicher niemand gewagt.

Bei der Rückkehr nach Deutschland über Waldshut hatten wir natürlich keine Probleme und auch nicht bei der Einreise nach Österreich. Aber als wir bei Salzburg wieder nach Deutschland einreisen wollten, verweigerte die Grenzpolizei zunächst die Einreise wegen des geänderten Visums. Sie erkundigte sich dann in Waldshut nach der Echtheit der Änderung, sowie in Brackenheim nach meinen Personalien und machte der Grenzpolizei in Waldshut schwere Vorwürfe. Nach einer halben Stunde durften wir passieren. Nach dem gemeinsamen Besuch weiterer Gemeinden und der anderen Stellen flog Desalegn wieder zurück nach Äthiopien.

Noch vor Desalegns Besuch hatten wir angefangen nach einem Mann zu suchen, der bereit sei zu helfen, dass die neuen Pläne der großen Kirche nun auch zur Ausführung kämen. Wir riefen auch unsere Missionsfreunde zur Fürbitte auf. Als selbst Christliche Fachkräfte International niemand fand, bat ich die Kirchenleitung in Soddu sich nach einem äthiopischen Bauingenieur umzusehen und sandte ihnen Kopien der Baupläne. Ich teilte ihnen auch mit, dass ich bereit sei, wenn notwendig, noch einmal nach Äthiopien zu kommen, um mit einem äthiopischen Bauingenieur den Bau zu starten, damit er ihn dann allein weiterführen könnte. Nach einigen Wochen erhielt ich die Nachricht, dass man einen äthiopischen Bauingenieur gefunden habe, der bereit sei den Bau auszuführen und auf mein Kommen warte.

Am 24.10. 97 flog ich dann zusammen mit Herrn Busse, einem anderen Rentner, nach Äthiopien. Mein Begleiter, ein pensionierter Ingenieur, hatte es sich zu einem Hobby gemacht, weltweit auf Missionsstationen zu helfen. Er finanzierte seine Einsätze auch selbst. Diesmal wollte er sich an einigen anderen Stellen in Äthiopien einbringen. Am Tage unserer Ankunft in Addis Abeba stellte sich mir ein gewisser Herr Yaicob Gebetu mit einem Empfehlungsschreiben der Kirchenleitung von Soddo vor, als derjenige, der den Bau ausführe wolle. Im Gespräch erfuhr ich, dass er seine Ausbildung zum Bauingenieur mit Auszeichnung abgeschlossen hatte und dafür nach Holland zu einem zweijährigen weiteren Studium gesandt wurde, wo er noch ein weiteres ½ Jahr arbeitete. Nach seiner Rückkehr nach Äthiopien bildete er mit seinem Bruder, auch einem Bauingenieur, eine Baufirma. Sein Vater war einer der ersten zehn in Soddu Getauften und einer der bekannten Evangelisten. Er selbst war 30 km von Soddu entfernt geboren und dort zur Oberschule gegangen. Es war schon immer sein Wunsch gewesen, zur Ehre Gottes eine Kirche bauen zu dürfen. Beim Besprechen der Baupläne, die er bei sich hatte, wies er mich auf einige notwendige Änderungen beim Fundament hin, die die Bodenverhältnisse und die Lage im Afrikanischen Graben erforderlich machten. Gott hatte unsere Bitten um einen fähigen, sogar kostenlosen Fachmann über Bitten und Verstehen erhört.

Als er dann mit uns nach Soddu fuhr, erlebte ich dort eine Überraschung. Er hatte von einer italienischen Straßenbaufirma, deren Besitzer er kannte, eine große Planierraupe kostenlos leihen können und damit bereits das Baugelände entsprechend meiner Zeichnungen stufenförmig bearbeitet. Auch hatte man begonnen die Fundamente für den tieferen Ostflügel schon zu legen. Auf dem Baugelände lagerten bereits einige tausend m³ Steine und Bausand, einige hundert Sack Zement und der ganze, von mir berechnete Baustahl. Auch einen 18 000 lt. Wasser fassenden Betontank hatte man gebaut und an das Wassernetz der Stadt angeschlossen, sowie einen 380 V Stromanschluss besorgt. Das Baugeschäft von Herrn Yaicob in Addis besorgte sein Bruder, während er die Arbeit auf der Baustelle hier in Soddu organisierte. Ich konnte mich deshalb noch um andere Bauten kümmern, wie zum Beispiel die Fertigstellung der Ausbildungswerkstatt, die während meiner Abwesenheit geruht hatte. Dann sollten ein großer Getreidespeicher für Zeiten einer nicht seltenen Hungersnot und andere Gebäude gebaut werden. Auch einige Elektroprobleme gab es zu lösen, wie auch die Wasserversorgung für die wachsende Zahl der Mitarbeiterhäuser auf dem Kirchengelände außerhalb der Stadt, denn Wasser von der Stadt gab es nur stundenweise.

Zum Weihnachtsfest hatte Herr Busse seine Frau eingeladen. Wir fuhren mit dem Bus nach Addis Abeba und holten sie vom Flugplatz ab und feierten Weinachten im Hauptquartier der Mission. Auf unserer Busfahrt nach Soddu in den nächsten Tagen hatten wir dann nach gut 100 km in Zwai eine Pause, um uns in einer Gaststätte ein wenig zu erfrischen. Da entdeckte Frau Busse, dass die linke

Seite meiner Jeansjacke aufgeschlitzt war. Meine Brieftasche in der linken Innentasche mit all meinen Papieren hatte man mir im Gedränge auf dem Busbahnhof beim Besorgen der Fahrkarten gestohlen. Zum Glück hatte ich die mehrere tausend äthiopische Dollar für die Löhne der Arbeiter in Soddu in der rechten Innentasche gehabt. Immer wieder durfte ich erfahren, wie Gott bewahrte. Am 13.1.98 flog ich mit Ehepaar Busse wieder nach Hause, um mich an die nicht einfache Dachkonstruktion zu machen.

Kurz vor unserem Heimflug hatten sich durch eine extreme Pfingstgruppe Problem in der Gemeinde in Soddu gezeigt. Ihr Leiter, ein ehemaliger aktiver Kommunis, versuchte auf jede Weise den Bau zu verhindern und mit seinen Anhängern die Gottesdienste zu stören, sodass die Polizei eingreifen musste. Dadurch kam der Bau der Kirche für längere Zeit zum Stillstand. Satan war wieder einmal am Wirken. Als man den Weiterbau endlich wieder aufnehmen konnte, begannen mit dem größeren Nachbarstamm, der auch zur Sidamoprovinz gehörte, blutige Kämpfe. Es ging um die Frage einer einheitlichen Sprache in den Schulen. Die Sprache der Wallamos, das Wollaitinga, war durch die Arbeit der Missionare in den 40 Jahren viel weiter entwickelt worden als die des größeren Sidamostammes und zu einer Schriftsprache geworden. Die Bibel war schon ganz in Wollaitinga übersetzt und lag zum Druck in lateinischer und amharischer Schrift bereit. Für viele Monate machten die Auseinandersetzungen eine Bautätigkeit unmöglich. Das Wollaitagebiet wurde dann von der Regierung zur kleinsten eigenen Provinz Äthiopiens erklärt und seine Stammessprache durfte in der Schule benutzt werden.

Inzwischen hatte ich die Planung der Dachkonstruktion abgeschlossen. Da in Äthiopien gutes Bauholz fast teurer ist, als Eisen, und auch leicht von zerstörenden Insekten befallen wird, andererseits große Eisenträger aber schwer zu bekommen und zur so weit entfernten Baustelle zu transportieren sind, hatte ich mich zu einer Konstruktion mit zur Zeit sehr günstigen Winkeleisen entschieden. Einer unserer ersten und treusten Missionsfreunde, ein Baustatikingenieur im Ruhestand, brachte mich in Verbindung mit einem Diplom-Prüfungsingenieur für Stahlbau, der uns die von mir geplante Dachkonstruktion statisch berechnete und die Ergebnisse auf 357 DIN A4 Seiten übersandte. Die Rechnung von 7 000 DM erließ er uns als Spende für die Mission. Wieder hatte Gott uns beschenkt.

Auf dem Herbstmissionsfest der DMG im September 2000 traf ich Herrn Rolf Röhm, einen unserer ehemaligen Missionare. Er war Stahlbauingenieur und hatte in den Arabischen Emiraten vor einigen Jahren ein Krankenhaus aufgebaut und technisch betreut. Wegen der Ausbildung seiner Kinder war er nach Deutschland in seinen Beruf zurückgekehrt und hatte jetzt ein eigenes Statikbüro. Nach einem Gespräch mit ihm über die Situation in Soddu war er bereit mit mir im Januar 2001 nach Äthiopien zu fliegen und beim Herstellen der erforderlichen Dachkonstruktionsteile zu helfen, da er zu dieser Zeit wenig Aufträge erwartete.

Als ich im Dezember meinen Hausarzt aufsuchte, um meinen Gesundheitszustand als 79-jähriger vor der Reise überprüfen zu lassen, stellte dieser eine geschwächte und ausgebeulte Stelle an meiner Hauptschlagader fest und zwar an der Verzweigung in die beiden Beine. Sie konnte beim platzen zum Verbluten in wenigen Minuten führen. Auf seine Bemühungen hin wurde ich sofort noch einmal durch einem Facharzt mit Hilfe einer Tomographie untersucht und zum verantwortlichen Professor des Krankenhauses nahe Heilbronn geschickt. Der erklärte mir nach einer weiteren Untersuchung, dass zwar noch keine direkte Lebensgefahr bestehe, aber durch einen Schlag oder Druck oder einen Luftdruckabfall im Flugzeug die Ausbeulung platzen könne. Er riet dringend zu einer Operation. Der nächste freie Termin war im April. Weil ich dem Professor aber von meinem geplanten Einsatz in Äthiopien berichtete, gab er mir Hoffnung, dass ich falls kein Notfall eintritt, sofort nach der Weihnachtspause operiert werden könnte. Da Gott es schenkte, dass kein Notfall eintrat, wurde ich am 5. Januar operiert. Er gab den Ärzten Weisheit zur vierstündigen Operation.

Obwohl wir unseren Flug um einen Monat verschoben hatten, musste Missionar Rolf Röhm im Februar doch allein fliegen. Er arbeitete dann mit einem kleinen gläubigen, aber zuverlässigen Team, das wohl ausgezeichnet schweißen aber keine Zeichnungen lesen konnte. Leider wurde bald klar, dass die noch vorhandenen finanziellen Mittel nur zum Kauf von 65 % der erforderlichen Winkeleisen reichten. Der äthiopische Bauingenieur hatte den größten Teil der vorhandenen Rundeisen in das Fundament verarbeitet, und dann einen Teil des für die Dachkonstruktion gedachten Geldes benutzt, um neue Rundeisen für die Balkons zu kaufen. Durch eine Trockenheit verdarb ein Teil der Ernte und die Gemeindeglieder, die weitgehendst von der Landwirtschaft lebten, konnten deshalb nicht ihre zugesagten Opfer erbringen. Rolf Röhm kehrte dann, nach dem alles vorhandene Material verarbeitet war, nach Deutschland zurück.

Seit einiger Zeit schon plante man im Süden Äthiopiens ein neues Wasserkraftwerk. Unser äthiopischer Bauingenieur bewarb sich auch um den Bau des Staudamms und bat mich dafür zu beten. Er teilte mir mit, dass er, wenn er den Zuschlag dafür bekäme, 10 % seines Verdienstes für die Weiterführung des großen Kirchenbaues geben würde. Gott führte es, dass er den Auftrag bekam. Einige Zeit nachdem Rolf Röhm Äthiopien verlassen hatte, war der Bau des Staudamms beendet und der Verdienst von Yaicob betrug 1 Million äthiopische $, was etwa 100 000 Euro entspricht. Davon gab er für den Bau 10 000 Euro und damit konnte dann das restliche Material für das Dach gekauft werden.

Anfang November 2003 feierte die EKHC (Ethiopische Kale Heiwet Kirche) mit der wir ja arbeiteten, ihr 75-järiges Bestehen. Sie ist die größte evangelikale Kirche und im Jahr 1928 als erste evangelikale Kirche Äthiopiens entstanden und hatte jetzt bereits 4,6 Millionen Mitglieder in 5412 Gemeinden, wovon allein 875 im Wolaittagebiet, der kleinsten Provinz, lagen. Ich wurde zur Feier des 75-jährigen Bestehens vom Präsidenten der Kirche, Herrn Mamo, unserm alten Freund, eingeladen. Bei ihm konnte ich dann auch wohnen, weil wir uns ja gut aus unserer Zeit in Assab kannten und er uns mehrfach in Deutschland besucht hatte. Während meiner Zeit bei ihm als Gast zeigte er mir auch drei verschiedene neue Gemeinden, die er in persönlichem Einsatz während der letzten Jahre gründen geholfen halte. Die 75 Jahr Feier dauerte eine Woche und ich traf viele meiner früheren Mitmissionare und auch Äthiopier, mit denen ich durch manches gemeinsame Erleben und Arbeiten verbunden war.

Am 13. November, meinem 82. Geburtstag, war ich dann wieder in einem Linienbus auf dem Weg nach Soddu, um mich vom Stand oder Fortgang der Arbeiten dort zu informieren. Zu meiner Freude waren die Dachteile jetzt fast alle fertig. Es wurde aber klar, dass wir einen Kran benötigten, um die bis 655 kg schweren Einzelteile in ihre Stellung zu bringen. Das Leihen eines Kranes für 14 Tage würde aber mindestens 12 000 bis 15 000 Euro kosten wegen des Transport von Addis Abeba nach Soddu und zurück und der hohen Leihgebühr. Außerdem war es fraglich ob man ihn über das letzte Stück der Zufahrtsstraße bringen und auf dem Baugelände aufstellen könnte und ob man ihn nicht länger brauchen würde. Auch war fraglich, ob man einen ausreichend großen Kran bekommen könnte. Wir entschieden deshalb, dass ich einen Kran konstruieren und bauen sollte, der auf dem Betonfußboden innerhalb des Gebäudes beweglich ist und einen nach oben schwenkbaren Arm von 7 m Läge und eine Arbeitshöhe von 12,5 m haben sollte. Er sollte weitgehendst aus Resten der Winkeleisen, die beim Herstellen der Dachteile übrig geblieben waren, geschweißt werden.

Von Soddu brachte mich ein anderer Missionar, der nach Addis Abeba musste, zum Langanosee. Die Missionsstation dort hatte sich, seitdem ich sie das letzte mal besuchte, stark verändert. Eine achtklassige Schule und eine große neue Klinik waren neben anderen Gebäuden entstanden. Auf der Station selbst mussten mehre Kabel verstärkt und einige neu gezogen werden. Auch die ständig mehr belastete Hauptverteilung des elektrischen Stromes musste ich erneuern und einen neuen größeren Generator anschließen. Ein Anschluss an das 14 Kilometer entfernte öffentliche Stromnetz kam vorläufig nicht in Frage. Weil Dan Scheel in den nächsten Tagen wegen einiger Besorgungen für die Station nach Addis Abeba musste und seine Kinder für die Weihnachtsferien vom Flugplatz abholen wollte, nahm er mich gleich mit nach Addis von wo ich dann nach Hause flog. Ich machte mich dann wieder ans Konstruieren, Rechnen und Zeichnen für den Kran.

Ende Februar 2004 flog ich wieder nach Äthiopien und baute mit zwei tüchtigen Schweißern den Kran. Acht kunststoffgelagerte Rollen, von denen vier im Winkel von 90° zu den anderen vier angeordnet und alle ein und ausschaltbar waren, machten den Kran nach jeder Richtung beweglich. Diese Rollen und einige andere wichtige, aber komplizierte Teile, fertigte uns eine Werkstatt in Addis Abeba an, die von einem ehemaligen schweizer Missionar geleitet wurde. Der Kran funktionierte damit gut. Meinen für vier Wochen gebuchten Flug musste ich allerdings um 2 Wochen verlängern, kam aber trotzdem noch einen Tag vor dem Geburtstag meiner Frau zu Hause an. Ich hoffte, dass unsere äthiopischen Geschwister nun allein den Bau vollenden könnten, besonders, da ich inzwischen ernste Knieprobleme bekommen hatte.

Eine erstaunliche Wende

Anfang Januar 2005 bat der äthiopische Bauingenieur wieder um mein Kommen, da er wenig Erfahrungen im Stahlbau hatte und nicht den Aufbau des 1300 m² großen Daches allein durchführen wolle. Weil Gott es schenkte, dass sich meine Knieprobleme verringert hatten, entschloss ich mich, trotz meiner 83 Jahre, Anfang April 2004 wieder nach Äthiopien zu fliegen. Zu dieser Zeit konnte sich auch mein ältester Sohn Wolfgang einen Monat frei nehmen, um seinen alten Vater zu unterstützen. Auch Waldemar Busse, der mich schon früher begleitet hatte, bot sich an, wieder mit uns nach Äthiopien zu fliegen. Mein Sohn Wolfgang hatte ja vor seiner Ausbildung als Pastor in einer Schiffswerft in Bremen viele technische Kenntnisse und Erfahrungen im Schweißen gesammelt und beherrschte auch die Landessprache. Auch Waldemar Busse hatte als ehemaliger Ingenieur im Maschinenbau technische und praktische Fähigkeiten und Erfahrungen. Wir trafen uns also in Frankfurt und flogen gemeinsam nach Addis Abeba. Am nächsten Morgen, einem Sonntag, konnten wir mit anderen Missionaren zur Internationalen Kirche fahren. Dort gab es ein vielseitiges Begrüßen mit alten Bekannten. Auch unser Wolfgang begegnete ehemaligen Schulkameraden, die er seit 30 Jahren nicht mehr gesehen hatte. Hier trafen wir auch Herrn Yaicob und konnten gleich einiges mit ihm besprechen.

Am Donnerstagmorgen holten uns Herrn Yaicob mit seinem Bruder im Geländewagen ab. Mit den beiden ging es dann nach Soddu. Die 400 km lange Fahrt war wieder recht interessant. Probleme machten vor allem die vielen Tiere, die nach Modigo von der Westseite der Straße zu den Seen auf der Ostseite zum Trinken getrieben wurden. Aber auch die vielen Menschen auf den Straßen ohne jeden Bürgersteig selbst in den Ortschaften, sind eine ständige Gefahr. In Äthiopien haben noch Fußgänger und Tiere das Vorrecht auf der Straße. Wenn man einen Menschen oder ein Tier anfährt, ist es das Beste, nicht anzuhalten, sondern zur nächsten Polizeistation zu fahren, dort den Unfall zu melden und mit Polizei zum Unfallort zurück zu kehren. Andernfalls kann man sehr misshandelt, ja sogar gelyncht werden. Die 180 km lange Straße von Chechemany nach Soddu, die vor etwa 7 Jahren vollkommen erneuert wurde, war vor 4 Jahren noch eine der besten Straßen Äthiopiens. Jetzt war sie zum Teil in einem fürchterlichen Zustand. Schwere Lastwagen hatten große Löcher in den Asphalt gefahren. Weite Strecken waren gesperrt, weil man dabei war, sie wieder zu erneuern, und zwar diesmal mit einem besseren Fundament. So musste man viele Kilometer neben der Straße fahren und einzelne Fahrzeuge blieben wegen des bereits begonnenen Regens der kleinen Regenzeit im Schlamm stecken. Aber wir erreichten unbeschadet gegen Abend unser Ziel.

Als Quartier hatte man uns das ehemalige Haus von Dr. Schmoll zur Verfügung gestellt, das ich einmal mit den jungen Äthiopiern gebaut hatte, und das jetzt leer stand. Es war ursprünglich für Dr. Schmoll und unsere Kurzeinsätze gedacht und hatte neben den anderen Räumlichkeiten zwei Schlafzimmer und zwei Badezimmer, also reichlich Platz für uns. Es wurde jetzt als Gästehaus für

Teilnehmer an den Konferenzen in Soddu benutzt und hatte außer einer Reihe Betten, einigen Stühlen, einem langen Tisch und einem Päckchen Spaghetti, nichts zu bieten. Es gab keinen Herd, kein Geschirr und keinen Kühlschrank. Wir fuhren mit Yaicob noch am Abend in das 4 km entfernte Zentrum der Stadt und kauften eine Elektrokochplatte und einen großen Topf, um für uns Trinkwasser abkochen zu können. Wir versorgten uns auch mit den notwendigsten Lebensmitteln. Einige Tassen, drei Teller und ein paar Besteckteile, sowie eine Pfanne, konnten wir von einer Missionarsfamilie borgen. Herr Bereket, der Verantwortlichen für die Entwicklungsprojekte der Kirche, der jetzt in dem ersten von mir erbauten Haus wohnte, gab uns auch einen Eimer Naturhonig und sorgte dafür, dass wir am nächsten Tag einen Herd und weiteres notwendiges Geschirr bekamen. Wir hatten sogar einen Telefonanschluß, mit dem man wohl Gespräche empfangen konnte, aber selbst keinen anderen Teilnehmer anwählen. Herr Bereket stellte uns deshalb sein Telefon zur Verfügung, damit wir unseren Frauen in Deutschland unsere Telefonnummer mitteilen, und diese uns dann jeder Zeit anrufen konnten. Bei Herrn Bereket konnte Wolfgang sogar, während unserer Zeit dort, dessen Laptop benutzen, so dass er Emails senden und empfangen konnte.

Auf der Baustelle erwarteten uns wieder eine Überraschung. Dort ließ sich der Kran, den ich vor einem Jahr gebaut hatte, nicht mehr bewegen. Alle acht Bewegungsrollen saßen bombenfest. Wir bauten zunächst die unbeweglichen Laufrollen des Kranes aus und stellten fest, dass unsere lieben Äthiopier die Kunststofflager der Rollen reichlich mit Öl versorgt hatten, um sie vor Rost zu schützen. Dadurch war der selbstschmierende Kunststoff der Rollenlager gequollen und die Rollen unbeweglich geworden. Bei einem Gemeindeglied, das eine Autowerkstatt besaß, konnte der Schaden behoben werden. Am Nachmittag hatten wir den Kran wieder nach allen Seiten beweglich und in 2 ½ Stunden konnten die Firstteile über dem vorderen Balkon montieren werden.

Für unser Mittagessen auf der Baustelle sorgten zwei Frauen der Kirche mit dem Hauptnationalgericht Indjera und ausgezeichnetem Wott, das viel Gemüse enthielt. Jeder erhielt täglich dazu eine Flasche Mineralwasser und anschließend wohlschmeckend gewürzten Tee. Aber Frühstück und Abendbrot bereiteten wir uns selbst. Wolfgang und Waldemar konnten mit den Arbeitern mit Hilfe des Krans weitere Dachteile im Westflügel über dem Haupteingang montieren. Ich kümmerte mich um den Bau eines 6,50 m hohen fahrbaren Montageturms. Er sollte die 13 Zentner schweren Teile über dem Mittelteil der Kirche bei der Montage stützen. Durch klappbare Seitenteile konnte man ihn so erhöhen, dass man auch ganz oben sicher schweißen konnte. Inzwischen hatten wir auch den Warmwasserschalter im Haus entdeckt. Danach konnten wir wunderbar baden und duschen und auch mühelos das Geschirr warm waschen. Gegen ein geringes Entgelt wusch eine junge Frau unsere Wäsche und erledigte unsere Einkäufe.

Wir bauten auch einen Käfig aus Rundeisenstäben mit einer 1 m² großen Grundfläche, in dem dann ein Schweißer mit dem Kran an schwierige Stellen zum Schweißen gehoben werden konnte. Einmal wurden wir vom äthiopischen Bauingenieur Herrn Yaicob, sowie einem Vertreter der Kirchenleitung und dem Leiter des Bibelkollegs zum Mittagessen ins Hotel gefahren. Sie meinten, wir brauchten auch einmal etwas anderes als immer nur Indjera und Wott. Auf dem Rückweg zur Baustelle zeigten sie uns auch den begonnenen Neubau der Stadionskirche, die mit ihren über 3000 Gliedern trotz zwei Gottesdiensten hintereinander nicht genug Platz mehr in ihrem bisherigen Gebäude hatte.

Eines Nachmittags kam Desalegn, mit dem ich das Grenzerlebnis hatte und der jetzt Verwalter des neuen Ausbildungskrankenhauses war, zu uns. Er entschuldigte sich, dass er uns eigentlich vom Flugplatz abholen und nach Soddu fahren wollte. Weil er aber seinen Führerschein nicht dabei hatte, wurde er von der Polizei auf seiner Fahrt nach Addis Abeba einige Tage eingesperrt und sein Auto vorübergehend beschlagnahmt, so dass er uns nicht abholen konnte. Jetzt lud er uns ein, mit ihm am nächsten Donnerstag zum Abend in seinem Haus zu speisen und dort zu übernachten, um die späte Rückfahrt zu vermeiden. Zu meiner Freude rief am Abend auch noch meine Frau an, um sich nach dem Fortschritt beim Dachbau zu erkundigen.

Die vorletzte Woche hatte nicht viel Erwähnenswertes gebracht. Es regnete häufig, doch meist nachts. Ab und zu fiel auch der Strom aus, so dass nicht geschweißt werden konnte, aber der Kran wurde ja von Hand bewegt. Nachdem am Montag die Dachbinder über dem vierten Flügel montiert waren, konnte am Dienstag der erste der acht großen Hauptdachträger mit seinen 13 Zentnern Gewicht, 3,55 m Höhe und 6 m Länge an seinen Platz gebracht werden. Der 6,55 m hohe Montageturm und der mit Hilfe des Krans benutzte Schweißkäfig bewährten sich sehr gut. Die Dachkonstruktion schloss sich am Freitag und Samstag mehr und mehr und wir dankten Gott in unseren täglichen Morgenandachten mit den Arbeitern immer wieder, dass es bisher noch keine Unfälle gab.

Am vorletzten Sonntagmorgen in Soddu wurden mein Sohn Wolfgang und ich um 7 Uhr zum Gottesdienst in der bisherigen Kirche abgeholt, wo wir gegen 7.2o eintrafen. Der Gottesdienst hatte schon um 6.oo Uhr früh mit einer Gebetsgemeinschaft und Dank und Lob begonnen. Etwa 2000 Leute saßen eng zusammen auf den einfachen Holzbänken ohne Lehne, in dem durch einen großen Seitenflügel erweiterten Gebäudes und einige mussten stehen. Andere 500 befanden sich außerhalb. Sie lehnten an den Fenstern oder saßen auf dem Boden im Gras und verfolgten den Gottesdienst über Lautsprecher. Nach einigen Chorliedern wurde ich gebeten mit meiner Predigt anzufangen. Nach mir sprach ein Glied der Kirchenleitung über den Text aus 1. Chronik, Kapitel 29, wo König David sich an das Volk wendet und es ermuntert, doch endlich zur Fertigstellung des Tempels mit Gaben beizutragen, damit man später für den daraus erwachsenen Segen danken kann. Der Redner bezog das auf die gegenwärtige Situation im Blick auf den Bau des neuen Kirchengebäudes mit dem integrierten Bibelkolleg und die damit gegebenen Möglichkeiten und forderte zu einem besonderen Opfer dafür auf. Da die Leute nicht darauf vorbereitet waren, gingen Helfer herum, die Listen hatten, auf denen man sich für bestimmte Beträge verpflichten konnte. In dieser Sammlung wurden 37 000 Eth. Dollar gespendet. Das Ergebnis überraschte alle, da ja ein Arbeiter pro Tag nur 7 - 15 Eth. Dollar verdient. Anschließend wurde mein Sohn Wolfgang noch zu einem Grußwort aufgefordert. Die Ältesten der Gemeinde luden uns nach dem Gottesdienst zum gemeinsamen Essen in den Gästeräumen der Kirche ein.

Zu meiner großen Freude hatte ich inzwischen erfahren, dass sich in den Gemeinden des Wolaittagebietes im letzten Jahr ein entscheidender Wandel vollzogen hatte. Durch den Unterricht einiger bibeltreuer Missionare und äthiopischer Lehrer im dortigen, noch in Behelfsräumen untergebrachten Bibelkollegs, konnte der Geist Gottes in vielen Gemeinden einen Neuanfang erwirken. Daneben hatte eine klare biblische Verkündigung bei der letzten großen viertägigen Jahreskonferenz mit etwa 50 000 Besuchern auch wesentlich zu einem geistlichen Wandel beigetragen. Eine neu gewählte Kirchenleitung für dieses Gebiet trug dann ihr Teil zu einer geistlichen Wende bei. Dadurch war auch ein neues starkes Interesse an dem noch unvollendeten Kirchenbau entstanden.

Am letzten Sonntagmorgen goss es wieder in Strömen. Ich sollte diesmal in einer etwa 10 km entfernten kleineren Kirche predigen und Waldemar und ich wurden mit dem Auto abgeholt. Zum Glück war es ein Geländewagen, denn sonst hätten wir die Kirche auf den glitschigen Buschpfaden nicht erreicht. Wieder war die Kirche trotz des Regens und der aufgeweichten Wege sehr voll. Der Gottesdienst dauerte 2½ Stunden. Nach dem Gottesdienst bekamen wir mit der Leitung dieser Gemeinde einen Imbiss, aber diesmal kein Indjera mit Wott wie sonst, sondern keksartige Weizenfladen mit einem Brei aus den Blättern der falschen Banane, der Insetpflanze. Danach wurden wir auf einem Umweg und über eine bessere Straße, die uns der Gemeindeleiter führte, wieder nach Hause gebracht.

Um 13.oo Uhr erschien wie geplant, in unserer Unterkunft die Kirchenleitung des Gebietes mit einigen Ältesten. Nach einem gemeinsamen Essen, das Frauen der Kirche herbeigebracht hatten, hielt uns der Generalsekretär eine Dankesrede in der er auf Heb. 6,10, Bezug nahm, wo es heißt: „Denn Gott ist nicht ungerecht, dass Er vergäße euer Werk und die Liebe, die ihr Seinem Namen erwiesen habt, indem ihr den Heiligen dientet und noch dient." Dann überreichte man jedem von uns wertvolle Geschenke. Hier wurde uns bewusst, was unser Einsatz für die Kirchen des Wolaittagebietes bedeutete und wir dankten Gott, dass Er uns die Kraft dafür und große Freude geschenkt hatte und wir Sein Handeln in all dem erfahren durften.

Bei den Gesprächen mit ihnen hatte ich erfahren, dass am kommenden Sonntag, unserem Rückflugstag, die Äthiopier, vier Wochen später als wir, ihr Osterfest feiern. Das bedeutete, dass ab Freitag alle Büros geschlossen sein würden und ich spätestens am Mittwoch nach Addis Abeba musste, um am Donnerstag noch verschiedenes zu erledigen. Wolfgang und Waldemar entschieden sich, erst am Freitag mit Herrn Yaikob nach Addis Abeba zu fahren, weil dieser Ostern bei seiner Familie sein wollte. Sie planten noch die Tage bis Freitag zu nutzen, um noch weitere Einzelheiten der Dachkonstruktion so weit wie möglich fertig zu bekommen. Die Kirchenleitung bot mir deshalb an, ein Auto mit einem Fahrer zur Verfügung zu stellen, der mich nach Addis Abeba bringen sollte. Als ich erklärte, dass ich ja mit einem öffentlichen Bus fahren könnte, riet man mir dringend ab. Aber Gott zeigte eine weitere Möglichkeit. Am Dienstagabend erfuhr ich dann durch einen Anruf aus Arba Minch, dass die deutschen Missionare Wiegand, am nächsten Tag durch Soddu kämen und mich mit nach Addis Abeba nehmen könnten. Das klappte dann auch.

Am Freitag, dem äthiopischen Karfreitag, hatte ich noch Gelegenheit am monatlichen Gebetstag der SIM in der Bingham Akademie teilzunehmen und eine Reihe früherer Mitmissionare zu treffen. Am Abend trafen Wolfgang und Waldemar ein und berichteten, dass die Dachkonstruktion bis auf einige kleinere Querverbindungen steht. Sie erzählten weiter, dass sie noch zu zwei weiteren Dankes- und Abschiedsfeiern eingeladen wurden. Auf der einen bekam jeder von uns ein äthiopisches Kleid für seine Frau.

Am Sonnabend erhielten wir zwei weitere Einladungen. Herr Mamo, der Präsident der Kale Heiwet Church lud uns zum Mittagessen für Ostersonntag nach dem Gottesdienst ein und sein Generalsekretär teilte uns mit, dass er uns am Sonntagnachmittag zum Abendessen abholen wolle und uns auch zum Flughafen bringen würde, wo unser Flugzeug um 23,45 nach Frankfurt starten sollte. Er überraschte uns dann mit einer Gruppe koreanischer Missionare und einem wahren Festmahl in seinem Hause, bevor er uns danach in seinem Auto rechtzeitig zum Flugplatz fuhr. Mit einer ¾ Stunde Verspätung durch ein anderes Flugzeug verließen wir Addis Abeba, um nach einem siebenstündigen guten Flug mit 20 Minuten Verspätung in Frankfurt zu landen, wo wir uns trennten. Nach dem ich dann in einem überfüllten Zug stehend Stuttgart erreichte, hatte ich ein interessantes Gespräch mit zwei Afrikanern bei der Fahrt nach Lauffen, meinem Zielbahnhof. Als ich dann in Lauffen den Zug verließ und die Treppe hinunterging, kam gerade Brigitte herauf, um mich abzuholen. Glücklich und mit einem Dank gegen unseren Vater im Himmel fuhren wir nach Hause. Im Laufe der folgenden Wochen erreichten uns dann von Soddu die Nachricht, dass alle Dachbleche montiert seien und auch die meisten der Fenster und Türen eingebaut wurden. Inzwischen wird die neue Kirche vielfach benutzt und am 1. Juli 2006 fand in ihr die Einsegnung der Bibelkollegabgänger statt.

Mir wurde wieder einmal die perfekte Zeitplanung Gottes bewusst. Er hatte die Vollendung des großen Gebäudes erst dann zugelassen, nachdem die Kirche dieses Gebietes ihre inneren Probleme und Streitigkeiten überwunden hatte und im noch jungen Bibelkolleg eine gewisse geistliche Reife entstanden war, die wieder positiv auf die Kirche einwirkte. Ein bis zwei Jahre früher hatten die Glieder der Gemeinde nicht so geschlossen hinter dem Bau gestanden und seine Vollendung und Benutzung hätte sicher neuen Streit zwischen den zwei streitenden Gruppen gebracht. Gott hatte die

Gebete vieler in Äthiopien und in anderen Teilen der Erde, mit denen ich Kontakt habe, zu Seiner Zeit erhört.

Im Seniorenheim

Im Jahr 2005 fühlte Brigitte mit ihren 77 Jahren, dass unsere schöne Wohnung in Brackenheim mit dem Garten allmählich ihre Kräfte überforderte. Auch ich hatte mit meinen fast 84 Jahren oft Probleme beim Treppensteigen, da meine Knie nicht mehr so mitmachten, wie ich es wünschte. Da kam ein Brief unserer Tochter Anne, die auf der Insel Fehmarn wohnte, dass sie gern, aus beruflichen Gründen ihres Mannes, mit ihrer Familie in unsere Gegend ziehen wolle. Sie bat uns, dass wir uns nach einer geeigneten Wohnung für sie umschauen sollten. Da vor drei Jahren Missionsfreunde der DMG, zu der wir ja noch gehören, ein Seniorenheim gebaut hatten, kam meine Frau auf die Idee uns zu erkundigen, ob dort eine geeignete Wohnung für uns frei sei, so dass wir unsere Wohnung für die vierköpfige Familie unserer Tochter frei machen könnten. Man teilte uns mit, dass gerade eine Zweizimmerwohnung frei geworden sei und wir sie besichtigen könnten.

Bei der Besichtigung waren wir doch überrascht. Es war eine der schönsten Wohnungen der Anlage im obersten Stockwerk mit einem 7 m langen Balkon und einer kilometerweiten herrlichen Aussicht durch eine auch so breite Glaswand des Wohnzimmers zum Balkon. Ein großer Fahrstuhl führte von der großen Tiefgarage bis dicht vor unsere Wohnungstür und alles, einschließlich der Dusche, war mit dem Rollstuhl befahrbar. Als wir die Küche besichtigten, und über den Erwerb passenden Küchemöbel sprachen, sagte uns die uns führende Mitarbeiterin der DMG, dass die DMG gerade eine kostenlose Wohnungseinrichtung mit Küche angeboten bekommen habe und fragen werde, ob wir die Küchenmöbel bekommen können, weil die Mission zur Zeit keine Küche benötigte. Die Wohnungseinrichtung wurde von der Mission abgeholt und wir konnten die noch gut erhaltene Qualitätsküche einbauen. Unser Vater im Himmel hatte uns wieder beschenkt

Bald hatten wir auch eine lebendige und missionarische Gemeinde gefunden, die wir durch den schönen Schlosspark in 15 Minuten zu Fuß erreichen können. Aldi und Rewe sind nur 12 Minuten zu Fuß entfernt. Der Hausarzt wohnt 200 m entfernt in der gleichen Straße und bis zum Buchenauerhof, dem Sitz unserer Missionszentrale, sind es nur 7 km. Mit den Bewohnern der 15 anderen Wohnungen, die wir zum Teil seit 45 Jahren, oder aus der Zusammenarbeit in Äthiopien kennen, haben wir eine herzliche Gemeinschaft und wir danken unserem Gott täglich für sein treues Versorgen bis ins Alter.

Für mich selbst haben sich drei Lebensweisheiten in den vielen Jahren meines Lebens immer wieder bestätigt:

1. Gott in allem vertrauen lohnt sich in jeder Situation.

2. Wenn wir Jesu Rat, zuerst nach dem Reich Gottes zu trachten, ernst nehmen, werden wir nicht enttäuscht.

3. Wenn wir, anstatt nach unserem Vorteil zu schauen und um unserer eignen Ehre zu kämpfen, die Ehre Gottes suchen, dann erhalten wir auch Ehre durch Ihn.

Immer wieder darf ich Gott, meinem Vater im Himmel, der uns in Jesus Christus persönlich so nahe kommt, für ein reich erfülltes Leben danken, in dem die Freude an Ihm zu meiner Stärke geworden ist, wie es mir bei meiner Taufe zugesagt wurde.

Printed by Books on Demand GmbH, Norderstedt / Germany